GESICHTER DER FREIHEIT

John David

GESICHTER
DER FREIHEIT

Zehn spirituelle Lehrer und ihre
faszinierenden Lebenswege

OPEN SKY PRESS
www.openskypress.com

Gesichter der Freiheit

Erschienen bei Open Sky Press Ltd.
Rheinstr. 54, D-51371 Hitdorf
office@openskypress.com
www.openskypress.com

Die englische Originalausgabe erschien 2020
unter dem Titel „Meetings with Remarkable People"
bei Open Sky Press.

Erste Auflage
© Open Sky Press Ltd. 2020

ISBN 978-3-943544-70-1

Umschlaggestaltung: Turiya
Fotos aus dem Archiv der Lehrer
Alle weiteren Fotos aus dem Open Sky House Archiv

Gedruckt in Polen

OPEN SKY PRESS
www.openskypress.com

Danksagungen

Bei der Veröffentlichung dieses Buches „Gesichter der Freiheit" hat *Open Sky Press* sehr viel Unterstützung von der Gemeinschaft des *Open Sky House* und deren Freunden erhalten.

Das schöne Design wurde von Turiya entworfen, die in tagelanger Feinarbeit auch die Farbauswahl des Einbands zusammenstellte – bis alles perfekt abgestimmt war. Auch die Farbseiten der Kapitel und die Hommage-Seiten wurden von ihr gestaltet. Sie war Redaktionsassistentin und meine Assistentin bei der Zusammenstellung des gesamten Projekts und hat somit einen großen Beitrag zu diesem Buch geleistet.

Die Formatierung erfolgte durch Kiran und Prema, Unterstützung bei den Fotos bekamen sie von Komala.

Devi, langjähriges Mitglied vom *Open Sky House*, die jetzt in Australien lebt, half bei der gesamten Herstellung des Buches, insbesondere beim Editieren.

Für die deutsche Ausgabe möchte ich Victoria, Herta, Atma, Silvia, Vishnu und Champa für ihre Hilfe beim Übersetzen danken.

Insbesondere danke ich Indira, Henning, Turiya, Durga und Maria, dass sie die Übersetzung korrigiert und in ein gutes Deutsch gebracht haben. Das gesamte Projekt wurde von Indira hervorragend organisiert und begleitet.

Danke an euch alle für eure Unterstützung.

John David, August 2020

Bücher und Filme

Weitere Bücher von John David

Arunachala Satsangs, Englisch und Deutsch
Arunachala Shiva, Englisch, Deutsch und Russisch
Papaji Kraft der Gnade, Englisch und Deutsch
Grundlos Glücklich, Englisch, Deutsch und Russisch
Das große Missverständnis, Englisch, Deutsch, Russisch und Spanisch
Facetten des Erwachens – Europäische Meister, Englisch und Deutsch
Facetten des Erwachens – Indische Meister, Englisch, Deutsch und Russisch

Filme von John David
(mit Untertiteln in vielen Sprachen)

Grundlos Glücklich
Kunst aus innerer Stille
Das große Missverständnis
Satori Momente mit Vijaya
Satori – Metamorphose eines Erwachens
Facetten des Erwachens – Indische Meister
Facetten des Erwachens – Europäische spirituelle Meister
Arunachala Shiva – Kommentare zu ‚Wer bin ich?'

Andere Bücher von Open Sky Press

Feuer der Freiheit von Papaji, Deutsch
Also sprach Papaji von Papaji, Deutsch und Spanisch
Nan Yar – Wer bin Ich? von Sri Ramana Maharshi, Englisch, Deutsch,
Russisch, Spanisch, Tamil, Telugu und Hindi

Inhalt

Einleitung

„Gesichter der Freiheit – zehn spirituelle Lehrer und ihre faszinierenden Lebenswege" ist inspiriert und entstanden durch Menschen, die ich im Laufe meines langen Lebens kennengelernt habe. In wenigen Tagen ist mein fünfundsiebzigster Geburtstag, und „zufällig" wird die englische Ausgabe dieses Buches an diesem Tag gedruckt. Das ist für mich ein sehr berührendes Geburtstagsgeschenk.

Während ich diese Einleitung schrieb, kam ich auch mit meiner eigenen Lebensgeschichte in Berührung, und plötzlich gab es eine klare innere Botschaft, eine Hommage an Papaji und Osho mit in dieses Buch aufzunehmen. Meine Begegnung mit **Osho** in den 1970er Jahren, als ich dreißig war, hat meinem Leben eine ganz neue Richtung gegeben.

Als ich bei **Papaji** in Lucknow war, erlebte ich ihn eindeutig als sehr besonderes Wesen – daher gibt es in diesem Buch auch eine besondere Hommage an ihn.

Etwa 1994, während meiner Zeit bei ihm, erhielt ich eine innere energetische Botschaft, indische Meister aufzusuchen und zu filmen – bevor sie aus dem Leben scheiden. Das führte dazu, dass ich Interviews mit etwa vierzig indischen und später auch mit europäischen spirituellen Meistern führte, und daraus ist dann mein Buch- und Filmprojekt „Facetten des Erwachens" entstanden. In den folgenden Jahren habe ich viele dieser Meister immer wieder getroffen. Andere waren meine Weggefährten in den vielen Jahren meiner eigenen langen Suche.

Jedes Jahr im Januar reise ich nach Tiruvannamalai, das zu einem starken Anziehungspunkt für westliche Sucher geworden ist, die sich von **Ramana Maharshi**, seinem Ashram und seinem Guru, dem Berg Arunachala, angezogen fühlen.

Dort wurde **Usha** ganz natürlich zu einer Freundin, da ich seit zwanzig Jahren den Ashram ihres Meisters Nannagaru für meine

Retreats – eine jährliche Hommage an Ramana Maharshi – nutzen darf. Jedes Jahr spricht sie in unserem Retreat, und es war wundervoll, als sie in Spanien bei unserem Sommerretreat in Denia dabei war.

Michael Barnett war einer der führenden Therapeuten in Oshos Ashram und berühmt für seine unvergleichlichen Energieseminare. Wir sind uns näher gekommen, als ich ihn für mein Buch „Europäische Meister" aus der Reihe „Facetten des Erwachens" interviewte.

Als ich vor kurzem im Internet surfte, stieß ich auf seinen zutiefst bewegenden Vortrag zum Thema Resonanz. Ich lud ihn in unsere Gemeinschaft ein, und sein brillantes Interview war der finale Impuls für mich, mit der Zusammenstellung dieses Buches zu beginnen.

Das war im März 2019, und im Oktober erfuhren wir, dass er wusste, dass er uns bald verlassen würde. Ich besuchte ihn, und wir hatten einen sehr berührenden Abschied bei einer gemeinsamen Tasse Tee. Er starb am 12. November 2019, im Alter von neunundachtzig Jahren, als die englische Ausgabe dieses Buches für den Druck vorbereitet wurde.

Die meisten Menschen in diesem Buch sind in der Tat Schüler von Papaji, den ich 1992 kennengelernt habe. Ich habe mich ihm immer sehr verbunden gefühlt und nach und nach kommunizierten wir auf energetische Weise. Ich empfing Botschaften, die von ihm zu kommen schienen, und das hat sich in den letzten fünfundzwanzig Jahren weiter fortgesetzt.

Es ist wie ein göttlicher Fax-Dienst. Ich empfange sie nicht nur von ihm, sondern manchmal auch von der „Organisation", für die er arbeitet! Die vielleicht deutlichsten Botschaften erreichten mich an dem Wochenende, an dem Papaji seinen Körper verließ – sie waren es auch, die mich veranlasst haben, *Satsang* zu geben. Auf diese Weise hat Papaji auch bei der Entstehung dieses Buches Regie geführt und meine Interview-Partner ausgewählt.

Vor einigen Jahren las ich über das Auseinanderbrechen der Gemeinschaft von **Andrew Cohen**, und im Internet veröffentlichten

II

viele seiner ehemaligen Schüler harsche Verurteilungen über sein missbräuchliches Verhalten. Kurz darauf erhielt ich einige energetische Botschaften, die mir nahelegten, ihn zu unterstützen.

Da ich ihm nie begegnet war – ich hatte nur einige seiner Bücher und insbesondere sein Magazin „EnlightenNext" gelesen – war ich neugierig, erwartete aber nicht, dass etwas passieren würde. Dann trafen wir uns „zufällig" vor zwei Jahren in einem Café am Berg Arunachala. Ich lud ihn ein, unsere Gemeinschaft Open Sky House in der Nähe von Köln zu besuchen. Dort hielt er dann einen Vortrag, und später sprach er mit uns in lockerer Atmosphäre bei einer Tasse Tee.

Anfang des Jahres lud ich ihn und seine Frau ein, einen Tag bei meinem Retreat am Arunachala zu verbringen und einen Vortrag zu halten, den ich mit in dieses Buch aufgenommen habe. Andrew berichtet darin auch über die Umstände, die zum Zusammenbruch seiner Arbeit geführt haben. Sehr ehrlich spricht er über seine schwierige persönliche Reise und die Lektionen, die er daraus gelernt hat. Als Zuhörer konnten wir deutlich seine enorme Kraft und Liebe spüren.

Letztes Jahr traf ich durch einen erstaunlichen Zufall Papajis Partnerin **Ganga** und ihre gemeinsame Tochter **Mukti** in Mahabalipuram, wo ich mich vor meinem Indien-Retreat am Strand ausruhte. Sie saßen gemeinsam mit Muktis beiden Kindern Arun und Satya in einem Taxi. Später lud ich sie zu einem gemeinsamen Frühstück mit Andrew Cohen ein.

Erst kürzlich traf ich Ganga in Amsterdam, um ihre Lebensgeschichte zu erfahren. Daraufhin bot uns ihre Tochter Mukti für dieses Buch einen Artikel an, in dem sie ihre Perspektive von Gangas Lebensgeschichte und ihre eigene erzählt und Papaji sowohl aus der Perspektive der Tochter wie der Schülerin beschreibt. Beide durchsuchten auch das Familienarchiv und stellten uns wundervolle Fotos von Papaji zur Verfügung: als Familienvater mit seiner kleinen Tochter. Diese Bilder waren der Anfang für unsere erste Hommage-Seite.

Vor einigen Jahren hatte ich in Amsterdam eine wunderschöne Begegnung mit **Gangaji**. Wir trafen uns in einem klassischen holländischen Hotel, das an einem großen Kanal lag, auf dem kleine Boote ruhig an uns vorbei glitten. Gangaji ist eine der bekanntesten und beliebtesten Lehrerinnen aus der Linie von Papaji.

Isaac Shapiro – er lebt in Australien – traf ich, während er in Hamburg *Satsang* gab. Es war ein lauer regnerischer Nachmittag, wir waren sehr entspannt, und Isaac erforschte meisterhaft und mit großer Sensibilität und Tiefe die menschliche Existenz.

Mooji zieht seit einigen Jahren große Menschenmengen an. Ich hatte ihn vor vielen Jahren in meinem Gästehaus in Lucknow kennengelernt und bin ihm später am Arunachala wieder begegnet, wo ich ihn für mein Buch „Europäische Meister" interviewte.

Jetzt bin ich nach Monte Sahaja geflogen, seiner Gemeinschaft in Portugal, um einen inspirierenden Tag mit ihm zu verbringen und ein sehr inniges Interview zu machen. Interessant und erhellend, wie er von seiner christlichen Erziehung in Jamaika und seinem ersten *Satori* erzählt – eingeleitet durch eine christlich inspirierte Handauflegung.

Von Lucknow aus nahm mich ein Freund, Gopal Ram, mit nach Nainital und in den Kainchi-Ashram. Dort kam ich in Resonanz mit **Neem Karoli Baba**. Später traf ich seinen Schüler Krishna Das im Haus von Tiwaris Sohn in Lucknow und bei Dada in Allahabad. Tiwari und Dada waren beide besonders enge Schüler von Neem Karoli Baba. Tiwari nahm mich mit in den Hanuman-Tempel von Lucknow, zum *Darshan* mit **Siddhi Ma**, der Nachfolgerin von Neem Karoli Baba. Ich freue mich sehr über die Hommage an Neem Karoli Baba in diesem Buch und über das Kapitel mit **Krishna Das**, dessen Musik viele Menschen sehr tief berührt. Während des Interviews mit ihm war die Präsenz von Neem Karoli Baba stark im Raum spürbar.

Beendet haben wir das Buch mit **Ram Dass**, der ein ganz besonderer Held und engagierter Verfechter der Freiheit war. Sein berühmtes Buch „Be Here Now" gleicht einem Aufruf. Ich hatte versucht, ihn während der Arbeit an meinem Buch auf Maui zu besuchen. Als das nicht möglich war, war ich sehr froh, dass ich **Mark Epsteins** meisterhaft beobachteten Artikel und die bewegenden Aufzeichnungen der buddhistischen Lehrerin **Trudy Goodman** hier mit aufnehmen konnte. Kurz nach Veröffentlichung der englischen Ausgabe dieses Buches hat **Ram Dass** am 22. Dezember 2019 seinen Körper verlassen.

Es ist zutiefst berührend, wie sich dieses Buch unter der energetischen Führung von Papaji, Neem Karoli Baba und Osho fast wie von selbst erschaffen hat. Allerdings nicht völlig überraschend, denn schließlich ist ja alles eins!

Jeder dieser einzigartigen Lehrer hat auf faszinierende Weise ein inspirierendes Leben geführt. In dieser ruhigen Stunde, die ich mit der Einleitung verbringe und das fast vollendete Buch in den Händen halte, spüre ich eine große Dankbarkeit für mein Leben. Wenn ich die Kapitel lese und die großartigen privaten Fotografien betrachte, scheint mir, dass dieses Buch wirklich bemerkenswert ist – vor allem durch die außergewöhnliche Qualität der Einsichten in die Wahrheit und die große Ehrlichkeit, mit der jeder die Hintergründe seines Lebens erzählt.

Ein riesiges Dankeschön an alle, die offen waren, Teil dieses Projektes zu sein. Jede dieser Begegnungen hat mein Leben zutiefst bereichert.

John David, August 2020

Hinweise für den Leser

John Davids Fragen sind fett und kursiv gesetzt,
die Antworten der Interviewten in normaler Schrift,
die Fragen von Schülern in kursiver Schrift.

Diese Linien markieren Anfang und Ende
von Fragerunden mit Schülern.

Michael Barnett

Usha

Michael Barnett

Die Schwingung, die individuell ist, entsteht aus einer Schwingung, die universal ist.

Hinter all unseren individuellen Schwingungen, die darüber entscheiden, mit wem wir unser Leben verbringen, hinter all dieser schönen Individualität, die seit unserer Geburt in uns ist – als Basis, aus der sich in uns eine persönliche Schwingung entwickelt – gibt es eine ursprüngliche Schwingung.

Meine Arbeit besteht darin, die Menschen von dieser persönlichen zur universalen Schwingung zurückzubringen.

Michael Barnett

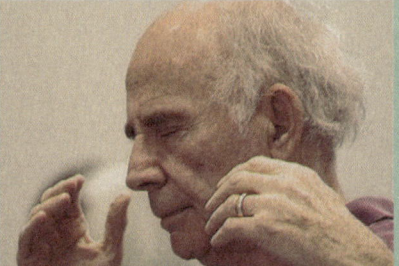

Michael Barnett

Ich habe gerade entdeckt, dass Michael jetzt fast neunzig Jahre alt ist. Wir fühlen uns sehr geehrt, dass er hier bei uns ist, und da er Engländer ist, ist es für mich besonders schön, weil ich nicht mehr viele Engländer treffe.

Als junger Suchender habe ich Michael (damals „Somendra") in Oshos Ashram kennengelernt. Er hatte den Ruf, mit Menschen faszinierende energetische Sachen zu machen, und auch den, sogar Osho zu provozieren. Wegen seines Rufes blickte ich zu ihm auf wie zu einem älteren weisen Mann.

Vor zwölf Jahren, als ich das Buch und den Film „Facetten des Erwachens – Europäische Meister" produzierte, habe ich ihn in seinem Haus in der Nähe von Freiburg besucht. Und nun treffen wir uns hier einige Jahre später, während ich an meinem neuen Projekt „Gesichter der Freiheit" arbeite.

Eines Tages surfte ich im Internet herum, was ich nicht sehr oft mache, und ich stieß auf ein Interview, das Michael vor einem Jahr auf dem One-Spirit-Festival gegeben hatte. Das Interview berührte mich sehr. Es fühlte sich für mich an, als ob er über die Essenz der Wahrheit sprach. Es war fast so, als wäre es sein letzter Vortrag überhaupt; (lacht) es war zutiefst berührend. Aber er sprach mit einem deutschen Übersetzer und sie reichten das Mikrofon hin und her, was mich zunehmend ärgerte, weil ich fand, dass das die ganze Sache verdarb. So kam ich auf die Idee, ihn hierhin einzuladen und das Ganze auf Englisch zu machen, mit einer guten Kamera. (lacht)

John David fragte mich, ob ich kommen und mehr oder weniger den gleichen Vortrag halten könnte, den ich letztes Jahr auf dem One-Spirit-Festival gehalten habe, weil er davon so berührt war. Das Einzige, woran ich mich bei diesem Vortrag erinnern kann – denn ich habe seither viele weitere Vorträge gehalten – ist der Titel:

„Das Universum ist dein Nachbar, aber es liegt auf der anderen Seite des Zaunes." Ich habe keine Ahnung, was genau ich damals gesagt habe.

Ich gebe Seminare auf der ganzen Welt, und bei einem Wochenendseminar halte ich vielleicht drei Vorträge, einen Vortrag oder gar keinen, bis ich am Ende um Fragen bitte. Also gibt es immer mindestens ein Gespräch. Ich spreche nicht, weil ich sprechen sollte oder weil die Leute das erwarten. Ich spreche, wenn mir die Worte kommen.

In meinen Seminaren befinde ich mich in einer Art Leere. Ich habe kein Programm. Wenn ich einen Raum betrete, in dem vierzig, siebzig, achtzig Menschen sind, weiß ich nie, was ich tun werde und weiß nie, was ich sagen werde. Es entfaltet sich in der Situation. Heute Abend ist es eine neue Situation, ein oder zwei bekannte Gesichter, ansonsten seid ihr alle neu für mich. Nicht nur euer Aussehen ist neu für mich, auch die Art und Weise, wie ihr seid. Ich nehme Menschen nicht so sehr über das Sehen wahr, als dass ich sie erfühle und ihre Energie wahrnehme. Manchmal frage ich in einer Pause meine Assistentin: „Wer war die Dame, die da hinten rechts stand? Ich kenne sie nicht."

Und meine Assistentin antwortet: „Du meinst die im grünen Pullover?"

Und ich sage: „Ich habe keine Ahnung, was für einen Pullover sie getragen hat."

„Die mit den schwarzen Haaren?"

„Ich habe keine Ahnung, welche Haarfarbe sie hatte."

„Die große?"

„Daran kann ich mich nicht erinnern."

Von solchen konkreten Dingen bekomme ich also nicht so viel mit. Ich nehme auf, was in den Menschen energetisch vor sich geht. Und das unterscheidet sich deutlich von dem, was sich in ihrem Verstand und in ihrem Körper abspielt. Meine ganze Arbeit und meine Verbindung mit anderen Menschen basiert auf Resonanz. Also möchte ich damit beginnen, euch eine alte Geschichte zu erzählen.

Als ich ungefähr vierzehn oder fünfzehn Jahre alt war, hatten wir in der Schule einmal in der Woche eine Musikstunde. Unser Musiklehrer war nicht im Geringsten am Unterrichten interessiert. Er kam herein und sagte, warum komponieren wir nicht ein Stück, das mit H oder C beginnt, dann setzte er sich auf seinen Schreibtisch und las. Es war also wie eine Freistunde, wir saßen einfach im Klassenzimmer herum und vertrieben uns die Zeit.

Eines Tages kam er mit sechs oder sieben Gegenständen herein, die alle gleich waren. Er öffnete seinen Schreibtisch und legte eines dieser Dinger in den Schreibtisch. Dann ging er zu einem Schrank und legte eins in den Schrank. Und dann ging er zur Fensterbank und legte eins dieser Dinger auf die Fensterbank. Dann ging er in die erste Reihe und steckte einem Jungen eins in die Jackentasche – und so weiter, im ganzen Klassenraum. Das letzte, das er behalten hatte, schlug er auf den Schreibtisch, und es machte „mmmm". Es war eine Stimmgabel. Und alle anderen Stimmgabeln, die er so platziert hatte, wie ich es beschrieben habe, machten ebenfalls „mmmm". Das ist das Phänomen der Resonanz.

Als dies geschah, begann ich zu schwitzen, zu zittern, meine Zähne klapperten und meine Haare – von denen ich damals viele hatte, man nannte mich „das Haar" – standen mir zu Berge. Ich hatte keine Ahnung warum das geschah, aber ich zitterte weitere fünfundzwanzig Jahre lang. Das Phänomen der Resonanz. Das ist die Grundlage meiner Arbeit, wenn ich herumreise und meine Seminare abhalte. Was auch immer in mir vorgeht, kann – durch Resonanz – in anderen Menschen geweckt werden, ohne dass ich etwas mache oder etwas sage.

1974 kam ich zum ersten Mal nach Puna in Indien. Am Abend meiner Ankunft traf ich im Flugzeug eine Frau, die ich aus meinen Selbsterfahrungsgruppen kannte, die ich in England leitete. Sie nahm mich mit zu dem Ort, an dem sie mit sechs oder sieben anderen lebte, die ich auch kannte; alle waren Engländer. Am nächsten Morgen ging ich zum Morgentalk und traf *Bhagwan* zum ersten Mal. Damals waren wahrscheinlich nicht mehr als hundert bis zweihundert Menschen in Puna. Es waren die sehr frühen Jahre.

Dieser Mann kam herein, stieg auf ein Podest – ein kleines Podest, nicht so hoch wie in den späteren Jahren – und setzte sich. Ich schaute ihn an... und dachte: „Aahhh, dieser Mann hat etwas, das ich nicht habe, aber haben will," und das nur, weil ich ihn ansah. Er sandte eine Schwingung aus und etwas in mir begann – so, wie ich es vorhin beschrieben habe – mit ihm mitzuschwingen. Nach seinem Vortrag ging er die Stufen hinunter. Ich saß irgendwo auf der rechten Seite, und er kam zu mir herüber und sagte: „Ich habe auf dich gewartet. Ich bin froh, dass du gekommen bist." Und ich dachte: „Das ist schön, dass er alle, die zu ihm kommen, auf diese Weise begrüßt," aber weder vorher noch nachher hat er es jemals wieder so getan. Das war also seine Resonanz mit mir; er erkannte etwas in mir. Während meiner Zeit mit ihm stellte sich heraus, dass er wusste, dass ich eine Zukunft hatte in der Arbeit, die er machte; und das sollte sich als wahr erweisen.

Es kann in meinen Seminaren geschehen, dass neunzig Prozent der Menschen, die kommen, früher schon einmal an anderen Seminaren bei mir teilgenommen haben. Vielleicht in den letzten zwei Jahren, zehn Jahren, fünfzehn Jahren, zwanzig Jahren, fünfundzwanzig Jahren, dreißig Jahren. Sie kommen und gehen in Resonanz, immer wieder aufs Neue. Wenn es dann – was immer der Fall ist – ein paar neue Teilnehmer gibt, dann gehen diese nicht nur mit mir in Resonanz, um sich zu verbinden, um in demselben „Raum" zu sein, sondern sie gehen auch mit all den anderen Teilnehmern der Gruppe in Resonanz, die früher schon mit mir zusammen gewesen waren und die jetzt auch in der Lage sind, sich einzustimmen und mit mir diesen Raum zu betreten. Was ist das für ein Raum?

Nun, wir sind alle unterschiedlich, hier und überall, und wir alle sind individuell geprägt von der Art, wie wir das Leben sehen; von unseren Landsleuten, unseren Familien, unseren Freunden, davon, wo wir arbeiten und mit wem wir zusammen sind. Jeder dieser individuellen Menschen begegnet anderen und sagt: „Ja, ja,

ich mag diese Person, ich fühle mich mit dieser Person verbunden."
Mit manchen gibt es also eine Resonanz und mit manchen haben
wir keine Resonanz, d. h. wir verbinden uns nicht wirklich mit
ihnen. Auf diese Weise ziehen wir Menschen an, mit denen wir uns
im Einklang fühlen. Besonders dann, wenn wir jemanden treffen
und ihn heiraten oder eine sehr enge Beziehung mit ihm eingehen,
ist die Resonanz groß, also passt es. Menschen schwingen auf eine
bestimmte Art, und sie begegnen anderen Menschen, die auf die
gleiche Art schwingen, und sie denken dann: „Ah, ich bin gerne
mit dieser Person zusammen, ich fühle mich von ihr geliebt, ich
fühle mich im Einklang mit ihr." So entstehen Freundschaften,
Liebesbeziehungen, Ehen werden geschlossen und so weiter.

Aber die Schwingung, die individuell ist, entsteht aus einer
Schwingung, die universal ist. Hinter all unseren individuellen
Schwingungen, die darüber entscheiden, mit wem wir unser Leben
verbringen, hinter all dieser schönen Individualität, die seit unserer
Geburt in uns ist – als Basis, aus der sich in uns eine persönliche
Schwingung entwickelt – gibt es eine ursprüngliche Schwingung.
Meine Arbeit besteht darin, die Menschen von dieser persönlichen
zur universalen Schwingung zurückzubringen.

Wenn du in der universalen Schwingung bist, entdeckst
du, dass diese Schwingung in jedem von uns ist. Zusätzlich zur
persönlichen Schwingung – die ich in jedem von euch spüren
kann – ist die universale Schwingung... dahinter... daneben. Bist
du in dieser Schwingung, bist du überall und jeder. Nicht als
derjenige, der du im Leben bist, mit deinen speziellen individuellen
Schwingungen, sondern dahinter. Diese universale Schwingung
ist die Quelle allen Lebens, nicht nur der Menschen, sondern von
allem, was existiert. Aus dieser universalen Grundschwingung
heraus entwickeln sich spezielle Schwingungen – gemäß den
Entscheidungen der Menschen, gemäß ihrem Werdegang und ihren
Erfahrungen, ihren Verflechtungen, Beziehungen und so weiter.

Um noch einmal zum Anfang zurückzukommen, der Titel dieses
Vortrags, der John David so sehr beeindruckt hatte, war, ich

wiederhole: „Das Universum ist dein Nachbar," aber, wie ich schon sagte, „auf der anderen Seite des Zaunes." Der Zaun, das sind deine persönlichen Glaubenssysteme, Entscheidungen, Vorlieben, dein Lebensstil, deine Ablenkungen, deine Liebesaffären, die Kleidung, die du trägst, die Orte, an denen du dich aufhältst, die Filme, die du magst, die Bücher, die du liest, deine Einstellung gegenüber anderen Menschen. Das alles kommt von der persönlichen Schwingung. Ich sage nicht, dass es möglich ist, das zu vermeiden; es ist zwangsläufig so, es ist erforderlich, damit die Welt sich dreht und die Menschen mit ihr. Aber hinter all dem und neben all dem gibt es diese universale Schwingung.

Wenn die Menschen das zum ersten Mal erleben – was sie in meinen Gruppen häufig tun – dann ist es oft so, dass sie zu mir am Ende des Seminars sagen: „Es fühlt sich an, wie nach Hause zu kommen." Seltsam, dass sie dies sagen, denn sie sind ja noch nie dort gewesen; doch irgendwie müssen sie schon dort gewesen sein, denn sie sagen „nach Hause" und nicht: „Ich habe einen außergewöhnlichen Raum oben im Universum gefunden, wo alles einfach nur schön und perfekt war, und jetzt habe ich ihn verloren." Sie sagen immer wieder: „Es fühlte sich an, wie nach Hause zu kommen." Das bedeutet also, dass dieser Raum, von dem aus ich arbeite und den ich teile, bereits in ihnen ist. Aber er ist vernachlässigt, nicht gelebt, nicht wahrgenommen; nicht einmal erkannt – bis er erkannt wird.

Wenn man in diesem Raum ist, wenn eine Gruppe von Menschen, mit denen ich zusammen bin, in diesem Raum ist, entsteht unweigerlich eine tiefe Ruhe und Stille. Manchmal wenn ich den Gruppenraum betrete, mich hinsetze, dann ist der Raum plötzlich da, und fast alle, die schon einmal ein Seminar mit mir gemacht haben, fallen in diesem Raum, und es vergeht eine Stunde, ohne dass irgendetwas anderes geschieht. Keiner ist ungeduldig, keiner sagt: „Hey, wann stehen wir auf und tanzen oder machen sonst was... wann gibt es eine Struktur, wann bekommen wir...?" Der Raum nimmt die Menschen in sich auf und findet, wie die Stimmgabeln, in jedem Menschen den Platz, der ganz genau der Energie entspricht, die den Raum durchdringt. Das ist die Grundlage dessen, was ich mache, wenn ich Seminare gebe – und ich gebe sie immer noch, auch wenn ich nicht mehr der Jüngste bin. Ich gebe immer noch dreißig bis fünfunddreißig Seminare pro Jahr, und bis vor kurzem reiste ich in Länder wie Russland, Australien, Brasilien, Kanada, Amerika und Südafrika.

Schon bevor ich anfing zu reisen, hatte ich immer den Gedanken, dass der Raum, in dem und mit dem ich arbeite, überall ist. Egal, welches Land, egal, welcher Hintergrund, egal, welche Politik, egal, welche Religion, egal, welche Ansichten und unabhängig von Nationalität, Nationalstolz und so weiter, ist es so, dass dieser Raum überall auf der Welt funktioniert. Er ist universal und geht über deine Nationalität, deinen Geburtsort oder deinen Wohnort hinaus. Er geht über all das hinaus, womit du dich identifizierst – wer ich bin, was ich mag, mit wem ich zusammen bin, was ich bevorzuge, wie ich mich unterhalte, was ich gerne tue. Das ist immer noch die Grundformel für die Arbeit in dieser Gruppe mit dem Namen „The Wild Goose Company". Warum „Wild Goose Company"? Jetzt komme ich vom Thema ab, tut mir leid... ich hoffe, ich finde wieder zurück.

Vor etwa dreißig Jahren habe ich in Dänemark ein Seminar gegeben. Ich war regelmäßig dort und gehe immer noch zweimal im Jahr dorthin. Aber damals ging ich noch öfter, und die Seminare fanden überall verstreut in Dänemark statt, wo immer wir einen geeigneten Seminarort finden konnten. Eines Morgens ging ich in der Pause ans Meer – Dänemark ist vom Meer umgeben und der Seminarort lag direkt am Wasser. Also ging ich zum Meer, um etwas frische Luft zu schnappen und mit dem Wasser und dem Meer allein zu sein. Als ich zum Strand kam, waren da diese zwei großen Wildgänse, und als sie mich sahen, hoben sie ab: „Schhhh..." Ich war total erschüttert. Ich ging zurück in mein Zimmer, gleich um die Ecke und legte mich hin. Da sagte eine Stimme zu mir: „Michael, du musst etwas beginnen und es „The Wild Goose Company" nennen. Und dann folgte ein kleines Gedicht, das ich aus dem Zen kenne:

*Die Wildgans
zieht am Himmel vorbei,
keine Spur hinterlassend.*

Das war 1984. „Keine Spur hinterlassend... zieht am Himmel
vorbei, keine Spur hinterlassend." Dieses „keine Spur hinterlassend"
ist die Leere und die Ruhe und die Stille und die Schwingung des
Universums, von der ich spreche. Denn ganz egal, wie viel Aktivität,
ganz egal, wie viel Trubel, ganz egal, wie viel Schreckliches und
auch wie viel Schönes in der Welt vor sich geht – hinter all dem
bleibt nichts als Leere zurück. Aber eine Leere, die eine mächtige
Schwingung ist und die dich lebendiger fühlen lässt, als du dich
jemals in deinem Leben gefühlt hast. Denn du bist eins mit der
zeitlosen Schwingung des Lebens.

Ich mache meine Gruppen nicht, weil ich das Gefühl habe, dass
ich es tun sollte, sondern weil ich es tun muss. Ich mache meine
Arbeit, weil ich keine Wahl habe. Deshalb bin ich hier, solange
ich hier bin. Die Zeit wird in gewisser Weise irrelevant, und
deshalb kann ich in meinem Alter immer noch reisen und dreißig
Gruppen pro Jahr machen, bin in der Lage, in Hotels und an
fremde Orte zu reisen – und es zu überleben. Denn ich bin in
den Händen von etwas, das jenseits dieser Person Michael Barnett
und ihren Begrenzungen liegt, die ich natürlich auch habe. Aber
genauso, wie ich meine Grenzen habe, habe ich auch unbegrenzte
Möglichkeiten.

In diesem Raum, der jenseits von uns selbst – so wie wir uns
selbst verstehen – liegt, gibt es niemanden im besonderen. Und so,
wie ich es sehe – ohne es zu wissen – wenn du stirbst, stirbt der Teil
der stirbt, aber der Teil von dir, der mit der universalen Energie
verbunden ist, stirbt nicht; weil du außerhalb von Zeit bist. Du
bist mit Sicherheit jenseits der Zeit, denn du befindest dich in
dem Raum, von dem ich spreche... es macht bumm, bumm, und
jeder Augenblick ist derselbe. Das mag schrecklich langweilig
klingen, dass du eine Stunde lang dort sitzt und jeder Augenblick

ist so wie jeder andere Augenblick in dieser Stunde, und es gibt keinerlei Veränderung... und da ist Glückseligkeit und Freude und Vollkommenheit, obwohl gar nichts geschieht – außer, dass du mit dem Universum mitschwingst.

Also, für mich ist das, was ich bisher gesagt habe, das Schönste, was einem Menschen passieren kann; aber das ist nicht für sehr viele Menschen so. Ich schätze mal, dass ich in meiner Zeit als Seminarleiter – die letzten fünfzig Jahre oder so – mit mindestens hunderttausend Menschen weltweit gearbeitet habe. Aber die Zahl der Menschen, die es angenommen haben, ist nur ein kleiner Prozentsatz davon. Denn die Leute sagen: „Ah, das ist interessant – aber in der Zwischenzeit muss ich Mittagessen kochen, zu dieser Verabredung gehen, meine Freunde treffen; ich will dies und jenes tun, ich will diesen Film sehen, ich will...“ Also wird es zur Nebensächlichkeit. Und deshalb spreche ich über das Universum als deinem Nachbarn, aber auf der anderen Seite des Zaunes. Innerhalb des Zaunes ist das, was du bist, das, was du in deinem Leben als wichtig erachtet hast. Das kann sehr schön sein, und einige Menschen haben ein großartiges Leben und haben viel Spaß und so weiter; wenn auch nicht immer, so doch ziemlich oft.

Das fühlt sich gut genug an und wofür du hier bist – genauso, wofür ich hier bin – um dieses Leben zu leben, das wir uns täglich gemäß unserer eigenen Entscheidungen erschaffen. Wozu also darüber hinausgehen, wenn ich zufrieden bin? Ich bin nicht dagegen. Ich denke nicht, dass Menschen die Pflicht haben, das zu entdecken, was ich ihnen beschreibe, und wenn sie es gefunden haben, es zur wichtigsten Sache in ihrem Leben zu machen. Das sage ich nicht. Gewissermaßen unternehme ich nicht einmal etwas, um die Menschen zu überreden. Ich zeige es nur und hoffe darauf, dass sie erfahren, was möglich ist, und dass sie dann entscheiden können, welche Bedeutung das für sie haben soll. Sie sagen vielleicht: „Ah, sehr interessant...“ Ein Wort, das ich hasse, „interessant“. Der Verstand sagt: „Sehr interessant“, aber das Herz sagt: „Wow!“ Wenn das Herz „Wow!“ sagt, sagt das System: „Ja!“

Du hast über Resonanz gesprochen, indem du das Bild der Musikstunde mit den Stimmgabeln verwendet hast. Und gerade hast du gesagt, dass du das tun musst, und dass viele Schüler, die dich kennen, immer wiederkommen, um mit dir gemeinsam zu sitzen und bei dir zu sein. Das würde darauf hindeuten, dass die Art und Weise, wie du mit den Stimmgabeln umgehst, etwas Besonderes ist. Möchtest du ein wenig darauf eingehen?

Nun, du hast es schon gesagt, nicht wahr? (lacht)

Ich möchte, dass du es sagst, denn ich bin sicher, dass du es viel toller sagen wirst als ich.

Nun, nach all diesen Jahren und den Begegnungen mit all diesen Menschen erwarte ich nicht mehr, dass die Menschen das, worauf ich hinweise, auch annehmen. Es ist nur eine Leitlinie, die als eine Möglichkeit durch die menschliche Gesellschaft, die Menschenwelt und die Erdenaktivitäten verläuft. Wenn ich sage, dass ich nicht aufhören kann und dass ich das tun muss, dann deshalb, weil ich weiß, dass es schon immer mein Schicksal gewesen ist.

Als ich acht Jahre alt war, fragte mein Vater meinen älteren Bruder David und mich – ich weiß nicht, ob Väter das immer noch tun, ich habe es mit meinen Kindern nicht gemacht: „Was willst du werden, wenn du groß bist?" (Lachen) Offensichtlich kennt ihr das! Mein Bruder antwortete und dann fragte mein Vater mich: „Was willst du tun, wenn du groß bist?" Meine Antwort mit acht Jahren war: „Ich möchte wie Moses sein und das Volk ins Gelobte Land bringen." Mit acht Jahren!...

Dann sagte er: „Du meinst die Engländer?" (Lachen) Und ich sagte: „Nein, nur John David." (Lachen)

Ich sagte: „Nein."

Er sagte: „Meinst du die Juden?" Mein Vater kam aus der jüdischen Tradition, der ich selbst nicht gefolgt bin.

Ich sagte: „Nein."

Er fragte: „Wen?"

Ich sagte: „Die Deutschen." (Lachen)

Jetzt lebe ich in Deutschland, ich habe eine deutsche Frau, ich habe drei... vier deutsche Kinder, fünf deutsche Kinder (Lachen); ich komme mit dem Zählen nicht mehr hinterher. Und ich habe die Hälfte meines Lebens in Deutschland gelebt. Ich lebe gerne in Deutschland, Deutschland ist mein Zuhause. In London kamen aus dem Nichts Deutsche zu meinen Selbsterfahrungsgruppen. Ich hatte damals keine Verbindung nach Deutschland, aber sie kamen einfach. Sie kamen von Deutschland zu mir, und dann haben sie mich nach Deutschland eingeladen, und so habe ich angefangen, Gruppen in Deutschland anzubieten. Das war noch, bevor ich zu *Bhagwan* ging.

Irgendwann in meinem Leben sagte eine innere Stimme: „Eines Tages wirst du eine deutsche Gräfin heiraten." Interessant... Nun, das habe ich dann getan. (Lachen) Wir haben zwar nicht geheiratet, aber wir haben eine gemeinsame Tochter. Und die Nachricht, dass mir das geschehen würde, kam zwanzig Jahre vorher.

Noch ein früheres Beispiel. Mir wurde gesagt, dass ich viele Freundinnen haben würde, was ich auch hatte, aber dass ich am Ende – und das ist fünfundzwanzig Jahre her – mit jemandem zusammenkommen würde, die... (lange Pause)... Susanne heißt. Und meine fünfundzwanzigjährige Ehe habe ich mit Mishka, sie heißt Susanne. Solche Dinge passieren immer wieder in meinem Leben, dass eine innere Stimme sagt, was ich später erleben werde.

Nun, wo ist da die Zeit? Die unvorhersehbare Zukunft, die unbekannte Zukunft wurde mir schon vorausgesagt, bevor sie sich ereignete. Das deutet darauf hin, dass – wie in einem meiner Bücher zu lesen ist – Zeit eine Illusion ist. Dass die Vergangenheit, die Gegenwart und die Zukunft alle zusammen in genau diesem Moment sind. Es mag in gewisser Weise unvorstellbar sein, aber das macht es nicht weniger wahr. Der Verstand kann das nicht begreifen.

Die Leute sagen: „Ah ja, wir hatten eine gute Zeit." Über die Jahre haben Leute oft gesagt: „Das war die schönste Erfahrung, die ich je in meinem Leben gemacht habe," und dann sehe ich sie nie wieder. Zuerst dachte ich immer: „Was ist passiert? Sie sagen, es ist die schönste Erfahrung, die sie in ihrem Leben gemacht haben, und dann verschwinden sie." Jetzt, da ich älter und reifer bin (lacht), kann ich sagen: „Ja, richtig, und? Sie haben viele schöne Erfahrungen gemacht. Vielleicht haben sie eine Beziehung zu einer Frau oder einem Mann und sagen, das war die schönste... und dann gehen sie fort und später heiraten sie einen anderen." Dass du eine schöne Erfahrung gemacht hast, muss nicht bedeuten, dass du das auch zur wichtigsten Sache in deinem Leben machen willst.

Aber als ich diese Erfahrung machte, war es für mich das Schönste in meinem Leben, und ich wusste, dass es das war, was ich wollte. Ich wollte nicht nur einen Augenblick des *Satori* (Erwachen), so wie ich ihn schon vor meiner Reise zu Osho erlebt hatte. Er ging wie ein Blitz durch einen Zustand der Leere, Offenheit und Fülle, und ich wusste: „Ah, das ist für mich das Wichtigste! Das ist von nun an das Ziel meines Lebens." Aber trotzdem machte ich weiter und hatte auch viele schöne weltliche Erfahrungen. Ich hatte immer noch Beziehungen, immer noch tolle Zeiten, ging immer noch auf Partys, tanzte, machte immer noch viele andere Sachen. Es war nicht so wie: „Ich höre jetzt auf mit allem, ich werde Mönch!" Ich bin kein Mönch.

Ich erwarte das auch nicht von meinen Schülern. Sie leben in dieser Welt, sie haben eine tolle Zeit, sie haben Familien, sie haben Arbeit, sie haben ihre Interessen, sie haben Beziehungen. Aber die Sache ist die, als ich zum Beispiel meinen achtzigsten Geburtstag feierte, da hatten wir eine große Party und zwei- oder dreihundert Leute kamen, weil ich viele Verbindungen habe. Leute aus meiner Anfangszeit, die schon Jahre lang nicht mehr an Gruppen teilgenommen hatten, sagten: „Oh, da gehen wir hin." Sie hatten sich zwanzig oder dreißig Jahre lang nicht mehr gesehen, und als sie sich trafen, war es, als hätte es keine Zeit dazwischen gegeben. Nicht dieses: „Was habt ihr gemacht? Habt ihr jetzt Kinder? Welchen Job habt ihr jetzt?" Nichts von all dem. Es war einfach: „Hallo, ich habe dich seit fünfundzwanzig Jahren nicht mehr gesehen. Hallo!" Das war's, es gab nichts weiter zu sagen. Denn wenn sich Menschen in diesem zeitlosen Raum begegnen und sich dann wiedersehen, sind sie wieder im zeitlosen Raum. Das ist immer so.

Ich spreche also von einer anderen Welt, aber nicht anstelle von dieser Welt. In einigen spirituellen Richtungen muss man natürlich alles fallen lassen – man muss Mönch werden, man muss rezitieren und ernst sein und in der Lage sein, täglich zu meditieren. Ich meditiere nie. Meditation ist etwas, das man tut, um irgendwohin zu gelangen, und ich tue nichts mehr, um irgendwohin zu gelangen. Aber manchmal sitze ich eine Stunde oder länger in einem meditativen Zustand, auch mit den Menschen in meinen Gruppen. Aber ich bin einfach nur in der Stille und im Schweigen und im Eins-Sein. Das ist ansteckend, und es breitet sich auf die anderen aus, und so sitzen sie mit mir zusammen, in Stille und Schweigen. Und dann beginne ich, etwas aktiv zu werden, mit Bewegung, mit etwas Spielerischem, mit Witzen, mit Plaudereien, mit irgendetwas. Ich sage nicht: „Das ist alles, das ist der Gipfel." Es ist der Gipfel, aber man muss nicht auf dem Gipfel bleiben.

Wenn Menschen auf den Gipfel des Mount Everest gehen, bauen sie dort kein Haus und keine Schule. Sie gehen hoch und gehen wieder runter und machen wieder in der Welt weiter. Und ich sage: „Gut, reih' dich ein und erkenne die Einheit von allem! Finde das, was hinter all dem liegt, was weder dies noch das ist. Erlebe, wie es schmeckt. Erkenne, dass es ein Teil von dir ist, und dass es etwas ist, mit dem du auch sein kannst und bist – und dann mach weiter mit deinem Leben!" Aber das, was du gekostet und gefunden hast, wird die Art und Weise beeinflussen, wie du mit deinem Leben weitermachst; das ist absolut sicher. Es ist nicht wie ein Entweder-Oder, es ist nicht so, dass ich, wenn ich in diesem Raum bin, mich fantastisch fühle, aber wenn ich in der Welt bin, wieder die Person bin, die ich vorher war. Sie sind absolut verbunden. Der Einfluss dieses Raumes, den du gespürt und in dem du Zeit verbracht hast, breitet sich aus und durchdringt deine Art zu leben. Sie kommen zusammen.

Das Symbol von „The Wild Goose Company" ist „X10", wir tragen es auch an Halsketten. „X10" – die 1 steht für das individuelle Leben, die Null steht für den „Raum", von dem ich spreche – denn er ist das Nichts – und das X steht für „leben", also beides in deinem Leben zusammenzuführen. So kann ich hier reden, lustige Dinge erzählen und Witze machen, und gleichzeitig bin ich in diesem Raum, den ich „die Null" nenne. Du musst dich nicht für eins entscheiden. Es ist eine Bereicherung des täglichen Lebens mit etwas, das total und vollständig und ganz und universal ist.

Ich kann die Dinge, die du sagst, gut nachvollziehen, denn wenn ich auf mein Leben zurückblicke, sehe ich, dass es eine Abfolge von Entfaltungen ist...

Entfaltungen – das ist ein gutes Wort!

Ich meine damit... sogar ein Parkplatz kann einfach auftauchen, wenn ich ihn gerade brauche. Solche einfachen Dinge, aber auch kompliziertere. Du hast ja eine meiner dreijährigen Töchter kennengelernt. Nicht viele Menschen haben dreijährige Töchter, wenn sie vierundsiebzig Jahre alt sind. Vor etwa zehn Jahren erhielt ich eine E-Mail, die mich in eine Stadt in die Ukraine einlud, um dort Satsang zu geben. Am ersten Abend waren dort etwa vierzig Personen. Und ich habe mich sofort mit einigen Menschen stärker verbunden gefühlt als mit anderen, insbesondere mit einer Frau, die jetzt die Mutter dieser beiden kleinen Mädchen ist.

Sie ist eindeutig durch eine solche Art von Schicksal in mein Leben gekommen, alles andere macht keinen Sinn. Sie ist zweiundvierzig Jahre jünger als ich. Warum sollte sie Interesse haben, mit jemandem herumzuhängen, der so viel älter ist? Ihr Stiefvater war ein russischer spiritueller Lehrer. Sie hatte als Jugendliche meine Filme gesehen.

Es ist fast unvorstellbar, dass so eine Geschichte passieren kann. Deshalb habe ich den Eindruck, dass es aus irgendeinem Grund ein „Muss" war. Ich weiß nicht, was der Grund dafür ist, außer dass...

Das nennen wir Schicksal.

Ja.

Ich nenne es Schicksal, und es ist für mich sehr real. Schicksal bedeutet, dass man von Anfang an schon da war, wo man ankommt.

Das Schöne daran, das Schicksal zu verstehen, ist, dass es mir irgendwie jede Angst vor meinem Leben genommen hat, die ich vielleicht hätte haben können. Ich wusste einfach, dass das, was passiert, auch passieren soll, und dass ich eigentlich keine Wahl habe, also warum mich nicht einfach entspannen und es geschehen lassen. Deshalb kann ich dieses unglaubliche Leiden, das ich um mich herum wahrnehme, nicht wirklich verstehen; weil ich nicht so lebe. Ich habe mein ganzes Leben nicht so gelebt.

Die Menschen können nicht vertrauen. Sie können nicht bekommen, was sie im Leben wollen, und das lässt sie dann all diese Dinge tun. Wenn du die Dinge einfach geschehen lässt, dann hast du nichts, womit du sie vergleichen kannst – weil du etwas wolltest, was du nicht bekommen hast. Du hast etwas bekommen, das nicht angenehm ist, obwohl du doch etwas Angenehmes wolltest. Aber wenn du dich dem öffnest, was auch immer geschieht, dann gibt es keine Enttäuschung mehr.

Ja, und dann scheint es, dass genau die richtigen Dinge passieren. Dieses enorme Verlangen, das die meisten Menschen ihr Leben lang haben – wenn sie damit einfach aufhören und sich mit ihren Wünschen entspannen würden, würde wahrscheinlich sowieso alles zu ihnen kommen.

Nun, vielleicht nicht das, was sie sich wünschen, aber das, was sie haben sollen.

Ja. Okay.

Das, was sie bekommen sollen...
Ich habe dieses Bild im Kopf von einer Frau, die dort oben, jenseits der Welt ist und mit Schlammkuchen wirft; was sie mit absoluter Präzision tut. Womit auch immer sie wirft und wohin auch immer sie trifft, es ist das, was für dich gedacht ist. Selbst wenn es dir nicht gefällt und du etwas anderes haben möchtest, selbst wenn du traurig und ärgerlich bist über das, was passiert – es ist das, womit du dich auseinandersetzen musst. Du musst dich mit diesem Ärger und all dem auseinandersetzen, was zwischen dir und dem steht, was dir gegeben wird. Um einfach „ja" zu allem zu sagen, was passiert; nicht unbedingt, um damit einverstanden zu sein, sondern um zu sagen: „Ja, damit muss ich mich jetzt auseinandersetzen, das ist es, was ich zu tun habe."

In meiner eigenen Erfahrung gab es viele sehr heftige und auch schwierige, sogar schreckliche Dinge, mit denen ich mich auseinandersetzen musste. Es war nicht immer nett, es war nicht immer schön.

Nun, wenn du dazu ja sagen kannst, hast du gute Chancen, auch zu den anderen Dingen ja zu sagen, wenn sie kommen. „Ah, ja!" Nicht nur „ja", sondern: „Ah, ja!"

Ich möchte dir gerne eine Frage zu einer Sache stellen, die mich nicht loslässt. Es geht um diesen Augenblick, in dem jemand dieses „Zuhause" erlebt. Du hast wunderschön beschrieben, dass man sich kaum vorstellen kann, warum es nicht jeder zu seiner Priorität macht. Sehr oft schaue ich zu, wie jemand das erlebt oder sogar eine intensive Erfahrung macht und sich dann umdreht und weggeht. Das kann ich eigentlich nicht wirklich verstehen.

Sie glauben, dass sie ihr Leben verlieren werden.

Das beides gehört zusammen, das Nachhausekommen und sein Leben zu verlieren. Natürlich, wenn du zum ersten Mal „nach Hause" kommst, passen die beiden nicht zusammen. Du musst von dem, was ich die Eins nenne, zur Null gehen, und in deiner Beziehung zur Eins scheint die Null jetzt diese abzulösen – dann aber wird dir klar, dass die Eins, aus der du gekommen bist, immer noch in der Null enthalten ist; aber das geschieht nicht sofort. Die Null fügt sich der Eins nie hinzu, die Null drängt die Eins aus dem Weg. Sie muss das tun, um in dir den Platz zu schaffen, an dem sich die Null aufhalten kann. Solange die Eins in dir ist, solange das Ego in dir ist, ist da kein Platz für das, wovon ich spreche. Um die Null zu finden, musst du die Eins loslassen, aber dann erkennst du, dass die Null die Eins enthält.

Es ist, als ob du einen Stein ins Wasser wirfst... die Wellen breiten sich aus, und auf der äußersten Welle bist du im freien Wasser; doch dann drehst du dich um und sagst: „Ah, aber die Wellen sind immer noch da, also kann ich von hier aus zurückgehen und dorthin zurückkehren, wo die Wellen sind" – und das ist dein Leben. Aber es passiert nicht in einem solchen Zusammenspiel, nicht am Anfang. Du musst dein Leben aufgeben, um das zu finden, was über dein Leben hinausgeht. Wenn du das nicht tust, kannst du es nicht schaffen, aber wenn du es tust, erkennst du: „Aahhh, ich habe das, woher ich gekommen bin, gar nicht verloren!" Die Eins schließt alles ein, was die Eins ausmacht, einschließlich dich selbst, wie du vorher warst.

Aber viele, viele Menschen – ich würde sagen, wahrscheinlich die Mehrheit der Menschen, die das Zuhause berührt haben – geraten immer noch in eine Art Panik, wenn sich die reale Möglichkeit auftut, das verlieren zu müssen, was sie für dieses Ich halten.

Das ist richtig, das ist richtig. All das Vertraute... Was ist mit meiner Frau? Was ist mit meiner Familie? Was ist mit meiner Arbeit? Was ist mit meinen Interessen? Was ist mit all den Dingen, die ich gerne tue? All dies hat mich seit vielen Jahren begleitet, und dieser schöne Raum, von dem ich gerade gekostet habe, ist vielleicht nur für einen Augenblick hier gewesen.

Du hast erzählt, dass insgesamt etwa hunderttausend Menschen an deinen Gruppen teilgenommen haben, und wahrscheinlich kannst du an zwei Händen abzählen, wie viele Menschen dauerhaft in dieser Priorität von „Zuhause" leben.

Wahrscheinlich. Vielleicht drei oder vier Hände. (Lachen)

Das bedeutet zwanzig Personen.

Ein paar hundert Menschen, die immer wiederkommen, um erneut – als Erinnerung oder Verstärkung – davon zu kosten, befinden sich während der Gruppenarbeit in einem „erleuchteten Raum" aber für sie fühlt es sich nicht so an, als wären sie in diesem erleuchteten Raum. Ich sehe, dass sie darin sind, aber sie sind immer noch in der Welt, sie sind immer noch in sich – und gleichzeitig kosten sie davon. Aber ich sehe, dass tatsächlich mehr als das geschieht, denn wenn sie in dem Raum bleiben würden, in dem ich sie sehe, dann wären sie tatsächlich in demselben Raum, in dem ich bin. Aber sie sagen: „Das ist etwas, von dem ich koste." Nun ja, es muss etwas sein, das du bist oder sein kannst, wann immer du willst, zu jedem Zeitpunkt.

Ist dies eine Art seltsames Schicksal, das dort wirkt? Dass es in gewisser Weise Grenzen gibt, bei dem, was du dafür tun kannst, und dass du viele Male zurückkommen musst?

Ja, vielleicht. Das erinnert mich an eine Geschichte, die *Bhagwan* erzählte, von einem Mann, der jahrelang meditiert hatte, dann jemandem aus der göttlichen Sphäre begegnete und fragte: „Wie viele Leben muss ich noch führen, bevor ich erleuchtet werde?"

Und man sagte ihm: „Gleich der Anzahl der Äste am Baum hinter dir."

Er sagte: „Was? Aber da sind doch hundert Äste! Ich muss noch weitere hundert Leben warten?"

Und dann gab es einen anderen jungen Mann, der ebenfalls ein Suchender war, und der göttliche Mann fragte: „Willst du etwas über dich erfahren?"

Und er sagte: „Nun, es interessiert mich nicht wirklich, ich genieße es, auf dem Weg zu sein, aber wie viele Leben?"

Er bekam die Antwort: „Gleich der Anzahl der Blätter an diesem Baum."

Er sagte: „Mehr nicht? Großartig!" (Lachen)

Es ist eine Sache der Einstellung, verstehst du? „Mehr nicht? Nur ein paar hundert? Mein Gott, dann werde ich erleuchtet, fantastisch!"

Wenn du ungeduldig bist, wird es nicht funktionieren. Wenn du gierig bist, wird es nicht funktionieren. Du musst die richtige Beziehung dazu haben und das erkennen. Er ist der Boss, nicht du. Du kannst diesem Raum nicht vorschreiben, was er zu tun hat. Du musst dich diesem Raum hingeben. Du musst dich diesem Raum öffnen. Du musst dich in diesem Raum verlieren. Und wenn es passiert, musst du es zum Wichtigsten auf der Welt machen.

Als ich mein erstes *Satori* hatte, sagte ich mir: „Dies ist das Wichtigste in meinem Leben." Aber ich bin nicht ins Kloster gegangen, ich bin nicht zu *Bhagwan* gegangen; ich habe gar nichts getan. Ich machte einfach das weiter, was ich vorher gemacht hatte, aber die Verbindungslinie zwischen mir und dem, was ich gekostet hatte, blieb bestehen. Ich war nicht dort, aber ich denke, die Verbindungslinie zwischen mir und diesem Raum blieb erhalten, vom ersten Moment, an dem ich ihn gekostet hatte. Das war die Leiter, mit der ich zu diesem Ort hinaufsteigen wollte, obwohl ich nicht wusste, wie ich dort hingelangen könnte – aber ich habe es immer im Gedächtnis behalten. So war es für mich.

Ich habe zwei Fragen, die hier gut hinpassen und das widerspiegeln, worüber du gesprochen hast. Sie wurden vor unserem Gespräch aufgeschrieben, daher finde ich, dass die Vorsehung sehr gut funktioniert. Die erste Frage ist, wie man den Verstand zur Ruhe bringen kann, und die zweite Frage ist, welchen Einfluss das Schweigen auf unser Energiesystem hat.

Wie man den Verstand zum Schweigen bringen kann?

Ich kann dir nur sagen, wie ich das gemacht habe. Während ich eine Gruppe in Deutschland geleitet habe – das muss ungefähr 1974 gewesen sein und ich war gerade *Sannyasin* (Osho-Schüler) geworden – ging ich allein spazieren, und da sah ich wieder Wildgänse über den Himmel fliegen. Und dann kam mir dieser Gedanke, der größte Gedanke, den es gibt. Ich muss dazu sagen, dass ich einen erstklassigen Abschluss der Cambridge Universität habe; ich erwähne das, um zu verdeutlichen, dass mein Verstand sehr gut arbeitete und sehr aktiv war. In diesem Moment wurde mir klar: „Du hast einen großartigen Verstand, aber er wird dir nicht das bringen, was du in diesem Leben bekommen willst, so klug er auch sein mag."

Von diesem Moment an war es vorbei. Dem Verstand den Vorrang zu geben, so wie es bis dahin meine Wahrheit gewesen war, damit war es einfach vorbei. Er wurde auf seinen Platz verwiesen, und ich konnte mich einfach von ihm abwenden – und damit war es vorbei. Ich wusste nicht einmal mehr, was ich dachte. Und das ist immer noch so; ich kann mein Denken abstellen, mich einfach davon abwenden, denn ich weiß, dass es unwichtig ist – verglichen mit dem, was sonst noch da ist, wenn mein Verstand nicht arbeitet.

Welchen Einfluss hat das Schweigen auf unser Energiesystem?

Nichts mischt sich ein. Wenn wir etwas tun, dann nutzen wir die Energien in uns. Wenn du gar nichts tust und einfach nur still und ruhig bist, dann sammelt sich die ganze Energie, weil du nichts davon benutzt, um etwas zu erreichen oder irgendwo hinzukommen. Sie fällt einfach in sich selbst hinein. Wenn das geschieht, stellst du vielleicht fest, dass du zum Beispiel körperliche Schmerzen hast oder an dieser Stelle nicht ganz klar bist, aber das ist etwas, das auch in der Stille sein kann. Es hat sich nicht selbst geregelt oder ist nicht in der Lage, sich selbst zu regeln, weil etwas in dir beschädigt ist. Und wenn etwas in dir beschädigt ist, zum Beispiel physisch, dann wird die Stille das nicht heilen. Man kann nicht in Krankenhäuser gehen und sagen: „Seid alle ruhig, seid still, dann werdet ihr alle geheilt."

So geht das nicht, da die Aktivität, die zu dieser Krankheit geführt hat – was immer da mit dir schiefgelaufen ist – nicht einfach so verschwinden wird. Aber es kann vielleicht dann geschehen, wenn du in diesem Raum bleiben kannst und dann einen Weg findest, dass dieser Raum, von dem ich spreche – und an dem es keine Krankheit gibt – dein System durchdringen kann. Es gibt Geschichten von Meistern, die in diese Leere gingen und verschwanden und die wieder zurückkamen, weil sie sich diesem Raum völlig hingegeben hatten, aber gleichzeitig nicht völlig gegangen waren und sich so wieder in ihren Körper manifestieren konnten. Wie stichhaltig diese Geschichten sind, weiß ich nicht. Aber wenn mir das passiert, lasse ich es euch wissen. (Lachen)

Du hast über diesen Raum gesprochen, der immer da ist, vielleicht unter der persönlichen Schwingung. Wie kann man dorthin gelangen? Wie kann man über das Persönliche hinausblicken oder wie kann man es unterscheiden?

Du kannst dort nicht ankommen, weil es nicht auf der Landkarte verzeichnet ist. Du musst dich ihm gegenüber öffnen, dann wird er dich vielleicht in seine Arme nehmen. Alle Anstrengung dorthin zu kommen, durch das, was du tust, wie durch Meditation, wird dir eine Kostprobe davon vermitteln, aber du kannst an diesem Ort nicht landen, weil er nicht auf der Landkarte verzeichnet ist. Du musst ihn zu dir einladen, du musst warten, bis er kommt – so wie ich es getan habe – und dann sagen: „Ja, das ist das, was ich will!" Alles, was du im Leben tust, kann dich bereiter und offener dafür machen. Also ist alles, was wir tun können, uns zu öffnen, damit dieser Raum uns auswählen kann.

„Ah, da ist eine Person, die offen genug ist, dass ich eintreten und ihr eine Kostprobe von mir geben kann." „Von mir" ist der Raum, von dem ich spreche, nicht ich. Das Selbst als Raum ist nicht auf der Landkarte. Nichts, kein einziger Schritt, wird dich jemals dorthin bringen. Die Schritte, die du machen kannst, bestehen darin, offener zu sein, der Schwingung näher zu kommen. Der Abstand wird immer geringer, und dann kommt der Sprung, aber der Sprung kommt von der anderen Seite, nicht von dir; denn solltest du springen, springst du in die falsche Richtung. (Lachen) Denn du willst etwas haben, doch es ist etwas, das du nicht durch Verlangen bekommen kannst.

Aber für dich ist es möglich, wie ich sehe. (Blickt zu einer Person im Publikum.) Ich kann sehen, wer es schaffen kann und wer nicht. Normalerweise sage ich das nicht, weil ich zu niemandem sagen möchte, du kannst es nicht. (Lachen) Aber bei dir ist es tatsächlich sichtbar.

Mein Verstand kann still sein, aber wenn ich in der Außenwelt viel zu tun habe, kommt sofort viel Stress auf. Dann spüre ich, dass ich mich sofort in alten Verwicklungen befinde. Ich weiß, dass sich alles in dieser Stille abspielt, aber das Kämpfen geht weiter.

Stille allein ist nicht so nützlich. Die Stille, die ich beschreibe – und es geschieht mir oft in meinen Seminaren – ist ein Ausdruck dafür, an einem bestimmten Ort in dir zu sein. Die Stille ist ein Nebenprodukt eines bestimmten Ortes. Aber Stille allein reicht nicht aus. Ich erinnere mich daran, dass mir diese Frage beim Rainbow Spirit Festival in Baden-Baden gestellt wurde. Es waren drei- oder vierhundert Personen im Publikum. Eine Dame sagte: „Ich kann meinen Verstand ohne große Mühe zum Schweigen bringen, aber dann fühle ich nicht, dass ich irgendwo bin. Ich weiß nicht, wie ich weitermachen soll, und so behalte ich einfach nur den schweigenden Verstand bei." Und ich dachte: „Michael, wohin gehst du, wenn die Stille kommt?" Ich sagte: „Die Stille ist ein Faktor eines bestimmten Energieraumes, sodass ich mich in einem bestimmten Energieraum befinde, wenn ich mich in der Stille befinde." Deswegen ist die Stille nicht das Wichtigste, es ist der Energieraum, der die Stille einschließt. Die Stille hat keine eigenen Wurzeln, so dass man, sobald es um einen herum Aktivität gibt, die Stille verliert. Es ist sehr schwer, still zu sein, da es in dieser Welt kaum Stille gibt, zu keiner Zeit, an keinem Ort; abgesehen von der Wüste vielleicht. Das ist es also, man muss den Raum finden, der die Stille einschließt, und nicht nur die Stille allein.

Ich möchte im Namen einiger Personen in diesem Raum, die diese Frage nicht stellen, eine weitere Frage stellen...

Aber du weißt, dass sie sie haben, hm?

... es wäre eine Frage, die sie stellen könnten. (Lachen)
Wir haben ja bereits darüber gesprochen, dass manche Leute einen Einblick haben, also eine Kostprobe dessen, was wir Zuhause nennen. Das kann sogar einige Tage andauern, ist also keine kleine Sache, sondern sogar eine ziemlich große. Vielleicht kann sogar ihr Körper für ein paar Tage nicht funktionieren, aber in ihrem Inneren spüren sie dieses gigantische Zufriedensein, diesen Frieden, dieses Zuhause. Also bleiben sie dran, und natürlich stehen die, von denen ich spreche, in Verbindung mit John David, sodass ich auf gewisse Weise als Lehrer agiere und sie daran erinnere. Ich würde Erinnern als meine Hauptfunktion ansehen.
Dann aber entscheiden sie, sich von dem abzuwenden, was sie so tief berührt hat. Das ist gar nicht so einfach, weil ein Teil wieder in das Spiel des Egos einsteigen will, während der andere Teil sich noch an dieses Zuhause erinnert. Es ist also keine leichte Entscheidung, es ist kein leichtes Ringen um eine Lösung. Dann erlebe ich es oft, dass sie sagen, dass der Lehrer, der Erinnerer, Unrecht hat. Und das befreit sie irgendwie, denn wenn der Erinnerer falsch liegt, dann ist es eh egal, dann können sie ganz einfach wieder zurück. Kannst du darüber etwas sagen, denn ich bin oft sehr traurig darüber.

Nach dem Meister, dem spirituellen Lehrer, ist die wichtigste Hilfe die *Sangha*. Die *Sangha* ist eine Gruppe von Schülern, Jüngern oder Anhängern. Denn es ist genau so, wie wir es heute Abend beschrieben haben, es ist ansteckend, und die Menschen, mit denen ich gearbeitet habe, stecken die Menschen an, die neu sind. Das Energiefeld in meinen Gruppen und in meinem eigenen Energiefeld der „Wildgänse-Aktivisten" ist die *Sangha*.

Wenn ich in ein Seminar komme, sitzen fast immer alle schon wie „plumps!" – und egal, ob ich hineinkomme, um sie in dieses „Plumps!" zu bringen – sie sind schon im „Plumps!" und ich schließe mich ihnen einfach an. Weil alles hier zusammenkommt, alle Gruppen, die sie mit mir gemacht haben, und alles, was sie sonst noch unternommen haben, um dazu beizutragen. Nicht nur diese Person dort, die gerade von einem Retreat zurückkommt, oder jene Person dort. Der Teil von ihnen allen, der schon einmal an diesem Ort gewesen ist, kommt zusammen, so dass jeder im Raum für alle anderen etwas beiträgt.

Als ich mit dieser Arbeit anfing, geschah so etwas erst, wenn ich in den Saal kam, aber jetzt passiert es einfach. Ich komme in den Saal und denke: „Na ja, ich muss gar nichts tun, sie sind schon alle in dem Raum." Und ich schließe mich ihnen an, ich setze mich einfach und schließe mich ihnen an. Aber dann wird es durch meine Anwesenheit intensiviert. Indem ich es intensiviere, intensivieren auch sie mich darin, der Lehrer zu sein. Es ist ein Energiefeld, und wenn das Wochenende vorbei ist, sagen die Leute: „Das war fantastisch, das war wunderschön, das ist es, was ich in meinem Leben will...," und dann, puff! sind sie wieder verschwunden – denn da draußen gibt es auch ein Energiefeld.

Die Welt ist ein Energiefeld, und der Teil von dir, der schon dein ganzes verdammtes Leben lang – Entschuldigung! – in diesem Energiefeld war, wird sofort angesteckt und in dieses Energiefeld zurückgeworfen. Und das sind nicht nur zwanzig, dreißig, vierzig, fünfzig Menschen, das sind einige Millionen. Selbst wenn es nur die Leute sind, die man kennt und trifft, sind es immer noch ein paar Hundert, die tagsüber unterwegs sind, zur Arbeit gehen, ins Büro gehen, im Bus sitzen, im Zug sitzen. Wo immer du auch bist, du bist umgeben von Energie.

„Oh, was war das nochmal, wo ich letzte Woche hingegangen bin? Es war... Oh ja, ich erinnere mich, es war gut, ich fühlte mich dort großartig..." Du musst darauf zurückblicken; es ist nicht mehr bei dir. Du bist wieder von der Welt vereinnahmt worden. Das zu vermeiden und trotzdem deine Verbindung aufrecht zu erhalten, das ist nicht einfach.

Früher war ich für gewöhnlich enttäuscht, wenn das passierte, jetzt bin ich es nicht mehr. Die Opposition ist zu stark. (Lachen) Die Welt ist größer als ich, deshalb bin ich froh, wenn ich hier und da etwas bewirken kann. Die Leute sagen: „Ja, das ist sehr wertvoll für mich, es schwächt tatsächlich den Sog, den die Welt auf mich hat. Sie hat immer noch eine Wirkung, aber es ist weniger, sodass ich die Flamme am Leben erhalten kann." Das Weitergeben der heiligen Flamme – es geht um diese Flamme, es geht darum, die Flamme am Leben zu halten!

Was du sagst, ist sehr berührend, denn diese Gemeinschaft hier besteht nun schon seit etwa fünfzehn Jahren. Und natürlich gab es während dieser fünfzehn Jahre in praktischer Hinsicht immense Herausforderungen. Herausforderungen, die Miete zu bezahlen... all die Dinge, die funktionieren müssen.

Es gab Herausforderungen im Umgang mit diesen leicht verrückten Menschen, die ein solcher Ort anzieht. Viele, viele Herausforderungen. Und meine Wenigkeit wollte schon manchmal seine Tasche packen und einfach in den Sonnenuntergang segeln... mehr als einmal. Aber es ist mir vollkommen unmöglich, das zu tun.

Kürzlich habe ich es wieder einmal ernsthaft in Erwägung gezogen, denn mittlerweile bin ich schon ziemlich alt und... nun ja, ich dachte, mich vielleicht den letzten Teil meines Lebens mehr oder weniger zurückzuziehen und irgendwo in der Sonne zu sitzen. Aber wo würde ich gerne sitzen? Ich konnte es kaum glauben – mir fiel kein Ort ein, an dem ich gerne sitzen würde!

Nein, du gehörst dir nicht mehr selbst, John David. Ich kann sehen, dass ein Engel dich am Nacken gepackt hat. (Lachen) Nein, nicht vorne... hinten! (Noch mehr Lachen) Nicht, um dich zu erwürgen, einfach nur, um dich zu halten – und dich zu führen. Es ist zu spät, um von Ruhestand zu sprechen oder davon, es langsamer angehen zu lassen. Es ist zu spät.

Zu spät? (Lachen) Oh nein, es ist zu spät...

Du bist geliefert! Du bist geliefert! Das ist dein Schicksal...

Ich akzeptiere es wegen dem, was du gerade gesagt hast: Diese Gemeinschaft ist eine Art Flamme. Ich sehe sie nicht als etwas Persönliches von John David – seine Flamme ist ein Teil der größeren Flamme – aber es gibt eine Flamme. Die ist für alle vorbeifliegenden „Motten" da, die hier herkommen wollen und sich von der Flamme angezogen fühlen. Das ist Grund genug. Und das ist auch dein Grund... deshalb habe ich keine Reisekoffer mehr... (lange Pause)

Wir haben zwei weitere Gemeinschaften in der Ukraine und in Spanien, und meine persönliche Erfahrung ist, dass ich die Verbindung zum Raum, zu John David als Vertreter des Raumes, meist völlig verliere, wenn ich nicht da bin, wo er ist.

Ich möchte dich deshalb fragen, ob du Ideen hast, wie ich den Raum halten kann, wenn diese Person nicht körperlich anwesend ist, und wenn ich stark von anderen Gedanken und anderen Umständen beeinflusst werde.

Nun, der Funke, der durch Resonanz entsteht, muss in dir Wurzeln schlagen, dann kannst du ihn erhalten, wo immer du bist. Zuerst bist du von dieser Person abhängig, die dir eine Resonanz anbietet und von der die Flamme überspringt. Aber einmal ist nicht genug, zweimal ist nicht genug und manchmal ist fünfzigmal nicht genug – angesichts des Energiefeldes der Welt. Sie darf nicht nur ein Spiegelbild einer anderen Flamme bleiben, sondern du musst den Platz in dir selbst finden, der in Flammen stehen muss.

Ich kann sehen, dass du einen regen Verstand hast, und zweifellos benutzt du ihn, um deine eigenen und die Fragen anderer zu beantworten. Du bist frustriert, weil dein Verstand dir keine Antwort geben kann, und dann wirst du ärgerlich, weil dein Verstand dir keine Antwort geben kann – und weil du keine Antwort anbieten kannst, bist du von dir selbst enttäuscht. Das sind alles Reaktionen von einem Ort, der dir die Antwort nicht geben kann. Also werden dein Protest und deine Enttäuschung darüber, den Ort nicht erhalten zu können, dir rein gar nichts nützen. Das macht es dir sogar immer schwerer, den Raum wirklich zu kosten, der ja ohnehin in dir ist.

Der Zweck eines Lehrers besteht also darin, dich zu dir selbst zurückzubringen und nicht darin, vom Lehrer abhängig zu werden. Es ist der Verstand, der dir sagt, dass du es durch deinen Lehrer bekommen kannst. Du kannst es für dich nicht durch deinen Lehrer bekommen! Er oder sie kann dir helfen, es zu bekommen, aber jeder muss es durch sich selbst tun. Alles, soweit es mich betrifft, was mein Lehrer – das war hauptsächlich *Bhagwan*, Osho – getan hat, war, mich auf mich selbst zurückzuwerfen.

Ich war einige Jahre lang immer wieder mal in Puna, und die Zahl seiner Anhänger wuchs von einigen Hundert auf mehrere Tausend. Und die Leute sagten: „Das ist unser Zuhause, das ist unser Zuhause." Aber ich sagte meinen lieben Freunden, dass es für mich nicht das Zuhause ist, dass ich nur auf der Durchreise bin. Ich kann mir kein Zuhause bei einem anderen Menschen schaffen, denn wenn diese Person mir nicht mehr zur Verfügung steht, habe ich kein Zuhause mehr.

Deswegen musst du dein Zuhause in dir selbst finden und nicht an dem festhalten, was von außen auf dich zukommt – warte, bis du im Inneren mitschwingst mit dem, was dir angeboten wird. Prüfe immer, was in dir vorgeht und nicht das, was außen, in jemand anderem vor sich geht; denn dann wirst du abhängig. Aber hier geht es nur darum, unabhängig zu werden... letztendlich unabhängig.

Ich bin sehr, sehr berührt. Ich sitze hier und schaue mir diese wunderschöne Malerei an, die über viele Jahre gesammelt wurde, und ich spüre den Raum. Hinter mir spüre ich all diese Menschen sitzen, die mir sehr nahestehen, und ich habe jede Minute von dem, was du gesagt hast genossen. Es ist fast so, als hätten wir diesen Raum schon vor langer Zeit vorbereitet, um das hier heute Nachmittag geschehen zu lassen... damit diese immense Liebesbegegnung geschehen kann. Ich kann mich nicht wirklich an das erinnern, was du gesagt hast, abgesehen von diesem Wort „Resonanz" aber die Liebesbegegnung ist so schön. Ich danke dir von ganzem Herzen, dass du diese schöne Liebesaffäre geschaffen hast.

Nun, ich war schon immer ein Fan von Liebesaffären. (Lachen)

† Michael hat acht Monate später, am 12. November 2019, im Alter von 89 Jahren seinen Körper verlassen.

Ich hatte diese wunderbare Erfahrung, dass ich nicht der Körper bin. Vor Glückseligkeit flossen mir die Tränen, aber die Tränen waren nicht ich, ich war nicht der Körper.

Ich hatte kein Gefühl dafür, dass es mein Körper war – er war nur ein undeutliches Gebilde. Ich nahm diesen Körper wie jeden anderen Körper wahr, und der Zustand der Glückseligkeit und Freude war überwältigend.

Usha

Ich sitze hier mit Usha zusammen. Sie ist eine wunderbare Frau. Wir können kaum glauben, dass sie Zahnärztin ist, aber das zeigt, dass auch Zahnärzte eindrucksvoll sein können. Sie ist seit vielen Jahren eng mit ihrem Lehrer Nannagaru verbunden.

Usha, würdest du uns über dein Leben und insbesondere über das Thema Hingabe und Vertrauen zu einem Guru erzählen?

Ein Guru ist sehr wichtig im Leben, weil der Begriff Gott so vage ist. Die Religionen predigen viele unterschiedliche Dinge über Gott, und seit meiner Kindheit hatte ich diese Fragen: Wer genau ist Gott, und warum sind wir hier? Zuerst existierten wir nicht, und wenn der Körper weg ist, werden wir wahrscheinlich auch nicht mehr existieren. Was ist also dieses Leben, wozu leben wir, und wer genau ist Gott?

War deine Familie besonders spirituell?

Meine Familie war sehr religiös und wir haben häufig Tempel besucht. Wenn man als Hindu geboren wird, geht man in Tempel, besucht heilige Männer und *Sadhus* (Asketen) und bringt ihnen Hochachtung entgegen. So habe ich etwas über unsere Religion und über Gott gelernt. Aber diese Vorstellung von Gott nagte sehr lange an mir.

Man hatte mich gelehrt hilfsbereit und gehorsam zu sein, und das war ich, weil es in meiner Natur liegt, aber es hat nicht dazu beigetragen, mir Glücklichsein oder Frieden zu schenken. Als ich älter wurde, wuchs meine Neugier darauf, wer Gott ist, und warum ich hier bin. Ich war sehr lebensfroh und gleichzeitig hatte ich meine Phasen der Zurückgezogenheit und des Alleinseins. Ich dachte viel über Gott nach und darüber, worum es im Leben geht, aber ich fand nie eine richtige Antwort auf diese Fragen.

Die Zeit verging und der innere Drang, mehr über Gott zu erfahren, wurde immer stärker. Ich hatte keine Antworten auf meine Fragen, und wenn ich alleine war, dachte ich: „Gott, ich brauche eine Antwort. Bitte hilf mir! Du kannst doch nicht nur ein Bild in einem Tempel sein." Die Menschen gehen in den Tempel, zerbrechen Kokosnüsse, machen andere Rituale und beten für etwas. Wenn nichts geschieht, glauben sie nicht daran, dass es Gott gibt, und wenn etwas geschieht, okay, dann glauben sie an Gott. Nein, das ist nur ein Handel. Wir sollten wissen, wer Gott wirklich ist, und was unser Lebenszweck ist.

Dann gab es Zeiten, in denen ich mich beim Kämmen im Spiegel betrachtete und erkannte, dass das Bild, das ich sah, nicht ich war. Diese Form konnte nicht „ich" sein, denn eines Tages würde diese Form sterben.

Ich dachte darüber nach: Wenn ich nicht dieses Bild bin, das ich im Spiegel sehe, wer bin ich dann? Bin ich die Gedanken? Habe ich keinerlei Identität, bin ich nur ein Bündel von Gedanken? Das erschien mir auch nicht richtig, denn wenn ich im Tiefschlaf bin, gibt es keine Gedanken, nicht einmal Träume. Bedeutet das dann, dass ich Niemand bin, dass ich keine Identität habe? An diesem Punkt kam ich nicht mehr weiter. Ich hatte das Gefühl, verrückt zu werden, weil ich nicht dahinter blicken konnte. Ich kann nicht der Körper sein. Ich kann aber auch nicht nur ein Gedankenbündel sein. Wo kommen die Gedanken her? Darauf konnte ich keine Antwort finden, da war nur Leere. Ich konnte dort nichts finden, aber ich brauchte eine Antwort.

Die Meister gaben mir *Mantren* zum Chanten oder Gebete zum Rezitieren. In unserer hinduistischen Religion haben wir viele Gebete für die Götter und Göttinnen, und ich habe sie oft rezitiert. Dann flossen meine Tränen, auch wenn ich die Bedeutung der Gebete gar nicht kannte. Sie waren so kraftvoll. Jedes Mal, wenn ich sie aufsagte, flossen erneut meine Tränen. Ich konnte fühlen, dass in ihnen etwas wirkte, aber ich konnte nicht erkennen, was dieses Etwas war.

Ich war fast fünfzehn Jahre alt und hatte immer noch keine Antworten. Da lernte ich Schüler von Shirdi Sai Baba kennen.

Viermal am Tag vollzogen sie das *Aarti*-Ritual (Feuergebet). Sie sagten mir, dass ich an eine einzige Verkörperung von Gott glauben müsse und mich darauf konzentrieren solle. Das würde mich zu dem führen, was ich wirklich wissen will, weil man in solchen Dingen nicht vage bleiben sollte. Also begann ich, an Shirdi Sai Baba zu glauben. Ich fing an, zu ihm zu beten. Ich betete immer, dass ich gerne wissen möchte, wer Gott ist, und wie ich ihn in meinem Leben erfahren kann. Bei jedem Schmerz, jeder Schwierigkeit und jedem Leiden wand ich mich meist an Gott und nicht an andere Menschen, auch nicht an meine Eltern. Denn ich wusste von Anfang an, dass Trost nur von Gott kommen kann. Da war ich mir sicher. Menschen können mit dir reden oder ein gewisses Mitgefühl zeigen, aber eine Lösung kommt nur von Gott. Bei allem Guten oder Schlechten, was mir im Leben widerfuhr, war Gott meine Zuflucht. Mein Gebet war in mir, aber nun begann ich die Gestalt von Shirdi Sai Baba zu verehren. Häufig besuchte ich die Tempel und betete immer wieder: „Bitte offenbare dich mir!"

Ich besuchte Shirdi regelmäßig, während ich noch zur Schule ging. Mein Vater schickte mich dann zum Studieren an einen Ort namens Chidambaram in Tamil Nadu. Ich kam aus Andhra Pradesh, nun kam ich an einen fremden Ort, zu fremden Menschen, die eine andere Sprache sprachen. Bisher hatten meine Eltern mich immer behütet, aber nun sagte ich zu Gott: „Jetzt bist du mein Hüter, damit ich im Leben nicht den falschen Weg gehe, sondern den richtigen. Ich möchte mich nicht verirren. Bitte zeige mir den Weg zu dir."
Ich habe mit Gott immer wie mit einem Freund gesprochen. Für mich ist er kraftvoll, wunderschön, eine ungetrennte Einheit. Er ist bedeutender als meine Eltern, meine Freunde. Ich sprach immer mit ihm – sowohl in meinen glücklichen, als auch in meinen schmerzvollen Zeiten.

Kurz bevor ich mein Studium in Chidambaram begann, war ich in Shirdi mit einigen anderen Baba-Anhängern im Tempel. Während des *Aarti* bat eine der Anhängerinnen einen *Pujari* (Priester) um eine Blume aus dem Schrein von Baba. Der *Pujari* brachte ihr eine Rose. Sie war so glücklich, vor allem, weil die Rose ihre Lieblingsblume war. Am nächsten Tag bat ihre Mutter um eine Girlande von Babas Schrein, und sie gaben ihr eine Blumengirlande aus Lilien, ihren Lieblingsblumen. Sie waren so begeistert und glücklich, dass Baba zuhörte und ihnen die Blumen schenkte, die sie am meisten liebten.

Ich lachte und sagte: „Oh, deine Leute müssen dich um etwas bitten, damit du es ihnen gibst. Du gibst nichts ungefragt." Dann ging ich zu einem Schrein, von dem ich gehört hatte, dass Baba dort zu seinen Lebzeiten jeden Abend um sechs Uhr meditiert hatte. Ich schaute mich um und dachte, wenn Baba selbst Gott war, warum hatte er dann hier jeden Abend um sechs Uhr meditiert? Während ich dort stand, kam ein Mann und klopfte mir auf die Schulter, gab mir eine bunte Rosengirlande und sagte: „Leg sie hier hin." Ich sah mich um, weil ich dachte, er muss mich mit jemandem verwechselt haben, aber er sagte: „Nein, ich meine dich, leg die Girlande dort hin." Ich legte die Girlande nieder, und als ich mich umdrehte, war niemand mehr zu sehen. Da wurde mir klar, dass es mehr als nur ein Gebet ist – Gott ist für dich da. Er ist mehr da als jeder Freund, er ist lebendiger als deine Eltern, und er ist immer da, zu jeder Zeit, du bist niemals allein. Er ist überall wunderbar und kraftvoll gegenwärtig. Ich hatte ja nur ganz beiläufig und eher im Scherz eine Bemerkung zu ihm gemacht: „Du gibst nur, wenn jemand dich darum bittet. Du gibst nichts, ohne gefragt zu werden." Und er schenkt mir diese wunderschöne Girlande aus bunten Rosen. Gott ist so wahrhaftig gegenwärtig – er kann in Gestalt oder auch formlos zu dir kommen. Ich hatte zu ihm in seiner Formlosigkeit gebetet, und er kam in einer Form und gab mir diese Blumen.

Nach diesem Erlebnis hatte ich auf der Heimfahrt im Zug einen Traum. Ich war allein und verängstigt, es war dunkel und viele dunkle Gestalten kamen auf mich zu. Ich schloss meine Augen und bat Baba um Hilfe. Sofort war er neben mir. Er hatte einen Stock in der Hand. Er sah mich an, nahm den Stock und zog eine Linie um uns beide. Als er die Linie zog, fing sie Feuer, und es entstand um uns beide herum ein Feuerkreis. Die Botschaft lautete: „Hab keine Angst, ich bin immer bei dir." Ich wachte aus meinem

Traum auf und fühlte, ja, er würde immer bei mir sein. Er wird mich durch mein ganzes Leben geleiten und sich mir eines Tages offenbaren. Ich musste auf ihn vertrauen. Ich kehrte nach Hause zurück, und eine Woche später kam Nannagaru, mein Guru, Gott in menschlicher Gestalt, zu mir nach Hause.

Er kam zu dir nach Hause?

Meine Schwester hatte einige Male von ihm gesprochen, aber ich war ihm persönlich noch nicht begegnet. Er kam, um unsere Nachbarn zu besuchen, sie waren seine Schüler. Er blieb zehn Minuten bei ihnen, dann sagte er: „Wer wohnt nebenan? Ich würde gerne mit ihnen etwas Zeit verbringen." Er kam einfach zu uns herein und verbrachte fast eineinhalb Stunden mit uns. Er ging durch alle Zimmer im Haus. Es war gleich so, als wäre er bei uns zu Hause, als ob er zur Familie gehörte.

Und wie alt warst du zu diesem Zeitpunkt?

Ich war sechzehn. Er kam, setzte sich und war ein einziges Lächeln. Er fragte nach meiner Ausbildung, nach heiligen Orten, die ich besucht hatte, nach wichtigen Büchern, die ich gelesen hatte. Ich konnte nichts Göttliches an ihm erkennen. Er war wie ein guter Vater. Ich dachte, er sei sicher ein wundervoller Guru, aber ich wusste nicht, ob er Gott war.

Später in diesem Sommer brauchte ich so dringend Antworten auf meine Fragen, dass ich mir die Audiokassetten von Nannagaru anhörte, die meine Schwester dagelassen hatte. Während ich zuhörte, wurden alle meine Fragen beantwortet, die mich seit meiner Kindheit beschäftigten. Du bist nicht der Körper, du bist nicht der Verstand, du bist nicht das Gedankenbündel, für das du dich hältst. Wie es Lord *Krishna* in der *Bhagavad Gita* (heiliges Buch der Hindus) sagt: „Ich bin die alles durchdringende Wahrheit, ich bin in aller Herzen." Das Ziel menschlichen Lebens ist, Gott in sich selbst zu erkennen. Du bist nicht der Körper, du bist nicht der Verstand, du bist das Selbst und das Selbst ist Gott selbst. Das ist die Wahrheit, und du bist hier, um diese Wahrheit zu erkennen.

Ich dachte immer wieder darüber nach, wie dieser Zustand sein könnte. Er spricht über das Selbst, das ich noch nicht erfahren hatte. Aber wenn ich nicht weiß, was das Selbst ist, was kann ich dann tun, um es zu finden? Ich fing an, zu Gott zu beten: „Meine Suche dauert nun schon fast siebzehn Jahre, und ich weiß immer noch nicht, wer ich bin. Ich besuche Tempel, suche Trost, zeige meine Liebe, aber ich finde keinen wirklichen Frieden. Ich kann immer noch nicht erkennen, was Gott ist." Dann betete ich: „Hol mich fort. Ich möchte hier nicht mehr leben, ohne zu wissen, wer du bist. Ich will hier keine Zeit mehr verschwenden, deshalb hol mich bitte fort."

Dann legte ich mich hin – ich schlief nicht, ich träumte nicht – und plötzlich erkannte ich, dass ich nicht mehr der Körper war, und eine vollkommene Glückseligkeit und Freude durchströmte mich und floss aus mir heraus. Ich hatte so viel Mitgefühl für alles um mich herum. Langsam verschwand das Gefühl von einem „Ich" und es gab nur noch vollkommene Glückseligkeit und Freude. Es floss einfach von innen heraus. Dann nahm ich wahr, dass der Körper getrennt von mir war. Es flossen Tränen, aber ich war mir meines Körpers nicht bewusst. Ich sah ihn so, wie ich jetzt deinen und ihren Körper sehe.

Zu Hause habe ich allen immer wieder gesagt, dass das wahrscheinlich die Wahrheit ist, dass das Gott ist: Glück, Liebe, Glückseligkeit, Mitgefühl. Er ist keine Gestalt, Gott ist der innere Zustand der Glückseligkeit, und es ist so echt, so dynamisch. Es verwirrte mich, dass mir niemand zuhören wollte. Und dieser Gedanke störte meine innere Ruhe und Seligkeit, also blieb ich still und redete nicht mehr darüber, und genoss weiter diesen perfekten Zustand der Glückseligkeit. Nach einiger Zeit spürte ich meinen Körper wieder. Mir wurde klar, dass ich Usha bin, dass das mein Vater ist, das meine Mutter und das meine Schwester, und plötzlich war die Glückseligkeit verschwunden. Eben noch war ich nur Glück, Frieden und Liebe gewesen, und jetzt identifizierte ich mich wieder mit diesem Körper und erkannte, dass ich Usha war. Dieser Zustand der Glückseligkeit ist wahr, dieser Zustand der Identifikation ist nicht wahr. Aber was hat mich in diesen Zustand der Glückseligkeit gebracht, und was hat mich dazu gebracht, mich davon zu entfernen?

Diese Erfahrung konnte ich nicht in Worte fassen, so wie ich sie auch jetzt nicht in Worte fassen kann. Es war ein völlig anderer Zustand. Also rief ich meine Schwester an und erzählte ihr von diesem unerklärlichen Erlebnis und bat sie, es mir bitte zu erklären. Sie sagte, sie wisse nicht was das sei, aber Nannagaru käme in drei Tagen nach Hyderabad und ich könne mit ihm darüber sprechen. Also besuchte ich drei Tage später Nannagaru in Hyderabad.

Ich habe dieses Bild von einer jungen Frau, erst siebzehn Jahre alt und irgendwie fordernd und sehr stark: Ich muss es jetzt wissen, erzähl weiter!

Ja, hol mich fort! Ich möchte nicht leben, ohne es zu wissen. Es geht nicht um Lebensqualität – man lebt wie jeder andere, aber wozu leben wir? Wir essen, wir schlafen, wir gehen umher, wir tun so viele Dinge, um letztendlich zu sterben. Man hängt so sehr an diesem Körper, an seinen Beziehungen, an seiner Arbeit. Man identifiziert sich mit so vielen Dingen, die nach einer bestimmten Zeit gar nicht mehr existieren.

Was ich verstehe ist, dass du verzweifelt warst; du warst bereit, Gott zu packen und ihn zu schütteln.

Ja, ja, ja. Das wollte ich wirklich tun, und wenn er einen Körper gehabt hätte, hätte ich es getan.

Papaji war mein Meister in Lucknow. Es gab eine Zeit in seinem Leben – er war etwa fünfunddreißig – als er durch ganz Indien reiste und von jedem Guru verlangte: „Zeig mir Gott." Ich glaube, er hatte dieselbe schöne Energie.

Wenn du diesen intensiven Wunsch hast, Gott kennen lernen zu wollen, kann nichts in der Welt ihn davon abhalten, sich dir zu offenbaren.

Es ist sehr interessant, weil dieser Wunsch schon als Kind bei dir so stark war, dass du Gott gern gepackt und ihn geschüttelt hättest. Aber wahrscheinlich waren die Freunde, mit denen du aufgewachsen bist, gar nicht daran interessiert.

Vielleicht, vielleicht auch nicht. Ich denke, die Gnade wirkt auf wunderbare Weise. Man kann es einfach nicht erklären, weil sie so wundervoll ist und weil sie ein Teil des Lebens ist. Ich glaube, wir verschließen die Augen vor der Gnade.

Aber du hast sie die ganze Zeit eingeladen.

Sie ist immer da, aber wir öffnen unsere Augen nicht, um sie zu sehen. Sie ist immer da.

Ich meine, du hast diese Gnade immer willkommen geheißen. Du wolltest uns gerade erzählen, wie du Nannagaru in Hyderabad getroffen hast. Gott hat dir gerade im richtigen Moment jemanden geschickt, der mit dir reden konnte.

Ja, ich habe ihn besucht. Er war mit seinen Schülern in der Halle. Er lächelte, als ich herein kam. Er sagte: „Komm, komm, bitte setz dich." Ich setzte mich und sagte: „Nanna, ich hatte diese wunderbare Erfahrung, dass ich nicht der Körper bin. Die Tränen flossen vor Glückseligkeit, aber die Tränen waren nicht ich, ich war nicht der Körper. Ich hatte kein Gefühl dafür, dass es mein Körper war – er war nur ein undeutliches Gebilde. Ich nahm diesen Körper wie jeden anderen Körper wahr, und der Zustand der Glückseligkeit und der Freude war überwältigend. Es blieb für einige Augenblicke und ging dann weg – und dann war ich wieder der Körper, ich war wieder dieses Wesen namens Usha. Es war wunderschön. Was ist das?"

Er sagte: „Das ist das Selbst. Du hast eine Erfahrung des Selbst gemacht, und zu deiner Information, du hast von ganzem Herzen darum gebeten. Du hast gesagt, dass, wenn du einen Einblick bekommen könntest, wie es ist, dann würdest du dich bemühen, und Gott hat dir geantwortet." Ich war erstaunt, denn ich hatte ihm nicht gesagt, dass es mein Wunsch gewesen war, diese Erfahrung zu machen. Er wusste also, was in mir vorging, unvorstellbar. Ich fragte: „Warum ist die Erfahrung nicht geblieben? Und warum bin ich wieder der Körper? Ich bin wieder ganz Usha. Für ein paar Augenblicke war ich es nicht – ich möchte für immer in diesem Zustand bleiben."

Er sagte, was ich erlebt hätte, sei nur wie ein Tröpfchen in einem Ozean und selbst das wäre überwältigend. Der Körper könne das nicht lange aushalten, und es bräuchte Zeit, bis sich der Ozean offenbaren könne. Dann sagte ich: „Nanna, ich will nicht mehr studieren, weil es nichts zu studieren gibt. Ich möchte meine ganze Anstrengung darauf richten, das zu sein. Aber es kam ohne Anstrengung. Wie kann ich wieder in diesen Zustand zurückkehren? Dieses Körperbewusstsein ist ein großes Hindernis; ich will nur, dass es verschwindet. Wie ist das möglich?"

Er sagte mir, wenn es verschwindet, sind wir das Selbst, aber es braucht seine Zeit. Entspann dich einfach, mach dir keine Sorgen und setze dich nicht unter Druck. Gott wird sich um die Dinge kümmern. Er ist in uns, er ist überall, er kümmert sich um uns. Zu meinem eigenen Erstaunen ging ich wieder nach Chidambaram, um dort meinen Abschluss als Zahnärztin an der Universität zu machen. Es liegt nur viereinhalb Stunden Fahrt von Tiruvannamalai entfernt!

Es gab in dieser Zeit viele Situationen, die mir bewiesen haben, dass Gott überall ist, und dass man zu keiner Zeit im Leben allein gelassen wird. Ob im Schmerz, im Leiden oder im Glück, Gott ist immer da und führt dich. In meinem zweiten Jahr wollte ich zum ersten Mal nach Tiruvannamalai fahren, zum Ramana Ashram, aber niemand in meinem College wusste, wo das war – niemand kannte es. Eines Tages ging ich in die Kantine und traf unterwegs eine Freundin namens Sarah. Sie lebte in Pondicherry, wo der Aurobindo Ashram ist. Ich dachte, dass die Leute vom Ramana Ashram vielleicht auch manchmal den Aurobindo Ashram besuchen würden, und ich sagte ihr, dass sie mir bitte Bescheid sagen soll, wenn sie Informationen über den Ramana Ashram hätte.

Als ich nach dem Abendessen zurück in mein Zimmer ging, stand ein Mädchen vor meiner Tür. Sie war aus dem ersten Studienjahr. Sarah hatte einige Mädchen aus dem ersten Jahr getroffen und sie nach ihrem Namen und ihrer Herkunft gefragt. Ein Mädchen kam aus Tiruvannamalai.

Das Mädchen sagte zu mir: „Am Wochenende kommen meine Eltern mich mit dem Auto abholen. Die Fahrt dauert von hier aus drei Stunden, wir können dich im Ramana Ashram absetzen." An diesem Wochenende reiste ich mit ihr und ihren Eltern in deren Auto nach Tiruvannamalai. Als ich im Ramana Ashram ankam, waren dort meine Schwestern. Sie waren mit Nannagaru in Tiruvannamalai. Ich hatte das nicht gewusst, denn in meinem College gab es nur ein einziges Telefon, und so war es mit der Kommunikation sehr schwierig.

War er dort, als du an diesem Wochenende ankamst?

Er war mit allen Schülern dort. Meine Schwestern hatten ihm gesagt: „Usha ist in Chidambaram, es ist nur drei Stunden Fahrt von hier entfernt. Wenn sie wüsste, dass du hier bist, wäre sie bestimmt gerne hier. Nanna, wir wissen nicht, wie wir ihr Bescheid geben können, wir haben keine Möglichkeit, sie zu kontaktieren." Und Nanna sagte: „Usha kommt, sie ist auf dem Weg."

Er wusste es, er wusste alles. Er wusste, was ich war, er wusste, was ich wollte, er wusste, wo ich war, was ich tat und ich erkannte, dass er das innere Selbst ist. Ich wollte Gott in menschlicher Gestalt als meinen Guru – er war der Gott, den ich suchte. Es gibt den Glauben, dass der Guru dich zur Wahrheit führen kann, und er war die Wahrheit selbst. Mir wurde klar, dass ich mich nicht selbst verwirklichen kann, denn der Schlüssel liegt bei meinem Meister.

Und er öffnete das Schloss, als er mir die Erfahrung der Wahrheit gab. Er wusste, was ich durchmachte, und ich fühlte, dass ich sicher war, wenn ich mich in seine Hände begebe, vollständig in seine Hände. Und der Baba, zu dem ich all die Jahre gebetet hatte – oder das universelle Konzept von Gott, das ich nicht begreifen konnte und das vage blieb – all das verdichtete sich in der Form von Nannagaru.

Ich glaubte, dass nur er allein existiert. Es gab für mich nur noch ihn. Er ist Gott und Gott allein. Jede Führung kommt von ihm. Irgendwann wurde mir klar, dass ich sonst nichts brauchte. Die Suche nach der Wahrheit brauchte ich auch nicht mehr, weil ich ihm meine Last auferlegte: Führe mich, wohin du musst und ebne den Weg für mich.

Und da warst du etwa zwanzig Jahre alt?

Ja, zwanzig. In den nächsten vier Jahren in Chidambaram war ich jedes Mal, wenn Nannagaru nach Tiruvannamalai kam – ohne jegliche Kommunikation – noch am selben Tag dort. Es gab eine so starke Verbindung zwischen uns, und es gab eine Kraft, die mich leitete. Wenn ich das Gefühl hatte, ich muss nach Tiruvannamalai gehen, packte ich ein paar Kleider, nahm meine Tasche und ging. Manchmal kam mir der Gedanke: „Bist du verrückt? Vor einer Stunde hattest du noch keine Ahnung, dass du irgendwo hingehen wolltest und jetzt nimmst du deine Tasche und gehst nach Tiruvannamalai. Bist du verrückt?" „Nein, nein, ich habe diesen inneren Ruf, ich muss gehen."

Einmal kam ich in Tiruvannamalai an und Nannagaru war nicht da: „Er muss hier sein. Ich habe mich noch nie geirrt." Der Ashramverwalter sagte mir, er habe seinen Plan geändert und sei in Coimbatore – aber er habe keinen seiner Schüler informiert.

Es machte keinen Sinn, in Tiruvannamalai zu bleiben. Also blieb ich nur über Nacht und reiste dann zurück nach Chidambaram. In Chidambaram gab es Überschwemmungen und die Hochschule wurde für einige Zeit geschlossen. Freunde von mir waren auf dem

Weg nach Kerala, also fuhr ich mit ihnen bis nach Trichy. Von Trichy aus nahm ich einen Anschlusszug nach Coimbatore, und um ein Uhr in der Nacht stieg ich dort aus, ohne zu wissen, wohin ich gehen sollte. Ich wusste, dass Nannagaru in Coimbatore war, aber ich hatte keine Ahnung wo. So stand ich um ein Uhr nachts in Coimbatore, in einer Stadt, die ich nicht kannte, mit einer Sprache, die ich nicht beherrschte. Was sollte ich nun tun? Ich erinnerte mich, gehört zu haben, dass ein Herr Rangaraju Nannagaru nach Coimbatore gebracht hatte, und er in einem der Hotels mit dem Namen Ganesh oder Vignesh war, einem der Namen des Gottes Ganesha. Was sollte ich dem Rikscha-Fahrer sagen? Ich fragte nach dem Hotel Vinayak. Es lag in der Nähe des Bahnhofs. Als ich dort ankam, war es geschlossen, also klopfte ich an die Tür, und der Herr von der Rezeption kam. Ich sagte: „Ist bei Ihnen ein Guru aus Andhra, Nannagaru? Ist er hier abgestiegen?"

Er sagte: „Nein, hier gibt es keinen Guru."

Ich sagte: „Ein alter Mann in weißer Kleidung mit einem anderen alten Mann; sie sind vor ein oder zwei Tagen aus Andhra gekommen."

„Ja, hier sind zwei alte Männer aus Andhra in weißer Kleidung. Sie haben die Zimmer 401 und 402 im vierten Stock." Mittlerweile war es ein Uhr dreißig in der Nacht. Ich dachte nicht darüber nach, dass man um ein Uhr dreißig seinen Guru nicht stören sollte. Also klopfte ich an die Tür von Zimmer 402 und Herr Rangaraju öffnete. Er war sofort sehr besorgt. „Oh mein Gott, was machst du denn hier um diese Zeit? Was wäre, wenn dir etwas passiert wäre? Die Leute würden dem Guru die Schuld geben." Und er fing an zu schimpfen.

Weil er so besorgt war, log ich. Ich sagte: „Nein, bitte beruhige dich, es war Nannagaru, der mich hierher gerufen hat. Wie könnte ich, ohne zu wissen, wo er ist, um diese Zeit hier sein. Du hast doch niemandem etwas gesagt. Mein Guru hat mich gerufen und hier bin ich."

Er sagte: „Okay, aber du weißt, dass ich dir das nicht glaube."

Ich sagte: „Ich werde einfach auf dem Boden schlafen, und Nannagaru wird morgen früh mit uns reden."

Er sagte: „Nannagaru hat mich gebeten, ihn um fünf Uhr zu wecken, aber ich glaube nicht, dass ich nach dieser Aufregung überhaupt noch schlafen kann."

Um vier Uhr dreißig klopfte es an der Tür. Es war Nannagaru. „Ist Usha gekommen?"

„Usha ist hier, Gurudev. Du wusstest, dass sie kommen würde, du hast sie eingeladen – es tut mir sehr leid. Gestern Abend habe ich sie angeschrien."

Nannagaru sagte zu mir, dass wir nach Kalady in Kerala fahren würden. Es war der Geburtsort von Shankaracharya, einem großen indischen Guru, einer Inkarnation von Lord *Shiva*. Es lag drei Stunden Fahrt von Coimbatore entfernt. Wir blieben zwei Tage mit ihm dort. Er zeigte uns den gesamten Ort und erzählte uns, dass Shankaracharyas Mutter ihm nicht erlauben wollte, *Sannyasin* zu werden (das Leben Gott zu weihen). Also ging er in den Fluss Purna. Nannagaru zeigte uns genau die Stelle, an der Shankara sein Bad nahm und wo das Krokodil, das hinterlistige Krokodil, seine Füße erwischte. (Die Mutter betete um sein Leben und erlaubte ihrem Sohn *Sannyasin* zu werden. Da ließ das Krokodil ihn wieder los.)

Nannagaru wusste, wo genau Shankara zu lehren begonnen hatte, an welcher Stelle im Fluss er vom Krokodil geschnappt worden war und wo seine Mutter zu Lord *Krishna* gebetet hatte. Und dann brachte er uns zu dem Haus, in dem Shankara die Sterberiten für seine Mutter vorgenommen hatte. Shankaras Mutter hatte ihm das Versprechen abgenommen, dass er im Augenblick ihres Todes bei ihr sein würde. Er war in Nordindien und sie war in Kerala in Südindien, als Shankara merkte, dass seine Mutter im Sterben lag, und in seinem feinstofflichen Körper reiste er zu ihr und vollzog für sie die letzten Riten.

An all diese Orte hat mich Nanna persönlich gebracht. Mir wurde klar, dass das Selbst zu sein nicht nur bedeutet, der universelle Geist zu sein. Es schließt alles aus der Vergangenheit ein, alles in der Zukunft, alles im Jetzt und den menschlichen Verstand. Dinge von denen wir glauben, dass sie Vergangenheit,

Zukunft und Gegenwart sind – alles ist er. In der Ewigkeit gibt es keine Vergangenheit, keine Gegenwart und keine Zukunft. Er ist alles, er ist alles in einem und einer in allem. Wenn er über einen Gott oder Heiligen spricht, wird er zu diesem. Zum Beispiel ist er ganz Buddha, wenn er über Buddha spricht; er ist ganz Shankara, wenn er über Shankara spricht, und wenn er über die Inkarnation von *Ram* spricht, hat man das Gefühl, *Ram* zu sehen, weil sein Geist dann vollständig *Ram* ist.

Als Jesus am Kreuz war, gab es den Augenblick, wo er gedemütigt wurde und unter starken Schmerzen litt. Er rief verzweifelt nach seinen Vater: „Vater, hast du mich verlassen?" In diesem Moment offenbarte sich ihm die Wahrheit und er wurde eins mit seinem Vater. Und er sagte: „Ich und mein Vater sind eins." Wir und der Schöpfer sind eins, aber wir wissen es nicht. Es zu wissen oder nicht zu wissen ist der einzige Unterschied.

Im Laufe der Zeit habe ich erkannt, dass Nannagaru nicht nur der Körper ist, nicht nur die Lehre oder nicht nur die Liebe und die Glückseligkeit, die er ausstrahlt. Er ist alles. Er ist du, er ist ich, er ist jeder, er ist alles, und unsere Existenz ist nicht das, was wir denken, was sie ist. Die eigene Identität zu verlieren bedeutet, alles zu werden. In dem Moment, in dem du dich völlig verlierst, bist du alles und dieses Alles war er. Und diese Lehre ist so wunderbar, weil ich in meiner Kindheit immer gedacht hatte, dass es zu der Zeit, als *Ram* lebte, wahrscheinlich wunderschön gewesen wäre, mit ihm zu leben; als *Krishna* lebte, wäre es wahrscheinlich schön gewesen, mit *Krishna* zu leben, oder als Jesus lebte, wie wunderbar wäre es gewesen, Teil der Gruppe zu sein, mit der Jesus zusammen war. Und dann wurde mir klar, dass alles eins ist. Es gibt kein Getrenntsein in Gott; alles ist eins.

Indien ist wirklich gesegnet, so viele dieser Meister zu haben. Es ist nicht eine bestimmte Religion, nicht eine bestimmte Form, nicht ein bestimmter Name. Du glaubst an das Dasein, das Gott heißt – Gott ist auch ein Wort, aber es ist nicht nur ein Wort; es ist eine Präsenz und die einzige Wahrheit. Und es ist überall und jederzeit gegenwärtig, und wenn du glaubst, dass du existierst, bist du ein Teil davon. Diese Realisation wurde mir in Nannagarus Gegenwart über die Jahre immer bewusster. Ich bin viel mit ihm gereist und irgendwann wurde mein Studium zweitrangig – ich wollte immer nur bei ihm sein.

Meine Abschlussprüfungen standen an. Vorher gab es Vorprüfungen. Die Vorprüfungen sollten uns auf die Abschlussprüfungen vorbereiten. Wir hatten sieben Fächer – jede Menge dicke Bücher – aber weil ich meistens mit Nanna zusammen war, besuchte ich nur ab und zu den Unterricht. Normalerweise ermutigte Nannagaru die Studenten nicht, ihr Studium zu vernachlässigen, um bei ihm zu sein. Bei mir war das eine Ausnahme. Da wir vier Tage zur Vorbereitung auf die Vorprüfungen hatten, wollte ich die Prüfungsvorbereitungen dafür in Tiruvannamalai machen.

Aber wir waren mit dreihundert Menschen im Ashram, es gab nur zehn Räume und eine riesige Halle, in der hundert von uns schliefen. Es gab nicht einmal einen Platz zum Sitzen – also konnte ich die Vorbereitungen vergessen. Jedes Mal, wenn ich versuchte zu lernen, kamen Leute und störten mich. Ich dachte: „Oh mein Gott, ich kann hier nicht lernen. Aber es ist okay, dann eben heute nicht." Am nächsten Tag versuchte ich es wieder. „Wie soll ich das nur schaffen, so viele dicke Bücher?" Ich habe einfach etwas mit Bleistift in ein Buch gekritzelt, habe ein paar Sternchen hier und dort gemacht und dann Nannagaru geschrieben, das war meine ganze Vorbereitung. Dann habe ich die Bücher zugemacht. Meine Prüfung war am nächsten Tag. Am Nachmittag rief mich Nannagaru zu sich und fragte: „Usha, wann ist deine Prüfung?"

Ich sagte: „Nannagaru, die ist morgen."

„Wann fährst du zurück?"

„Ich müsste eigentlich heute Abend fahren, aber ich habe mich nicht auf meine Prüfung vorbereitet, daher bleibe ich. Ich werde an den Vorprüfungen nicht teilnehmen und erst zur Prüfung am Tag danach anreisen. Heute bleibe ich noch hier bei dir, Nanna."

Er sagte: „Okay, bleib bei mir und fahre morgen nach meiner Abreise los." Also nahm ich nicht an den Vorprüfungen teil und versuchte, für das Examen zu lernen. Es war die Nacht vor dem

Examen, aber mein Kopf war leer und es ging nichts hinein. Ich dachte: „Es ist besser, wenn ich dieses Mal die Prüfung nicht mitschreibe. Es wird besser sein, wenn ich es nächstes Semester noch einmal versuche."

Ich schloss mein Buch und schlief ein. Dann sah ich in meinem Traum, wie Nannagaru mit schnellen Schritten in unser Wohnheim kam. Er ging durch den Flur zu der Tür neben meinem Zimmer. Sujata las gerade ein Kapitel für die Prüfung, die am nächsten Tag war und unterstrich mit ihrem Bleistift. Er ging zu ihr und fragte, ob ich im Zimmer nebenan sei. Sie ging mit ihm in mein Zimmer. Ich schreckte hoch und er sagte zu mir: „Was machst du da? Du hast morgen Prüfung!"

Ich sagte: „Nanna, ich kann mir kein einziges Wort merken. Ich kann mich nicht auf meine Prüfung vorbereiten, ich bin völlig erschöpft."

„Gib mir das Buch." Er nahm Sujatas Bleistift und markierte hier und da Stellen im Buch, und dann sagte er zu mir, ich solle aufstehen und lesen.

Da wachte ich auf und Nannagaru war nicht da. Ich ging nach nebenan und sah, dass Sujata lernte. Sie war gerade dabei, etwas in ihrem Buch zu unterstreichen.

„Sujata, war Nannagaru hier?"

Sie sagte: „Bist du verrückt? Du musst übergeschnappt sein."

Ich sagte: „Nein, nein. Er war gerade hier, er hat deinen Bleistift genommen." Sie sagte, ich sei verrückt. Ich ging zurück in mein Zimmer, nahm mein Buch und ging die Seiten durch, aber es gab nirgendwo Markierungen. Ich war mir sicher, dass es kein Traum gewesen war, also ging ich das Buch noch einmal durch. Ich erinnerte mich, dass ich in zwei Kapiteln desselben Buches ein paar Dinge mit Bleistift angestrichen hatte. Ich hatte das Gefühl, dass dies vielleicht eine Fügung war. So las ich diese Kapitel, weil ich eh keine Zeit hatte, etwas anderes zu lesen. Am nächsten Vormittag war die Prüfung. Ich hatte nur noch vier Stunden Zeit zum Lernen und ich war total erschöpft. Ich dachte: „Okay, ich werde diese beiden Kapitel lesen, und wenn etwas daraus drankommt, dann werde ich die Prüfung schreiben und wenn nicht, vergesse ich sie einfach."

In den vierzehn Jahren seit der Gründung der zahnmedizinischen Abteilung der Universität waren zum ersten Mal zwei Aufsätze aus demselben Lehrbuch für die Prüfung ausgesucht worden. Sie waren die einzigen beiden Themen, die ich durchgearbeitet hatte und so war es ein Spaziergang für mich.

Nach unserer theoretischen Prüfung gab es eine Pause bis zur praktischen. Nanna war in Coimbatore, also reiste ich dorthin und blieb einige Zeit bei ihm. Er sagte mir, dass ich mich gut vorbereiten solle, und dass ich in meiner praktischen Prüfung gut abschneiden werde. Der praktische Teil meiner Prüfung verlief noch ungewöhnlicher als das theoretische Examen.

Wir hatten einen Monat Zeit einen Patienten mit Karies zu finden, der einverstanden war, für die praktische Prüfung zur Verfügung zu stehen. Das alles musste lange vor den Prüfungen organisiert und genehmigt werden. Am Tag meiner Prüfung gab es ein Missverständnis und mein Patient kam am Vormittag zu den Prüfungen anstatt am Nachmittag. Eine andere Studentin brauchte einen Patienten, und da ihrer nicht aufgetaucht war, überredete sie meinen Patienten, ihr zur Verfügung zu stehen.

Es ist eine sehr lange Geschichte. Aber als ich merkte, dass ich keinen Patienten hatte, wurde mir klar, dass ich die Prüfung erst in sechs Monaten und nicht an diesem Tag ablegen konnte. Doch dann passierten einige unerklärliche, wundersame Dinge, und ich konnte die Prüfung doch an diesem Nachmittag machen. Es war alles wie ein Wunder, aber ich glaube, Wunder helfen uns auf dem Weg. Sie sind nicht die Wahrheit, aber sie helfen uns auf dem Weg zur Erkenntnis. Sie helfen uns, daran zu glauben, dass es nicht nur das gibt, was wir sehen. Es gibt keinen Automatismus, es gibt nicht nur dieses normale, alltägliche Leben. Es gibt etwas darüber hinaus. Wenn du dein Vertrauen in das setzt, was über dich hinausgeht, dann kümmert es sich um dich.

Wie Nannagaru sagt, ist diese Schöpfung nur ein Fleck im universellen Bewusstsein. Es sieht aus, als ob es existiert, aber es hat keine Existenz. Wenn wir glauben, dass wir ein Teil dieses Bewusstseins sind, dann gibt es definitiv diese höhere Macht, die – wenn wir daran glauben – uns eines Tages dorthin bringen wird. Gleichzeitig macht es unsere Reise zu einer sehr freudigen Reise. Eine freudige Reise zur Wahrheit. Und ich sage nicht, dass es keine Schwierigkeiten gibt. Ich sage nicht, dass es keinen Schmerz gibt, das ist alles Teil des Lebens; aber du merkst, dass es jenseits all dessen jemanden gibt, der sich immer um dich kümmert. Und jedes Mal, wenn etwas schmerzlich oder traurig oder schwierig ist, soll es dich nur ein wenig weiterbringen. Es dient nur deiner Entwicklung, es geschieht alles in seiner Liebe. Das bemerken wir erst später; in dem Moment, in dem es passiert, sind wir erst einmal in Panik. Also keine Panik, denn ohne sein Wissen geschieht nichts, nichts geschieht mit dir ohne Gottes Wissen. Er weiß, was mit dir geschieht, er weiß, was gut für dich ist. Also gehe einfach durchs Leben.

Wie Ramana Maharshi sagt, alles ist Schicksal. Von der Geburt bis zum Tod ist es – wie ein bereits aufgenommener Film – vorherbestimmt. Wenn das Schicksal vorherbestimmt ist, was können wir dann noch tun? Es geht darum, sich mit ihm zu verbinden. Sich mit ihm zu verbinden und zu erkennen, dass alles ein Film ist. Du bist kein Teil davon – du spielst nur eine Rolle, aber du bist diese Rolle nicht. Es gibt etwas darüber hinaus und du verbindest dich mit dem, was darüber hinausgeht – und dann ist das Leben leicht.

Mein ganzes Leben lang habe ich versucht, mich meinem Guru vollkommen hinzugeben und Wunder sind geschehen. Jeder Schritt meines Lebens war freudig und voller Wunder. Es gab auch Strapazen, aber du weißt, dass es eine höhere Quelle gibt, die dadurch wirkt und dich zur Wahrheit bringt. Es ist wirklich wunderschön.

So kann man es verstehen. Es zeigte mir, dass es nichts gibt, was er nicht weiß, und er wollte mich nur testen. Ich fragte mich im Nachhinein: „Wie war das für mich, als ich keinen Patienten hatte, als ich keinen Fall hatte? Wie ging es mir, als ich nicht weitermachen konnte? Was war da eigentlich passiert?" Ich hatte die ganze Zeit keine Erwartungen. Ich machte mir keine Sorgen darüber, dass ich keinen Patienten hatte und dass ich die Prüfung nicht machen konnte. Ich machte mir um gar nichts Sorgen. Lass die Dinge so geschehen, wie sie geschehen müssen. Gott lenkt. Wenn das so für mich richtig sein soll, dann lass es geschehen. Akzeptiere die Dinge, wie sie kommen, und glaube daran, dass alles zu deinem Wohl geschieht. Und sei in jedem Augenblick deines Lebens glücklich und friedvoll, denn du wirst geführt und getragen. Wie Nannagaru sagt, wenn du an Gott glaubst, wird dir nie etwas fehlen. Weder Nahrung noch Unterkunft, weder Kleidung noch Glück. Alles kommt. Der Glaube ist das entscheidende Element. Wenn du volles Vertrauen hast, brauchst du keine *Sadhana* (spirituelle Praxis). Es gibt eine höhere Macht, die sich kümmert.

Ich habe ein schönes Beispiel für dieses Vertrauen. Als wir in Coimbatore waren, gab es dort eine Gruppe von Nannas älteren Schülern, die in einem Raum zusammen saßen. Sie waren schon viele Jahre der Lehre der Selbsterforschung und dem Weg *Bhagavans* (Ramana Maharshi) gefolgt. Nun diskutierten sie, ob es die einfachste Methode sei, das Selbst zu erforschen, wenn man sich die Frage „Wer bin ich?" stellt. Ich fand das völlig uninteressant und sie sagten zu mir, ich sei noch ein Kind und würde glauben, dass Hingabe alles sei. Ich müsse über dieses Stadium hinauswachsen und mich selbst erforschen, denn das wäre der letzte Schritt.

Ich antwortete ihnen: „Ich verstehe das alles nicht. Ihr seid alle älter und wisst es besser, aber ich bin glücklich mit dem, was ich weiß, und ich glaube fest, dass er mich dorthin bringt. Selbsterforschung ist nicht mein Weg. Ich vertraue ihm und er wird sich um alles kümmern."

Sie sagten, das wäre Realitätsflucht. Ich würde gar nicht merken, wie mein Verstand ausweicht und sie gaben mir ein Beispiel: „Du sitzt in einem Haus und es fängt Feuer. Versuchst du, aus dem Haus zu fliehen oder bleibst du im Haus sitzen ohne dich zu rühren, beobachtest, wie das Haus brennt und betest: „*Ram* beschütze mich, *Ram, Ram*. Ist das dein Weg?" Ich sagte: „Ja, das ist mein Weg. Wenn die Selbsterforschung euer Weg ist, der Glaube ist mein Weg." Sie lachten mich aus. Eine der Frauen war schon viele Jahre mit Nanna und war in vielen Leben mit *Bhagavan* verbunden gewesen. Sie sagte, ich sei arrogant. Ich dachte, sie weiß so viel mehr als ich, also muss ich auf sie hören. Ich entschuldigte mich, dass ich sie gestört hatte und ging hinaus.

Ich ging aus der Tür und setzte mich an die Wand. Ich fragte mich, ob mein Glaube falsch ist... In einem brennenden Haus zu sitzen, hilflos, ohne Ausweg, und ich denke an *Ram*, weil ich glaube, er ist Gott und er ist alles, er ist überall. Kann er mich nicht vor einem brennenden Haus schützen? Wenn der Gott, an den ich glaube, mich nicht beschützen kann, sondern nur mein Bemühen mich selbst zu schützen, dann stimmt meine gesamte bisherige Wahrnehmung nicht. Ist das die Wahrheit? Tränen begannen zu fließen. Ich hörte, wie sich eine Tür öffnete und Nanna herauskam. Er rief mich zu sich herein. Seine Augen waren rot, als hätte er geweint. Als die anderen hörten, dass die Tür geöffnet wurde, kamen die Frauen alle heraus und wir gingen zusammen in das Zimmer, in dem Nannagaru saß. Er sagte: „Der Glaube versetzt Berge. Diejenigen, die Vertrauen haben, brauchen keine Anstrengung. Anstrengen müssen sich nur die, die kein Vertrauen haben. Der Glaube ist der Weg zu Gott. Wem es daran mangelt, der muss hundertundeine Übung machen."

Als Beispiel erzählte er uns von Adi Shankaras vier Schülern. Einer seiner Schüler hatte ein einfaches Gemüt und war schlecht in seinen Studien. Er konnte die Schriften nicht verstehen, die der Guru lehrte. Er arbeitete für den Guru, wusch seine Kleidung, kochte für ihn und kümmerte sich um all seine persönlichen Bedürfnisse – und daher kam er zu spät zum Unterricht. Eines Tages sagten die anderen Schüler, die schon sehr weit fortgeschritten waren: „Oh, dieser Kerl, der begreift sowieso nichts. Du brauchst nicht zu warten, bis er kommt, fang einfach ohne ihn an." In diesem Moment empfand der Guru ein spontanes Mitgefühl für diesen Schüler, der sich die ganze Zeit um sein Wohlbefinden gekümmert hatte, und er segnete ihn von ganzem Herzen. Und so wurde der Schüler erleuchtet, während er die Kleider seines Meisters wusch.

Er erkannte die Wahrheit und kam singend in die Klasse. Die drei anderen schämten sich, denn der Schüler lehrte sie das, was der Guru hatte lehren wollen.

Nannagaru sagte, wenn der Guru möchte, dass du die Wahrheit erkennst, dann dauert es nur den Bruchteil einer Sekunde. Man muss bereit und offen sein, und der Glaube ist der Weg. Wenn du das hast, brauchst du weiter nichts. Ich fing an zu weinen, weil ich nicht wusste, ob meine Wahrnehmung richtig war und ob ich auf dem richtigen Weg war. Aber es war so viel Wahrheit in seinen Worten – sein ganzer Körper zitterte, als er sprach. Er wurde sehr emotional und sagte, dass man ihn ohne Liebe, ohne Hingabe nicht erreichen kann. In der Hingabe, im Glauben kann man nichts falsch machen. So wandelt man auf dem Weg Gottes und erreicht sicher das Ziel. Und dann fing sogar die Frau, die gesagt hatte, ich müsse Selbsterforschung üben, an zu weinen, bitterlich zu weinen, und Nanna schickte uns beide weg, um uns das Gesicht zu waschen. Dann sagte er: „Lasst uns einkaufen gehen."

Neben dem Hotel befand sich ein Einkaufszentrum. Er fuhr mit uns in jedes Stockwerk und im dritten Stock gingen wir in einen kleinen Geschenkeladen. Er suchte im ganzen Laden und dann fand er ein kleines Zitat. Er kaufte es und schenkte es der Frau mit der Selbsterforschung. Er sagte zu ihr, sie solle es als ihren *Satsang* nehmen. Und dann las er es laut vor: „Liebe ist ein kleines Wort, aber sie enthält alles." In der Liebe erkennst du deine Liebe für das Selbst, das Selbst offenbart sich dir. Der Weg selbst ist Liebe. Er ging mit uns über drei Stockwerke einkaufen, damit wir verstehen, was Liebe ist.

Nanna sagte uns einmal: „Der Weg von Shankara war das Lehren, der Weg von *Bhagavan* war die Selbsterforschung. Viele Meister lebten in Indien und jeder hatte seinen eigenen Weg. Was sie der Welt gaben, war: Der Weg des Wissens, *Jana Marga*, und der Weg der Hingabe, *Bhakti Marga*, selbstloses Dienen. Es gibt viele Möglichkeiten, viele Wege, um zu Gott zu kommen. Und welcher ist unserer? Es ist die Liebe. Wenn du meine Liebe nicht annehmen kannst – dann liegt der Fehler bei mir. Wenn dich meine

Liebe nicht erreicht, ist das nicht deine Schuld, sondern meine. Der Guru hat es in den Händen."

Jeder Schritt war eine Lehre und zeigte uns, dass Liebe das Element ist, das uns mit Gott verbindet. Wir lieben so viele Dinge auf dieser Welt, wir lieben so viele Menschen, aber wenn wir all diese Liebe auf Gott konzentrieren würden, wäre unser Leben wunderbar.

Solange wir uns mit diesem Körper und Namen identifizieren, brauchen wir einen Anker. Wir können uns nicht von unserem Namen und unserer Form lösen, wenn wir uns nicht in einem anderen Namen und einer anderen Form verankern. Aber an welchem Namen und welcher Form können wir uns orientieren? Nicht an jemandem, der sich mit seinem „Ich" und dem Verstand identifiziert. Wir müssen uns mit der Wahrheit identifizieren. Wer ist die Wahrheit? Arunachala ist die Wahrheit. Jesus ist die Wahrheit. Ramana ist die Wahrheit. Ramakrishna ist die Wahrheit. Man konzentriert sich auf ihre Erscheinung, deshalb sagte Nanna immer: „Schau in die Augen von *Bhagavan*." Was wäre, wenn du keine *Sadhana* machen kannst oder keine Bücher lesen kannst, wenn das alles zu viel für dich ist? Er sagte: „Schaue einfach eine halbe Stunde am Tag in *Bhagavans* Augen." Da ist so viel Ruhe. Denn, wer schaut dich an? Nicht das Ego; die Wahrheit schaut dich an. Wen schaut sie an? Dein wahres Selbst. So wird der Verstand langsam ausgelöscht.

Du beschreibst, dass du eine kurze, intensive Erfahrung mit der Wahrheit, mit dem Selbst gemacht hast, als du etwa siebzehn Jahre alt warst. Jetzt sitzt du hier, viele Jahre später, kannst Du uns sagen, ob du weitere Erfahrungen damit gemacht hast oder ob du einen Weg gefunden hast, in der Erfahrung zu bleiben?

Ja, es geschah danach noch viele Male, weil diese Erfahrungen in meinem physischen Leben Teil des spirituellen Wachstums waren. Aber das war nicht alles. Auf meinem Lebensweg habe ich in der physischen Gegenwart meines Gurus und sogar in seiner physischen

Abwesenheit – er ist überall präsent – enorme Erfahrungen mit der Wahrheit gemacht. Aber meistens geschah es in seiner physischen Anwesenheit. Es gab Zeiten, in denen ich neben ihm saß, als plötzlich aus dem Nichts dieses extreme Mitgefühl durch ihn floss und mich überflutete. Man konnte es in seinen Augen sehen: Grenzenloses Mitgefühl, grenzenlose Liebe.

Vor einigen Jahren habe ich mit Nannagaru hier in Tiruvannamalai gesessen, und er saß meist ruhig da und schaute sich um, aber manchmal konzentrierte er sich dann für längere Zeit auf jemanden. Man konnte eine Art Intensität spüren. Ist es das, was du beschreibst?

Ich würde sagen, es ist mehr als das. Er ist einfach bereit, es dir zu geben.

Wahrscheinlich kann er fühlen, dass du in dem Moment bereit bist, es zu empfangen. Du hast ja erzählt, wie diese Erfahrung für dich war. Irgendwie spürt er genau, wenn du sehr, sehr nahe dran bist und wann genau der richtige Augenblick ist.

Ja, wahrscheinlich ja, aber ich war mir dessen nicht bewusst. Ich fühlte nur seine Präsenz und ihn. Und um ehrlich zu sein, er war sehr, sehr lange meine ganze Welt. Ich wollte in dieser Welt nichts anderes als ihm nahe sein.

Nicht jeder hat die Gelegenheit, mit einem Meister zu sitzen. Und vielleicht haben nur eine Handvoll von ihnen die Wahrheit realisiert. Es ist so wunderbar, einen Meister in seinem Leben zu haben, der die Wahrheit realisiert hat. Meine Reise mit Nanna war unglaublich. Ich ging zu ihm, wann immer es möglich war, alles andere schien nebensächlich, denn die Erkenntnis der Wahrheit ist alles, was man braucht. Dafür sind wir hier. Wie lange wollen wir noch in der Illusion leben? Wie lange wollen wir als das leben, was wir nicht sind und weiter leiden?

Nun, du hast ja gewählt.

In seiner physischen Gegenwart oder in seiner physischen
Abwesenheit sehe ich nur ihn, und in jeder Situation sehe ich
nur ihn. Das war die Lehre dieser fünf Jahre, eine sehr intensive
Ausbildung. Er war in allem. Einmal hatte ich eine Vision von Jesus.
Ich war an einem Sonntagmorgen in der Kirche und der Priester
sprach davon, dass Jesus seinen Jüngern sagte, dass man, um die
Wahrheit zu erkennen, wie ein Kind werden müsse und nicht nur
ein Schüler des Gurus. Jesus sprach zu den zwölf Jüngern über das
Kindsein: „Wenn ihr mir wirklich folgen wollt, dann werdet wie
die Kinder."

Ich ging zu meinem Wohnheim zurück und dachte darüber
nach, was es bedeutet, ein Kind zu sein. Unschuldig? Vergebend?
Alles vergessend, was um einen herum geschieht? Furchtlos sein? Es
stiegen so viele Dinge in mir auf. Wie kann ich ein Kind werden –
nicht an Lebensjahren, sondern innerlich? Wie gelange ich zu dieser
Unschuld und zu dem offenen, reinen Herz eines Kindes zurück,
wenn ich so verseucht werde? Ich betete zu Gott, er möge mich rein
machen, mich zu diesem Kind machen.

In dieser Nacht träumte ich von einem strahlenden weißen
Licht, das vor mir erschien, und ich hörte seine Stimme. Er sagte:
„Ich habe dir den Weg geebnet, nun gehe ihn. Der Weg ist da,
öffne einfach die Tür." Ich öffnete die Tür und sah eine ebene,
gerade Straße mit klarem Wasser auf beiden Seiten. Er sagte:
„Gehe immer weiter und schaue nicht zurück." Also ging ich
weiter und weiter, aber ich wusste nicht, wohin die Straße führt.
Ich wollte ihn fragen, wohin mich der Weg bringen wird, aber er
hatte ja gesagt, dass ich mich nicht umdrehen sollte. Also ging ich
weiter, aber ich wollte unbedingt herausfinden, wo das hinführt,
und so drehte ich mich um – und die Vision zerbrach. Ich wachte
auf. Oh mein Gott! Ich war nicht ans Ziel gekommen, ich hatte
mich umgedreht.

Ich fragte eine christliche Freundin, was das ihrer Meinung
nach zu bedeuten hatte, und sie las mir aus der Bibel vor: „... ich

habe euch den Weg bereitet. Es ist eine ebene gerade Straße mit kristallklarem Wasser auf beiden Seiten, und dieser Weg führt zu einem Baum mit den zwölf Früchten der Erkenntnis."

Da wurde mir klar: Jesus spricht über den Baum der Erkenntnis mit den zwölf Früchten der Weisheit; in der *Bhagavad Gita* sagt *Krishna*, dass die zwölf göttlichen Qualitäten dem folgen werden, der verwirklicht ist. Das ist dasselbe. Was Jesus sagte und was *Krishna* sagte ist also dasselbe, nur mit einem anderen Bild. Ich erkannte, dass es die gleiche Wahrheit ist, zu der sie uns führen wollen. Alles andere ist Unsinn. Wir sind alle seine Kinder, unabhängig von der Religion und egal, welcher Gestalt du auch immer folgst. Du musst dich nur in deinem Herzen mit ihm verbinden. Er ist überall. Er ist nicht nur die Form; er ist überall und jederzeit.

Deine Erfahrungen wurden immer intensiver. Hattest du eine endgültige Realisation?

Nein. Ich hatte diese Einblicke in seiner Gegenwart, als er einfach tief in mich hineinsah und sich etwas öffnete – wie es vor Jahren geschehen war. Dies geschah in seiner Gegenwart mindestens ein- oder zweimal im Jahr. Es war immer eine so großartige Erfahrung, viel energetischer als das, was ich beim ersten Mal erlebte. Es war so intensiv, dass der ganze Körper zitterte und bebte und in dieser Phase hatte ich das Gefühl, mein Körper wird sterben. Es war eine so intensive Erfahrung, und ich weinte und weinte und weinte, und wenn ich glaubte, es nicht mehr ertragen zu können, senkte er seinen Blick und schloss seine Augen. Ich wusste dann nicht, was geschehen war. Ich nahm diesen Körper nicht mehr wahr, aber etwas in mir öffnete sich. Wenn das Weinen nachließ, kam ich in diese unglaublich tiefe Stille, in der, egal wo du gerade bist – ob mit hundert Menschen, tausend Menschen, mit viel Lärm um dich herum – alles in der Stille geschieht. Es gibt nur diese Stille und sonst nichts. Es ist nicht nur die Stille, weil es ruhig ist. Es ist eine sehr viel tiefere innere Stille, wo es nichts gibt – keinen Gedanken, keinen Körper, keine Welt. Da ist nur diese schöne Stille.

Diese Erfahrung machte ich viele Male in seiner Gegenwart, und jedes Mal dauerte sie länger an und nahm mit der Zeit zu. Du lebst in seiner Gegenwart, so dass alles, was du tust, alles, was durch dich geschieht, zu einem Segen wird, weil du so tief mit ihm verbunden bist und er durch dich zu arbeiten beginnt. Ganz langsam verlierst du deine Identität. Diese Einblicke, die ich hatte, ließen mich erkennen, dass ich mich langsam in die dynamische Gegenwart der Wahrheit fallen ließ. Die Individualität der Persönlichkeit löste sich langsam auf, und ich bin nicht mehr verantwortlich für meine Handlungen.

Nannagaru sagt, du verlierst den Handelnden. Alles geschieht, aber du tust nichts. Wir denken immer, wir tun alles – ich bin Arzt, ich bin eine Frau und habe eine Familie, ich tue dies, ich habe das, ich bin so und so und dies und das. Das ist alles das „Ich". Diese Identität fällt in der dynamischen Gegenwart des Schweigens von einem ab. Ich habe das sehr oft erlebt. Es ist zeitlos, es geschieht einfach – ohne jede Anstrengung. Und gleichzeitig nimmt auch das physische Leben seinen Lauf. Ich hatte dieses wunderschöne innere Erleben, im Zauber dieser absoluten Stille, und gleichzeitig bin ich genau wie alle anderen. Jeder ist wunderbar, die ganze Welt um einen herum ist schön, man sieht nichts mehr als falsch an. Du siehst keine Unzufriedenheit oder Trauer mehr. Das Leben wird wunderschön. Irgendwann wirst du mit Sicherheit am Ziel ankommen, aber die Reise selbst wird zur reinen Freude.

Diejenigen, die sich hilflos fühlen und das Gefühl haben, sich nicht anstrengen zu können, legen einfach alles zu seinen Füßen. Und wenn dein Verstand stabil genug ist und du auf eigenen Füßen stehen kannst, dann erforsche dein Selbst. Alles ist okay. Selbstloses Handeln, ohne selbstsüchtige Motive, ist in sich eine Meditation und das bringt dich auch dorthin. Aber Hingabe ist süß, denn sie verbindet dich so wunderschön und macht dich eins mit Gott. Du spürst nur seine Anwesenheit und bist dir nicht bewusst, dass du die Reise machst. Man erreicht das Ziel, ohne zu merken, dass man auf der Reise war. So sagt er: Das Ende ist nicht Glückseligkeit; sowohl dein Weg als auch das Ende sind Glückseligkeit.

Hier mit dir zu sitzen, dir zuzuhören und deine Ausstrahlung zu spüren, ist eine ungeheure Freude. Wir haben uns alle sofort in dich verliebt, aber wir haben uns nicht wirklich in dich verliebt. Wir haben uns in diese sprudelnde, allgegenwärtige Energie verliebt, die man bedingungslose Liebe, das Selbst nennen kann. Hast du jetzt das Gefühl, dass sich dein Leben die meiste Zeit aus dieser schönen Stille, von der du sprichst, heraus lebt?

Ja, genau. Es geschieht alles in der Stille, und wie Nannagaru sagt, jeder von uns hat einen Grund, warum er hier geboren wurde, und was immer durch dich geschehen muss, wird durch dich geschehen. Du bist dafür nicht verantwortlich. Wir nehmen immer die Verantwortung auf uns und tragen diese Last. Lass sie einfach fallen. Es ist, als ob man in einen Zug steigt und das Gepäck weiter auf dem Rücken behält. Wer trägt dein Gepäck, der Zug oder du? Stell es ab. Der Zug befördert sowohl dich als auch dein Gepäck. Deshalb gebe deine Last an ihn ab und denke nicht mehr an sie.

Ich habe eine praktische Frage an dich. Im täglichen Leben unserer Gemeinschaft üben wir uns in der Selbsterforschung, und wir arbeiten zusammen, betreiben verschiedene Unternehmen, kochen das Mittagessen, betreuen die Kinder und so weiter. Hingabe ist nicht die Stärke unserer westlichen Kultur, deshalb hätte ich gerne ein paar praktische Ratschläge dazu. An einem Abend in der Woche singen wir gemeinsam Mantren, das wirst du morgen früh hören können.

Jeden Tag essen wir in kontemplativer Stille gemeinsam zu Abend, und bei einem unserer Besuche in Indien hat uns der Respekt und die Hingabe des Namaste-Grußes berührt, und wir haben beschlossen, ihn in unserer Gemeinschaft als tägliche Praxis einzuführen. In Indien findet man überall Hingabe, sie liegt in der Luft. Im Westen ist das nicht so selbstverständlich. Hast du noch weitere Vorschläge, wie wir Hingabe mehr in unser Leben bringen können?

Ja, hier in Indien liegt uns das im Blut. Ich glaube, der beste Weg wurde uns von Lord *Krishna* gegeben, seinen Namen zu singen oder den Namens jedes anderen Gottes. Es kann *Ram* sein, es kann *Krishna* sein, es kann *Shiva* sein. Regelmäßiges Singen dieser Namen bringt viel Frieden und Freude und verstärkt auf jeden Fall eure Hingabe.

Wir könnten zum Beispiel immer zu Beginn unseres Abendessens singen?

Ja, singt seinen Namen und nach einiger Zeit sollte sich bei euch allen diese Aura der Hingabe entwickeln. Nanna hat auch wunderschön gechantet – für die Westler, im westlichen Stil.

Er tat es so wunderbar, mit so viel Liebe und Hingabe. Du kannst seine Liebe zu seinem Guru Ramana fühlen. Er riet vielen Menschen, den Namen ihres Lieblingsgottes oder Gurus im Inneren zu singen – oder auch in einer Gruppe – das erhöht definitiv die Reinheit in uns. Macht es mit viel Liebe. Stellt euch vor, dass er da ist, als lebendiges Wesen, nicht nur als Foto. Spürt seine Anwesenheit und singt. Ihr werdet mit Sicherheit seine Präsenz spüren.

Wenn ihr schweigend mit Nannagaru zusammensitzt, chantet ihr manchmal seinen Namen?

Nein, denn in seiner Gegenwart brauchen wir nichts. Wir fühlen einfach, wie seine Liebe fließt. Wenn er redet, spricht er nicht nur von Gott. Er spricht davon, wie man glücklich sein kann, wie man aus dem Leiden herauskommt. Er sagt, das Ziel seiner Lehre sei es, die Menschheit aus dem Leiden zu befreien, dann kann man aus diesem Frieden heraus der Verwirklichung entgegengehen. Erst einmal müssen wir aus dem Leiden herauskommen.

Der Meister gibt dir nicht nur Ratschläge. Er gibt dir die Kraft, dich von dem Falschen abzuwenden. Das Wunderbare an einem Meister sind nicht nur seine Worte; es ist die Kraft, die er dir gibt, aus all dem Müll und Unsinn herauszukommen.

Ich glaube, du hast nicht so viel gelitten, du hattest recht viel Glück.

Weil ich die meiste Zeit in seiner Gegenwart war.

Du hast auf jeden Fall den Rat befolgt, wie ein Kind zu werden, obwohl ich vermute, dass du immer ein bisschen wie ein Kind gewesen bist – unschuldig und spontan.

Ich glaube, ich bin immer noch ein Kind, wenn es um ihn geht. Ich glaube, wir sind alle Kinder, die versuchen, erwachsen zu werden. Aber ich denke, wir müssen wieder zu Kindern werden, um in seiner Gegenwart zu sein und die Freude zu spüren.

Wir müssen erkennen, dass Gott nicht kompliziert ist – unser Verstand ist kompliziert. Ein Gedanke nach dem anderen, vom Aufwachen am Morgen bis zum Tiefschlaf in der Nacht.

Mache dich frei, es ist wunderschön. Nicht frei in dem Sinne, dass du vor den Menschen davonläufst oder dich der Welt entziehst. Du kannst mitten drin sein. Werde dich selbst los, werde deine Gewohnheiten los, werde deine Konditionierung los. Durchbrich all das, es ist einfach. Wie kann das einfach sein: Sich hingeben? Wem soll man sich hingeben? Dem Allmächtigen. Wer ist der Allmächtige? Er ist überall.

Es war sehr schön, mit dir zu reden, und wir laden dich herzlich ein, uns jederzeit zu besuchen, wenn du nach Europa kommst.

Ich habe noch so viel mehr zu erzählen, aber nicht jetzt. Ich habe so viele wunderbare Erfahrungen gemacht, und die Verbindung mit Gott ist so wunderschön. Ich denke, in diesen wenigen Stunden kann es nicht in Worten ausgedrückt werden.

Vielen Dank.

Hommage
an
Osho

Liebe ist das Ziel.
Leben ist der Weg.

Der neue Mensch verbindet die Spiritualität von Gautama Buddha mit der Lebensfreude, die durch Zorba, dem Griechen, verkörpert wird.

Andrew Cohen

Gangaji

Ganga and Mukti

Andrew Cohen

Ich schwamm in einem unendlichen Ozean von Freiheit, Freude und Glückseligkeit, und es war intensiv. Es vibrierte, es war wie Feuer, das durch mein ganzes Wesen brannte.

Es war außerhalb meines Körpers, innerhalb meines Körpers, und ich war voller Angst und voller Begeisterung.

In diesem Moment wusste ich, dass meine unvorstellbarsten Träume nun wirklich wahr werden würden.

Andrew Cohen

Andrew Cohen

Ich möchte Andrew Cohen begrüßen, den ich seit dreißig Jahren kenne. Ich habe großen Respekt vor ihm und seinem enormen Beitrag zu mehr spirituellem Verständnis. Er hat unermüdlich die ganze Welt bereist, viele Bücher veröffentlicht und sich in viele Kontroversen eingebracht.

Zum ersten Mal hörte ich von Andrew etwa 1992, als ich zu Papaji kam, wo er einige Jahre vorher einer von Papajis ersten westlichen Schülern gewesen war. Er wurde von Papaji ermutigt, in die Welt zu gehen und seine Erkenntnisse zu teilen. Ich glaube, er teilt sie nun schon seit mehr als dreißig Jahren, und er hat sich bereit erklärt, heute ein Interview für unser neues Projekt „Gesichter der Freiheit" zu geben und aus seinem Leben zu erzählen. Ihr könnt wahrscheinlich schon spüren, dass Andrew eine sehr starke Energie hat.

Wow, danke für diese Einführung.

Ich wurde 1955 in New York City geboren. Mein Bruder, der fünf Jahre älter war als ich, war ein wenig autistisch – er sprach erst mit vier Jahren. Mein Vater liebte mich viel mehr als ihn, und mein Bruder drückte seine Eifersucht in Wut aus. Als ich ein kleiner Junge war, hat er mich gnadenlos geschlagen, darunter habe ich sehr gelitten. Er schrie mich an und sagte mir, ich sei ein dummer Idiot. Das wurde dann sozusagen zu meiner Unterpersönlichkeit, und als junger Mensch hatte ich massive Lernschwierigkeiten.

Als ich etwa acht oder neun Jahre alt war, sah ich die Beatles in der Ed Sullivan Show, mit Ringo Starr am Schlagzeug. Und wie jeder andere in meiner Generation wollte ich ein berühmter Schlagzeuger werden, ein Rockstar, inspiriert von Ringo. Als ich jung war, wurde das zu meiner Ambition: Musiker werden.

Meine Eltern führten eine furchtbare Ehe, und so hatte ich eine typisch miese, schreckliche Kindheit. In unserem Haus gab es keine

Wärme. Als ich auf der Highschool war, starb mein Vater. Zu dieser Zeit ging ich auf eine Schule in der Schweiz, denn meine Mutter lebte in Europa. Ein Jahr später ging ich zu ihr nach Rom, um bei ihr zu leben. Die kulturelle Revolution, die Ende der 60er und Anfang der 70er Jahre stattfand, hat mich damals sehr stark beeinflusst und inspiriert. Ich war sehr wild und stellte immer die Autoritäten und alles, was man mir sagte, in Frage. So hatte ich einerseits viel Selbstvertrauen, andererseits fehlte es mir an Selbstvertrauen, da ich nicht daran glaubte, etwas gut zu können.

In Rom machte ich weiter Musik und begann, zusammen mit anderen Musikern zu spielen. Ich war sechzehn Jahre alt und ging auf eine sehr fortschrittliche Highschool. Wir lasen Jung, Freud und das berühmte Buch „Die Vielfalt religiöser Erfahrung: Eine Studie über die menschliche Natur" von William James. Darin beschrieb er mystische Erfahrungen, die bei Menschen, die Lachgas atmen, ausgelöst werden. Es war sehr kraftvoll und es ging dabei um höhere Bewusstseinszustände. Ich bin mir sicher, dass dieses Buch einen Einfluss auf meine Psyche hatte.

Eines Nachts, als ich sehr lange aufblieb und mit meiner Mutter sprach, hatte ich ohne besonderen Grund eine Erfahrung des kosmischen Bewusstseins, und das hat mich wirklich umgehauen; es hat alles verändert. Die Wände des Zimmers schienen zu verschwinden und sich ins Unendliche auszudehnen, und die Unendlichkeit wurde plötzlich der Kontext. Ich bewegte mich von einem endlichen zu einem unendlichen Bewusstsein. Mir wurde plötzlich klar, dass das ganze Universum, alles, was man sehen und nicht sehen kann, alles Bekannte und Unbekannte, ein einziges bewusstes Wesen ist. Dieses bewusste Wesen ist sich seiner selbst als unendlich intelligent gewahr. Die Natur dieses kosmischen Wesens war Liebe, die unbeschreiblich war.

Ich war überwältigt von einem Gefühl tiefer, unpersönlicher, absoluter Liebe, das körperlich unerträglich war. Es war Ekstase und Schmerz zugleich. In diesem Moment wusste ich, dass alle Punkte im Raum genau am selben Ort sind, dass wir, egal wo wir in Zeit und Raum hingehen, immer genau am selben Ort sein würden, und dass es so etwas wie den Tod nicht gibt. Die letzte Wahrheit war Liebe, aber die Liebe war unbeschreiblich, absolut unbeschreiblich und vollkommen überwältigend, und mir liefen Tränen über mein Gesicht. Ich war in einem Zustand der Ehrfurcht und des Staunens.

Die Wirkung hielt einige Tage an und ich wusste nicht, was geschehen war, aber ich wusste, was auch immer da geschehen war: Das war der wichtigste Moment meines Lebens. Ich wusste, dass diese wenigen Augenblicke die höchsten Momente von Realität waren. Ich wusste, dass ich wach und bei vollem Bewusstsein war, und dass meine ganzen anderen Lebenserfahrungen im Vergleich dazu verblassten. Das hat einen gewaltigen Eindruck hinterlassen.

Mit ungefähr siebzehn Jahren ging ich nach Boston, um eine Musikhochschule zu besuchen. In Europa hatte ich in der Schule keine Zeit gehabt, Musik zu studieren, und als ich zu dieser Musikhochschule kam, konnte ich nicht einmal Noten lesen. Ich war völlig überfordert, völlig unvorbereitet, und ich begann das Trauma meiner Kindheit noch einmal zu durchleben.

Meine Eltern hatten mich mit fünf Jahren zu einem Psychoanalytiker geschickt, weil ich Probleme mit dem Lernen hatte. Also bin ich dort zehn Jahre lang hingegangen. Es war eine schreckliche, quälende, folterähnliche Erfahrung, und es hat mir gar nichts gebracht. Als ich siebzehn Jahre alt war und diesen Albtraum meiner Kindheit noch einmal durchlebte, wusste ich nicht, wie ich mir selbst helfen konnte, also beschloss ich, wieder zu einem Psychiater zu gehen. Ich ging einige Jahre lang zu einem sehr angesehenen Psychoanalytiker in New York.

Die Erfahrung des kosmischen Bewusstseins kehrte immer wieder zu mir zurück, und ich erinnerte mich immer wieder an die Stimme, die ich am Ende dieser Offenbarung gehört hatte. Ich weiß, das klingt seltsam, und es ist auch seltsam, aber die Stimme sagte: „Wenn du dein Leben mir und nur mir allein überlässt, hast du nichts zu befürchten." Die Erinnerung daran verfolgte mich, und es wurde offensichtlich, dass ich auf dem falschen Weg war.

Ich spürte auch diesen unnachgiebigen Sog meines Herzens in Richtung Unendlichkeit. An einem bestimmten Punkt gab ich meine anderen Versuche auf und traf die Entscheidung, dem Verlangen meines Herzens zu folgen, ein erleuchteter Mensch zu werden. Es war das erste Mal in meinem Leben, dass ich mich selbstbewusst fühlte, denn als ich anfing, spirituelle Bücher zu lesen, Geschichten über die großen Meister und Verwirklichten, die ihre mystischen Erfahrungen schilderten, wusste ich genau, wovon sie sprachen, denn das war genau das, was ich erlebt hatte. Ich wusste, dass es real war, weil ich es selbst erfahren hatte, und ich wusste, dass diese Dimension der Realität realer als alles andere war.

Als ich mich für diesen Weg entschied, war es das erste Mal, dass ich eine Verbindung zu meinem authentischen Selbst, wie ich es nenne, herstellen konnte. Es war das erste Mal, dass ich Furchtlosigkeit und Zweifelsfreiheit erlebte. Ich wurde ein wahrer Suchender und begann, jeden Morgen um fünf Uhr aufzustehen. Ich lernte, zu meditieren, ich begann, alles zu lesen, was mir in die Finger kam. In New York City war es damals sehr aufregend, weil die größten Verwirklichten – die buddhistischen Lehrer, die tibetischen Rinpoches, der große Swami Muktananda – alle dorthin kamen, so dass man *Darshan* (in der Anwesenheit eines Heiligen sein) mit den größten östlichen Lehrern haben konnte.

Ich habe die Initiation von einem großen Verwirklichten namens Swami Hariharananda erhalten, der in der *Kriya Yoga* Linie von Paramahansa Yogananda war. Er war ein älterer Mann und hatte sehr profunde *yogische* Kenntnisse. Er konnte durch einmaliges Einatmen einfach nach Belieben in das *Nirvakalpa-Samadhi* (höchster Bewusstseinszustand) eintauchen. In der traditionellen *yogischen* Methode gilt *Nirvakalpa-Samadhi* als die höchste Errungenschaft. Er war ein ungewöhnlicher Mann. Ich war in meinem Leben noch nie einem erleuchteten Menschen begegnet. Er schwamm in *Ananda* (göttliche Glückseligkeit). Es war eine Offenbarung, in der Gegenwart eines solchen Wesens zu sein, und ich widmete mich hingebungsvoll dem Weg des *Kriya Yoga*.

Ich ging zu allen anderen Gurus und Heiligen, die ich besuchen konnte. Alle *Swamis*, die durchreisten, Rinpoches, Zen-Meister, Sufi-Meister, ich ging zu jedem. Ich wollte alles lernen, alles über diese außergewöhnliche spirituelle Welt. Ich ging sogar zu christlichen Glaubensheilern, einfach nur, weil ich verstehen wollte, worum es dabei geht. Ich habe auch viel in Frage gestellt, habe nie etwas einfach für bare Münze genommen. Ich habe alles in Frage gestellt.

Ich war sehr diszipliniert in meiner Meditationspraxis. Ich begann, mit der *Kriya Yoga* Meditation verschiedene Erfahrungen zu machen. Ich hatte einige *Kundalini*-Erfahrungen (göttliche Energie, die an der Basis der Wirbelsäule aufsteigt) – mein Nervensystem und mein Geist begannen sich zu öffnen.

Ende der 70er Jahre sagte mir ein Freund – ein fortgeschrittener Sucher, den ich beim *Kriya Yoga* kennengelernt hatte – dass man auf diese buddhistischen Meditationsretreats gehen und achtzehn Stunden am Tag meditieren kann. Ich meldete mich für das nächste Retreat an, es war *Vipassana* (Einsicht), geleitet von Joseph Goldstein, dem berühmtesten amerikanischen buddhistischen Meditationslehrer. Seine Lehrerin damals war Anagarika Munindra.

Ich lernte die Natur des Geistes kennen und wie er funktioniert. Und ich erkannte, dass all die Psychoanalyse, die ich gemacht hatte, mich in der Praxis der Achtsamkeit geschult hatte, um sich des Unterbewusstseins im psychoanalytischen Kontext bewusst zu werden. Ich lernte, dass der Verstand eine Maschine ist, ein Objekt im Bewusstsein, und ich lernte, wie ich dem Entstehen und Vergehen von Gedanken und von Gefühlen, die mit den Gedanken verbunden sind, auf eine Weise Aufmerksamkeit schenken kann, die ich vorher nicht kannte. Das war sehr befreiend und auch sehr stärkend, und mir wurde klar, dass das etwas ist, was ich tatsächlich tun kann. Es war sehr wichtig für mich. Drei bis vier Jahre ging ich zu diesen Retreats, mit dem Gefühl, dass ich alles loslassen werde und zwar bis zum Ende – was auch immer das bedeutete. Aber ich hatte auch Angst davor, den ganzen Weg zu gehen.

Währenddessen lebte ich in New York, arbeitete für meinen Bruder und reiste durch das ganze Land, um verschiedene Retreats zu besuchen und weiterhin all diese Lehrer zu sehen. Ich traf auf andere Sucher und stellte fest, dass sie selbst nach zwanzig oder dreißig Jahren in Indien nicht erleuchteter waren als ich. Da wurde mir klar, dass es nicht sehr erfolgsversprechend war, nach Indien zu gehen. Ich kannte alle großen Lehrer, die bereits nach Amerika gekommen waren und hatte daher nicht die Illusion, dass sich durch eine Reise nach Indien unbedingt etwas ändern würde. Aber da alle darüber sprachen, wurde meine Neugierde immer größer.

Während dieser Periode der *Sadhanas* (spirituelle Praxis) hatte ich großes Interesse am Zölibat im Sinne einer Reinigung – um Bedingungen zu schaffen, die die *Kundalini* erwecken würde und all das andere. Ich hatte Interesse an sexueller Abstinenz, weil ich mich in meiner Beziehung zu meiner eigenen Sexualität nicht frei fühlte. Ich legte ein Zölibatsgelübde ab. Ich sprach nicht über das Zölibat, aber alle Yogis, über die ich gelesen hatte, sprachen darüber, und ich verbrachte fast drei Jahre in einem Zustand absoluter sexueller Abstinenz. Der stärkste Teil dieser Erfahrung war, dass ich viel über die Natur des Verstandes lernte, darüber, wie er funktioniert.

Ich lernte die Beziehung zum sexuellen Impuls kennen, der der mächtigste und ursprünglichste kreative Impuls ist, den wir in unserem Körper und in unserem Verstand erleben. Er ist wirklich viel stärker in unseren Köpfen als in unseren Körpern. Ich entwickelte eine enorme Willenskraft und *yogisches* Selbstvertrauen, weil ich fast drei Jahre lang tatsächlich ohne jegliche sexuelle Aktivität auskommen konnte. Ich habe so viel über die Natur des Verstandes gelernt und dass es möglich ist, frei zu sein, wenn wir uns entscheiden, dass wir frei sein wollen. Es war für mich eine sehr große Lernerfahrung, um zu lernen, wie man frei vom Verstand sein kann.

Mitte der 70er bis Anfang der 80er Jahre war Osho Rajneesh überall auf der Welt und auch in New York wirklich groß.

Ich habe mich nie zu Osho hingezogen gefühlt.

Richtig, das ist meine Frage, denn du wärest ein erstklassiger Kandidat gewesen.

Oshos Interpretation der Erleuchtung war sehr postmodern, sehr fortgeschritten. Er schlug „Zorba den Buddha" als das neue Beispiel dafür vor, wie Erleuchtung aussieht. Zorba der Buddha, macht Liebe, trinkt Wein, lebt einen mediterranen Lebensstil und ist gleichzeitig ein sehr ernsthafter Yogi. Das konnte ich damals einfach nicht nachvollziehen. Also zögerte ich – ich hatte das Gefühl, dass sie es nicht ernst meinen konnten. Aber ich war sehr jung und sehr idealistisch und ein wenig zu absolut.

An einem bestimmten Punkt – Ende 1984 – hatte ich das Gefühl, dass ich nach Indien gehen musste, weil alle darüber sprachen. Also beschloss ich, drei Monate dort zu bleiben und es hinter mich zu bringen. Als ich im Flugzeug saß, fing ich an mich total frei zu fühlen. Ich hatte mich noch nie so frei gefühlt. Irgendetwas geschah. Ich stieg in Neu Delhi aus dem Flugzeug und wurde von allen möglichen Leuten angesprochen, die mein Geld wollten; es war ziemlich schrecklich. Aber irgendetwas geschah, als ich nach Indien kam; ich wusste, dass dies ein schicksalsreicher Moment war.

Nach einem fantastischen zwanzigtägigen *Vipassana* Retreat in Bodhgaya saß ich in einem Teeladen in dieser schmutzigen, staubigen Stadt und fühlte mich so glücklich und so frei, und mir wurde klar, dass dieses Land, dieses unglaubliche Land namens Mutter Indien mir die Erlaubnis gab, von ganzem Herzen und bedingungslos nach *Moksha* (Befreiung) zu suchen. Wenn ich in New York erzählte, dass ich daran interessiert sei, ein erleuchteter Mensch zu werden, schauten mich die Leute an, als sei ich verrückt. Die damalige westliche Lebenswelt gab mir nicht die Erlaubnis, von ganzem Herzen nach *Moksha* zu suchen. In diesem Moment wusste ich, dass ich nie mehr nach Hause gehen würde. Damals hatte ich ein kleines Einkommen, das reichte, um in Indien zu leben.

Ich begegnete so vielen Menschen, die so widersprüchlich in ihrem Streben nach *Moksha* waren. Sie gingen zu einem Meditations-Retreat, begeisterten sich für die Möglichkeit der Erleuchtung – und dann traf ich sie eine Woche später an irgendeinem Strand, und sie tranken und rauchten und hatten eine neue Beziehung. Ich hingegen war sehr fokussiert. Damals traf ich meine zukünftige Frau und wir reisten zusammen. Wir besuchten verschiedene Ashrams und ich dachte nur an *Moksha*. Wie kann ich ein erleuchteter Mensch werden? Was ist Erleuchtung? Das ging über zweieinhalb Jahre lang so.

Irgendwann hatte ich diese ganze Idee über Lehrern und Gurus satt, aber war sehr angetan von dem großen J. Krishnamurti, der sagte: „Die Wahrheit ist ein unwegsames Land, lass dich nicht mit Gurus ein, finde die Wahrheit selbst." Das ging sehr stark in meine Richtung. Ich wohnte am Strand von Puri am Golf von Bengalen. Eines Nachts beschloss ich, aufzubleiben und auf dem Dach zu meditieren. In der Nacht passierte nichts Bemerkenswertes und am Morgen ging ich am Strand spazieren. Plötzlich wurde mein Verstand so klar wie ein Spiegel, und auf einmal sah ich auf eine Weise, wie ich es zuvor nicht gekannt hatte. Ich sah, dass das, was ich suchte, genau hier war. Es war wirklich hier, das Wunder der Erleuchtung, das Wunder des transparenten Bewusstseins ist genau hier.

Schließlich hatte ich die Nase voll von Lehrern. Ich beschloss, dass es etwa drei oder vier Jahre Disziplin brauchte, und ich wollte die Sache selbst in die Hand nehmen. Ich wollte nach Korea gehen, dort in einem Kloster leben und jeden Monat eine *Sesshin* (Rückzug) machen; das war mein fester Plan. Das war etwa zu der Zeit, als ich meinen Freund Murray Feldman traf. Er hatte von einem erstaunlichen Guru gehört, einem direkten Schüler von Ramana Maharshi.

Ich war fasziniert. Ich wusste nichts über die Lehren von Ramana und über die Lehren von *Advaita Vedanta* (Non-Dualität). Meine zukünftige Frau und ich hatten einen schrecklichen Streit und wir trennten uns. Ich war mit einem Lehrer verbunden, und auch mit ihm hatte ich einen Streit und wir trennten uns. Irgendwie gab es diese ganzen Kämpfe und alles lag in Scherben. Also schrieb ich an diesen Meister Poonjaji, dem Guru, von dem mir Murray erzählt hatte.

Zu dieser Zeit war er noch nicht bekannt und hatte keine Gruppe um sich herum. Ich schrieb ihm und er lud mich ein, ihn zu besuchen. Er wohnte im Haus seines Sohnes in Lucknow und hatte ein kleines Schlafzimmer im Obergeschoss. Murray brachte mich dorthin, um ihn zu treffen. Er hatte eine sehr beeindruckende, kraftvolle Präsenz, dabei saß er einfach allein auf seinem Bett und sonst geschah nichts. Ich sah diese imposante Gestalt mit diesen außergewöhnlichen Augen, setzte mich auf den Boden und wollte meine Unabhängigkeit zum Ausdruck bringen.

Ich sagte ihm, dass ich keinerlei Erwartungen hätte – ich versuchte, eine große Nummer zu sein – und er antwortete: „Das ist gut." Murray und ich fragten den Meister, wieviel Mühe man sich geben müsse, um frei zu sein. Papaji flüsterte, als er sagte: „Ihr müsst euch nicht anstrengen, um frei zu sein." Ihr müsst euch nicht anstrengen, um frei zu sein?! Was bedeutete das? Ich stand auf Yoga und Meditation und Anstrengung, da wollte ich hin, so sollte das sein. Und er sagte, man muss sich nicht anstrengen, um frei zu sein. Ich konnte es intellektuell nicht verstehen, aber in dem Moment, als er diese Worte sagte, hatte ich eine Vision. Die Vision von Wasser, das an einem Berghang hinunterfließt, und ich erkannte in diesem Augenblick, dass meine eigene wahre Natur wie dieses Wasser war, immer im freien Fluss, immer ohne Hindernis. In diesem Moment wurde mir klar, dass die Nicht-Erleuchtung nur ein Gedanke war.

Ich war immer frei gewesen, das war meine wahre Natur. Während dieser Einsicht hatte ich etwa zehn Sekunden auf den Boden geschaut, und dann sagte er: „Das war's!" Ich sah auf und brach in Gelächter aus und dachte: „Oh mein Gott, wer ist dieser Typ, wer ist dieser magische Mann?" Es war unglaublich. Ich verbrachte drei Wochen dort; Murray ging. Es war noch ein anderer Typ da. Aber ich verbrachte den größten Teil des Tages allein in der Gegenwart des außergewöhnlichsten Menschen, den ich je getroffen hatte. Ich ging in sein Zimmer, wir saßen ruhig beieinander. Wir tranken Tee, wir gingen spazieren, wir aßen irgendwo auf der Straße Idlies (Reiskuchen), wir liefen und unterhielten uns und es war sehr einfach. Es war sehr spontan und natürlich, und er war so freundlich und so großzügig, so gütig, so leicht und liebevoll, so, so liebevoll.

Er beantwortete alle meine Fragen – ich hatte eine Menge Fragen – und ich führte damals Tagebuch, weil ich wusste, dass etwas Wichtiges vor sich ging. Aber es ging hin und her. In einem Moment dachte ich, er sei der außergewöhnlichste Mann, den ich je kennengelernt hatte, und ich der glücklichste Mensch der Welt, weil ich diese Zeit mit ihm allein hatte. Dann fing ich an zu zweifeln und dachte, dass er ein verrückter alter Mann ist, der nicht weiß, wovon er spricht und eine Farce ist. Er nannte sich selbst immer Meister. Und natürlich berührte ich immer seine Füße, wenn ich hineinging, wie es der indische Brauch ist, aber ich fühlte mich dabei unbehaglich. Ich dachte, dieser Typ hat ein großes Ego, weil er immer davon spricht, wie großartig er ist. Gleichzeitig hielt ich ihn für außergewöhnlich. Während meiner Zeit bei ihm hatte ich viele starke Momente der Erkenntnis und Klarheit und viele Durchbrüche.

Das andere sehr wichtige war, dass der Meister mir sagte, man müsse sich nicht anstrengen, um frei zu sein. Ich ging zurück in mein Hotel und begann zu meditieren, was meine Gewohnheit war, denn ich war ein sehr strenger Meditierender. Aber in dem Moment, als ich mich beim Meditieren anstrengte, bekam ich Kopfschmerzen, was noch nie zuvor geschehen war. Ich fragte mich, warum ich Kopfschmerzen bekam, und ich merkte, dass ich ungehorsam war, denn er hatte mir mehr oder weniger gesagt, ich solle alles loslassen, und das tat ich nicht. Ich hielt immer noch an meinen Ideen, meinen Überzeugungen, meinen Vorstellungen von Anstrengung und richtiger Praxis fest.

Als ich zu ihm kam, sagten die Leute, er würde mich zwingen, meine Meditation aufzugeben. Ich hatte große Angst davor, denn das war alles, was ich hatte. Ich hatte mich daran festgehalten, ich hatte sonst nichts. Nachdem ich diese Kopfschmerzen bekommen hatte, sagte ich: „Okay, ich werde nicht mehr meditieren." Nach drei Wochen in der Gesellschaft dieses außergewöhnlichen Mannes beschloss ich, für einige Zeit wegzugehen und meine Freunde in Delhi zu besuchen. Er sagte zu mir: „Andrew, wenn du mich verlässt, wird dir etwas sehr Tiefgreifendes, etwas sehr Großes widerfahren."

Und ich dachte: „Wie kann er wissen, was mit mir passiert, wenn ich ihn verlasse? Was glaubt er, wer er ist?" Schließlich ging ich weg und sagte, dass ich zurückkommen würde.

Ich schaute zurück, und er winkte mit den Händen und lachte, und ich dachte, er sei verrückt. Dann ging ich zum Bahnhof in Lucknow, stieg in den Zug und saß allein im Waggon. Plötzlich war ich überwältigt von dieser metaphysischen Präsenz, die mich vollständig umgab. Ich schwamm in einem Ozean von Glückseligkeit und Liebe, da war ein spürbares Bewusstsein von Zeitlosigkeit und Formlosigkeit, von Anfangslosigkeit und Unendlichkeit.

Ich schwamm in einem unendlichen Ozean von Freiheit, Freude und Glückseligkeit, und es war intensiv. Es vibrierte, es war wie Feuer, das durch mein ganzes Wesen brannte. Es war außerhalb meines Körpers und innerhalb meines Körpers, und ich war voller Angst und voller Begeisterung. In diesem Moment wusste ich, dass meine unvorstellbarsten Träume nun wirklich wahr werden würden. Ich wusste es, und ich war zu Tode erschrocken, denn es war zu viel, zu stark, zu tief. Es war zu intensiv, und ich wusste, dass ich in der Gnade des Meisters starb, und dann erkannte ich, wer er war. Es hielt drei Wochen an – mit zunehmender und abnehmender Intensität – und es wurde sehr, sehr kraftvoll; ich dachte, ich würde in all dem ertrinken.

Als ich in Delhi ankam, traf ich einige meiner Freunde und dieses junge israelische Mädchen, mit dem ich auf einem Retreat gewesen war. Ich erzählte ihr von Papaji und von dem, was mir in diesen drei Wochen passiert war, und als ich es ihr beschrieb, kam sie in denselben Bewusstseinszustand. Sie bekam Angst, weil es zu viel Freiheit war. Wenn ich meine eigene persönliche Geschichte erzählte, hatte das eine Wirkung auf andere Menschen. Ich erzählte meinen Freunden von der Begegnung mit diesem bemerkenswerten Mann und was in diesen drei Wochen geschehen war, und andere Menschen begannen, ein Erwachenserlebnis zu haben, einfach dadurch, dass ich ihnen von dem erzählte, was mir passiert war.

Dieser innere intensive metaphysische Prozess dauerte drei Wochen an, und ich lag im Sterben, während ich noch lebte. Ich wohnte damals in einem berühmten Hippie-Hotel in Delhi, in dem Ram Dass wohnte, wenn er nach Delhi kam. Ich saß eines Nachts allein auf dem Hoteldach, mitten in dieser Erfahrung, und ich erinnere mich, dass ich einfach nur staunend da saß und ein anderer Typ, ein älterer Mann, auf mich zu kam und mir eine Frage stellte. Ich konnte nicht einmal hören, was er sagte, aber ich sah ihn an und sah, wie diese Energie aus meinen Augen direkt in seine schoss. Es war Liebe. Ich habe dieses seltsame Phänomen beobachtet und mich gefragt, was bei mir vorging.

Nach drei Wochen fuhr ich zurück nach Lucknow, ich fiel Papaji zu Füßen und brach in Tränen aus. Ich war früher ein so arroganter Mensch gewesen. Ich fiel ihm schluchzend zu Füßen und er brach in Gelächter aus! Als ich ihn diesmal traf, glaubte er, er würde bald sterben. Es ging ihm nicht gut, und er dachte, er würde nur noch einige Monate leben. Am nächsten Tag sagte er mir ein paar Dinge, die ich nie vergessen werde. Er war als Mensch so kraftvoll, dass, wenn er in eine bestimmte Stimmung kam, es so war, als wäre man in der Gegenwart eines Gottes, eines lebendigen Gottes. Das spirituelle Gewicht seines Wesens war so tiefgreifend. Er und ich waren allein. Er sah mich an und sagte: „Andrew, ich möchte, dass du die Verantwortung für die Arbeit übernimmst."

Ich wusste nicht, was das bedeutet und ich hatte keine Antwort. Ich habe okay gesagt, aber in all dem war eine solche Würde, eine solche Gewichtigkeit. Und dann waren seine genauen Worte: „Ich habe dir alles beigebracht, was ich zu lehren habe. Ich will nicht, dass du dich auf mich verlässt." Ich hörte mir das an und dann ging ich. Ich weiß nicht mehr, was passiert ist, aber schließlich ging ich nach Rishikesh. Die Menschen scharten sich um mich und das war der Anfang. Das war 1986. Ich blieb mit einer kleinen Gruppe in Rishikesh, dann wurde ich nach Europa eingeladen, und dann explodierte das ganze Ding. Innerhalb von ein paar Monaten waren einhundertfünfzig Menschen um mich herum. Ich wurde in die ganze Welt eingeladen und die ganze Sache fing unglaublich Feuer.

Um auf die Geschichte zurückzukommen, die ich gerade erzählt habe: Als ich in Delhi ankam, schlief ich in einem Hotel, und als ich morgens aufwachte, sah ich mich im Bett sitzen. Ich war Zeuge meiner selbst, als ich im Bett saß und sagte: „Ich übergebe dir mein Leben. Mach mit mir, was du willst." Aber nicht mein Ego hatte die Worte gesagt. Ich hörte, wie ich die Worte laut sprach, aber ich hatte nicht beabsichtigt, sie zu sprechen. Sie kamen nicht aus meiner Persönlichkeit, sondern aus einem tieferen Teil von mir. Als ich sagte: „Ich übergebe dir mein Leben. Mach mit mir, was du willst," war ich Zeuge eines tieferen Teils meiner selbst, das diese Worte sagte. Dann sah ich, wie Wasser in einen Abfluss vom Waschbecken floss, und mir wurde klar, dass Andrews Leben vorbei war.

Ich wusste nicht, was geschehen würde. Ich hatte nie Ambitionen gehabt, Lehrer oder Guru zu werden. Es war nie Teil meines Plans gewesen; ich hatte nie auch nur daran gedacht. Danach hatte ich – wie viele andere Menschen, die beim Meister gewesen waren – plötzlich Zugang zu einer Ebene von Weisheit und Klarheit, Tiefe und Einsicht über Erleuchtung, die ich nicht selber verdient hatte. Ich wurde plötzlich ein mächtiger Lehrer. Es war so, als ob plötzlich ein Lichtschalter eingeschaltet worden war, wie ein spontanes Geschenk. Wann immer ich ihn für andere Menschen brauchte, war er da. Auf einmal fingen die Leute an, mich anders zu behandeln, begannen, mir ihr Leben hinzugeben. Das war der Anfang. Das ist der erste Teil der Geschichte.

Ich reiste durch ganz Europa. Ich ging nach Israel, und die Menschen begannen, ihr Leben aufzugeben und folgten mir, wohin ich auch ging. Papaji mochte keine Gruppen – keine religiösen, spirituellen oder *vedantischen* Gruppen – er mochte keinerlei Gruppen, egal welcher Art. Er wollte, dass alle unabhängig und frei sind, bedingungslos und absolut.

Ich hatte diese Energie von ihm übernommen und wollte auch keine Gruppe haben, aber es bildete sich eine Gruppe um mich herum. Wenn sie nicht mit mir in der Lehre oder im *Satsang*

(Treffen in Wahrheit) waren, verbrachten sie Zeit miteinander und teilten dieselbe Glückseligkeit, Klarheit, Tiefe, Freiheit und Ekstase, wie wenn sie mit mir zusammen waren. Die Menschen wollten zusammen sein, und ich habe dieses Phänomen einfach nur beobachtet.

Dann war ich in Amsterdam und eine Gruppe meiner Studenten lud mich zum Mittagessen ein. Ich sah zwei von ihnen in einem Gespräch und mir wurde klar, dass das, was sie miteinander teilten, noch wichtiger war als das, was sie von mir bekamen. Sie teilten diesen Kontext, diese Glückseligkeit, dieses Bewusstsein von *Moksha*, diese Freiheit und ein höheres menschliches Evolutionspotential. Mir ging ein Licht auf. Mir wurde klar, dass diese Erfahrung nicht nur eine subjektive, private Erfahrung eines einzelnen Individuums ist, die in unserer subjektiven inneren Erfahrung erwacht. Dieses befreite Bewusstsein kann geteilt werden, es kann der Boden werden, auf dem menschliche Erfahrung geschehen kann. Die Menschen können diesen erleuchteten Geist, diesen erleuchteten Bewusstseinszustand und eine gemeinsame kulturelle Ebene teilen. Ich fing an, mich sehr für dieses Erleuchtungspotenzial zu interessieren, das die Basis unserer gemeinsamen Kultur werden könnte.

Mir fiel auf, dass viele Menschen die gleiche Erfahrung machten, wie ich sie mit dem Meister gemacht hatte. Nur das Endergebnis war nicht dasselbe, denn ich hatte mich auf dieser anderen Seite stabilisiert, während die meisten meiner Studenten sich nicht stabilisierten. Sie hatten diese tiefgreifenden Erleuchtungserlebnisse, bei denen sie wie Feuer entflammten und drei Wochen lang brannten, aber ich konnte sehen, nachdem ich sie näher kennengelernt hatte, dass sie immer noch aus dem Ego heraus handelten. Es gab immer noch Stolz, es gab immer noch unbewusstes Verhalten. Ich fragte mich, warum sie es nicht besser wussten. An einem bestimmten Punkt wurde mir klar, dass jeder seine eigene Arbeit machen muss.

Lange Zeit habe ich versucht, niemandem eine *Sadhana* – eine spirituelle Praxis – zu geben. Denn der Meister sagte, dass du immer schon da bist, das ist dein natürlicher Zustand; das Bewusstsein ist bereits vollkommen frei. Er sagte, wenn du glaubst, du müsstest in der Zeit etwas tun, um in die Zeitlosigkeit zu gelangen, dann sei das ein selbstzerstörerisches Konzept; denn wenn man bereits frei ist, kann man nirgendwo hingehen und es gibt nichts zu tun. Du musst dich einfach dieser Wahrheit genau jetzt bedingungslos hingeben.

Das lehrte ich, aber mir wurde klar, dass, obwohl die meisten Leute – wie viele Menschen um ihn herum – das in einer Sekunde erkennen konnten, sie das aber nicht festhalten konnten, sie konnten da nicht bleiben. Irgendwann gab ich auf und begann, die Leute auf die althergebrachte Art und Weise zu lehren. Ich führte sie in ihre eigene erleuchtete Natur ein, so wie er mich in meine eigene erleuchtete Natur eingeführt hatte, aber ich sagte ihnen, dass sie daran arbeiten müssten, um es aufrechtzuerhalten. So begannen die Menschen mit Meditation und Chanting und allen möglichen spirituellen Praktiken, die wir machten.

Als der Meister davon hörte, war er darüber nicht glücklich, denn er hatte – verständlicherweise – das Gefühl, dass ich seine Lehre korrumpierte. Seine Lehre war das Ende des Weges – und das war's! Nimm es an oder lass es, alles oder nichts, hier und jetzt, gute Nacht! Das war das eine Problem. Das andere Problem war die Einstellung des Meisters, dass die Welt in Zeit und Raum eine Illusion ist, dass das Universum eine Illusion ist, dass die menschliche Erfahrung eine Illusion ist – alles ist *Maya*, alles ist *Leela*. Es ist nur ein Spiel. Mach dir das klar, nimm es nicht ernst und sei frei! Ich hatte das Gefühl, dass es vielleicht nicht so einfach ist, und dass diese menschliche Erfahrung vielleicht real ist.

Wenn, nach meinem Verständnis, Gott das Selbst ist – das Selbst mit einem großen S – und das Selbst zeitlos und formlos, ohne Anfang und ohne Ende ist, dann, so wurde mir klar, ist dieses Selbst auch das, was das sich entwickelnde Universum, die Welt von Zeit und Raum, Leben und Geist und dieses ganze *Leela* hervorgebracht hat. Ich erkannte, dass, wenn das ganze Universum und diese Welt aus dieser Leere, diesem Nichts entstanden sind, dass dann die Welt und das sich entwickelnde Universum ebenso dieses Nichts, diese Fülle und diese Glückseligkeit sind – als Form, als Materie und Energie in Form von Gestalt und Leben. Das alles ist Gott. Aus dieser Perspektive heraus habe ich gesagt: „Nein, das ist auch real."

Da sich um mich herum eine Gemeinschaft gebildet hatte, lernten wir uns alle sehr gut kennen. Alle fingen an, ihr Ego zu erkennen, Momente zu erkennen, in denen Menschen frei und klar waren und Momente, in denen sie sich in Stolz, Ego, Angst und Wut verloren. So begannen sie, ihre Fehler zu sehen, ihre eigenen Schatten, und sie erkannten, dass man spirituelle Praxis machen muss. Man muss sich in tiefer Meditation üben und darin, bewusster zu sein, sich in Transparenz üben.

So begannen wir an der Ich-Transzendenz zu arbeiten, um sie nicht nur als einen Bewusstseinszustand zu erleben, wenn der Meister uns die direkte Erfahrung unseres natürlichen Zustandes jenseits des Egos gibt. Ich erkannte, dass das für die meisten Menschen nicht genug war. Sie mussten lernen, ihr Ego in Schach zu halten, indem sie Bewusstsein, Absicht und eine höhere, spirituell inspirierte Willenskraft einübten. Wir haben mit der Arbeit an all dem begonnen. Der Meister mochte das nicht, verständlicherweise.

Ich habe viel Druck auf die Menschen ausgeübt, damit sie an sich selbst arbeiten und sich ihren Egos stellen, und einige Leute fanden das sehr schwierig und hart. Ich muss sagen, dass ich sehr transparent war; ich war sehr radikal, ich war sehr intensiv. Ich sagte: „Wir werden den ganzen Weg gehen, was auch immer nötig ist, und diejenigen von euch, die mit mir zusammen sein wollen, müssen bereit sein, alles zu tun, was nötig ist, und ich werde alles tun, was nötig ist." Als ich jünger war, war ich ziemlich wild, und die Leute liebten das, weil sie sahen, dass ich spontan auf alles reagierte und die Dinge sich auf diese Weise entwickelten. Der Meister hatte mir gesagt, ich solle mich nicht auf ihn verlassen, sondern auf meinen eigenen Füßen stehen. Er schrie mir auch ins Gesicht, ich solle NIEMALS an mir selbst zweifeln, was mich sehr stark, aber manchmal auch ein wenig verrückt machte. Wenn man ohne Zweifel ist, hat man die absolute Macht, aber da ich kein Heiliger bin, habe ich Fehler gemacht.

Aber diese Zweifelsfreiheit gab mir auch eine unglaubliche Klarheit in der Vision, was ich tun wollte – ich wollte eine Utopie entstehen lassen, den Himmel auf Erden erschaffen. Damit dies geschehen konnte, mussten die Menschen, die bei mir waren, sehr radikal sein, so wie ich. Ich war ein extremer Lehrer und verlangte von meinen Schülern alles.

Einige Menschen litten verständlicherweise darunter, und sie gingen zu Papaji und sagten, sie seien verletzt, weil ich sie aufforderte, mehr zu ertragen, als sie bereit waren, und ich sie pushte. Auch das gefiel dem Meister nicht, und ich merkte an einem bestimmten Punkt, dass ich tatsächlich versuchte, etwas anderes zu tun als er. Es war ein anderes Ziel und ein anderer Weg. Wir hatten uns also auseinandergelebt.

Der andere Teil der Geschichte ist, dass ich anfing, ein spirituelles Ego zu entwickeln. Als ich den Meister zum ersten Mal kennenlernte, dachte ich, er sei ein Heiliger. Als ich ihn dann besser kennenlernte, wurde mir klar, dass der Meister kein Heiliger ist. Der Meister ist das außergewöhnlichste, erlauchteste Wesen, das ich je getroffen habe, aber er ist kein perfekter Mensch. Das fand ich sehr verwirrend – eine erwachte Person, die gleichzeitig kein perfekter Mensch war und Momente hatte, in denen sie diese Unvollkommenheit zum Ausdruck brachte. Oh nein! So wurde ich desillusioniert, wie viele Menschen.

All dies war Ausdruck meiner eigenen Dummheit und Arroganz und Naivität, und es fing an, sich für mich anzufühlen, dass ich der Reinere war. Als ich anfing zu lehren, entschied ich mich dafür, niemals Sex mit einer meiner Schülerinnen zu haben. Ich habe geheiratet, ich liebe meine Frau, und wir sind immer noch zusammen, aber ein Grund für meine Heirat war, dass ich mich aus Schwierigkeiten heraushalten wollte. So viele Gurus, Lehrer und Yogis – viel größere Verwirklichte als ich es war – schliefen mit ihren Schülerinnen. Ich habe nie mit einer meiner Schülerinnen geschlafen. Ich wusste, dass ich diese Grenze nie überschreiten würde, und dies blies mein spirituelles Ego auf und machte mich sehr stolz und überlegen. Später in meinem Leben hat mir das enorme Schwierigkeiten bereitet.

Ich ging nach Amerika und baute diese Gemeinschaft auf. Wir lebten sieben Jahre lang in Kalifornien, aber ich konnte diese narzisstischen Formen der Spiritualität in Kalifornien nicht ertragen, ich hasste sie. Also zogen wir an die Ostküste. Das Ganze wuchs weiter. Wir hatten ein riesiges Zentrum in Massachusetts, und wir hatten Zentren in London, Paris, Amsterdam, Kopenhagen, Rishikesh, New York und Boston, sowie überall Gruppen.

Ich reiste zu all diesen Orten und lehrte dort mehrmals im Jahr. Als ich nach Amerika kam, wurde mir klar, dass es eine Kollision zwischen den traditionellen indischen – *vedantischen* – Vorstellungen und der postmodernen Kultur gab. Wie leben wir dieses tiefe Erwachen, diese tiefe Erleuchtung im Westen? Wir können es nicht wie in Indien leben, weil wir uns in einem anderen kulturellen Kontext befinden, deshalb wollte ich lernen, wie man diesen Transfer schaffen kann. Ich war ein sehr neugieriger Mensch, sehr philosophisch orientiert. Also gab ich mit meinen cleversten Schülern eine Zeitschrift heraus, sie hieß „Was ist Erleuchtung?" Und nach ein paar Jahren wurde sie zum besten spirituellen Magazin in der ganzen Welt. Es gab sie neunzehn Jahre lang. Im Laufe der Zeit änderten wir den Namen zu „EnlightenNext".

Als Teil meines eigenen Wachstumsprozesses habe ich mich mit Ken Wilber angefreundet, der ein wahres Genie ist. Er ist sehr von östlicher Philosophie und westlicher Psychologie sowie von den Lehren Ramana Maharshis und Sri Aurobindos beeinflusst. Er erkannte, dass alle Formen menschlichen Wissens in getrennten Domänen existieren: Psychologie, Physik, Spiritualität. Ken war von Sri Aurobindos Idee einer integralen, integrierten Philosophie beeinflusst und hatte die Vision eines integralen Wissens, in dem alles Teil eines einheitlichen Bildes, einer einheitlichen Perspektive ist.

Er reichte mir die Hand und wir wurden Freunde, und ich begann, mehr über seine integrale Philosophie zu lernen. Das hat mich gelehrt, mit größerer Komplexität zu denken. Unsere fünfundzwanzig- bis dreißigjährige Freundschaft war Quelle einer unglaublichen Vertiefung meines eigenen Verständnisses. Die Vertiefung der Weisheit dauert bis heute an. Während dieser Jahre des Lernens und Denkens und der Arbeit an der Zeitschrift, lernte ich auch die evolutionäre Theorie, die evolutionäre Spiritualität und die integrale Theorie kennen. Ich begann, dies in mein Verständnis der Grundprinzipien von *Vedanta*, das ich auf einer erfahrungsmäßigen Ebene vom Meister gelernt hatte, einzubringen.

Warum das wichtig ist? Weil in meiner Denkweise, was ich die alte Erleuchtung nenne, das Ziel von *Moksha* ist, ein *Jivan Mukta* (einer, der befreit wird, während er noch lebt) zu werden. Wenn du ein *Jivan Mukta* bist, kommst du zum Ende des *karmischen* Kreises (Ergebnis aller Handlungen), was bedeutet, dass du nicht mehr wiedergeboren wirst. So ist in der Philosophie der alten Erleuchtung die Idee verankert, dass ich nie wieder eine menschliche Geburt erleben will, nie wieder zu *Samsara* (immerwährender Kreislauf von Werden und Vergehen) zurückkommen will, in diese Welt des Leidens, des Schmerzes, des Alterns und des Todes. Ich möchte vollständig erleuchtet werden, damit ich nie wieder zurückkommen muss, und damit ich wieder in den früheren Zustand des unmanifestierten Seins zurückkehren kann. Frei vom Körper, frei vom Verstand, frei von der Persönlichkeit. Das ist die alte Denkweise.

Dann, vor etwa hundertfünfzig Jahren, entdeckten die Menschen die Evolution. Wir entdeckten, dass das Universum einen Anfang hat, und dass sich der kreative Prozess auf einer Entwicklungsreise befindet. Er geht in eine neue Richtung, und dadurch entstehen Potentiale, die es niemals zuvor gegeben hat.

Das erschafft ein anderes Motiv für die Erleuchtung. Jetzt erkennen wir, dass wir in diesem Leben hier sein wollen, und deshalb müssen wir bereit sein, immer wieder zurückzukommen. Normalerweise gibt es dann einen Rückschlag. Die meisten Menschen möchten nicht sterben. Ich sage, vielleicht möchtest du in diesem Leben nicht sterben, aber bist du bereit, für immer und ewig zurückzukehren? Dann bekommen alle Angst, weil sie erkennen, dass sie lieber in diesem Leben sterben möchten, als für die Ewigkeit „ja" zu Gott und der Evolution sagen zu müssen. Es ist für das Ego viel erschreckender „ja" zu sagen und dann für immer zurückzukehren, als zu wissen, dass man in diesem Leben früher oder später sterben wird.

Das finde ich sehr interessant. Unterhalb unseres Gewahrseins haben wir alle Angst vor dem ewigen Leben. Denk einmal darüber nach und fühle die Wahrheit, die darin liegt. Es ist absolut erschreckend, es ist bedrohlich. Aber denk daran, aus der höchsten Perspektive bist es tatsächlich DU, der all das geschaffen hat, warum sagst du also nein dazu? Wenn die ultimative Wahrheit ist, dass es nur eins gibt und nicht zwei, bedeutet das, dass du es bist, der all dies geschaffen hat. Du hast es geschaffen. So ist es also deins. Es entsteht eine neue Dimension des Erwachens, wenn wir durch unseren Widerwillen durchbrennen und ein großes Ja zum Leben sagen, nicht wahr? Wir alle wissen emotional und psychologisch, dass viele von uns sehr ambivalent sind, was das Hiersein betrifft. Wir haben gelitten, wir sind traumatisiert, wir sind lädiert, verwundet, missbraucht, vom Leben verletzt worden. Das Leben ist nicht immer so einfach und nicht immer freundlich. Eine solche Perspektive zwingt uns, drängt uns, inspiriert uns, ruft uns auf, um zu erkennen: Ja, es ist GUT, zu leben. Das Leben ist gut. Als Gott das Universum schuf, war das ein großes Ja oder ein großes Nein? Spürst du das? Es war ein großes Ja.

Es geht nicht darum, wie sich dein Ego fühlt. Vielleicht sagt dein Ego nein, aber die Wahrheit über das Leben ist, dass es ein großes Ja ist. Daher glaube ich, dass ein großer Teil der Erkenntnis von *Moksha* und Befreiung nicht nur die tiefe Erkenntnis ist, dass du nie geboren wurdest und nie in den Strom der Zeit eingetreten bist und daher immer frei warst, sondern auch, dass du der einzige bist, der das Universum geschaffen hat. Die Erschaffung des Universums ist ein großes Ja, und wir sind letztlich aufgerufen, ein Ausdruck dieses großen Jas zu werden. Ich denke deshalb wird ein erleuchteter Mensch zum Ausdruck reiner Positivität, JA!

Es heißt nicht „Ja, aber..." Es heißt: „JA, dein Wille geschehe, nicht mein Wille, dein Wille geschehe." Der Meister sagte, es sei nie etwas passiert, und in unseren *Satoris* (Erwachen) platzen wir vor Lachen. Viele Menschen haben mit ihm diese Erfahrung gemacht, auch ich. „Ich wurde nie geboren, das ist ein großer Witz!" Und doch ist die andere Seite der Medaille, dass es kein Witz ist, denn es ist sehr, sehr real. Hast du den Mut, dich dieser Realität zu stellen? Und dich ihr nicht zu widersetzen, sondern sie anzunehmen, in deiner ganzen Unvollkommenheit. Alle menschlichen Wesen sind von Natur aus unvollkommen. Das habe ich gelernt, und das ist ein Teil dessen, was ich jetzt lehre. Das war die Evolution der Erleuchtung.

Die ultimative Wahrheit von *Vedanta* besagt, dass es nur eins gibt. Also sagt der Meister: „Wer bist du?" „Ich bin DAS" – richtig? Ihr alle wisst das bereits. Es gibt nur eins, und wenn es nur eins gibt und du bist dieses Eine ohne ein Zweites, dann bedeutet das, dass du der einzige bist, der sich dafür entscheiden konnte, all dies zu erschaffen, das ganze Universum und alles und jeden darin. Wenn du den Mut und das spirituelle Selbstvertrauen hast, die Verantwortung dafür zu übernehmen, dass es nur eins und nicht zwei gibt und dass du das wirklich bist, dann musst du auch den Mut haben, die Verantwortung dafür zu übernehmen, dass du der Schöpfer bist, was bedeutet, dass diese Schöpfung ganz in deiner Verantwortung liegt. Wessen Verantwortung könnte es sein, wenn nicht deine? Es ist überwältigend, es ist erschreckend, aber es ist die ultimative Wahrheit. Wenn du wirklich an die Non-Dualität glaubst, dann musst du die Wahrheit der Non-Dualität auch auf der anderen Seite der Medaille akzeptieren, die die Seite der Schöpfung und der Kreativität ist.

Ich hatte eine internationale Gemeinschaft, und ich habe in den Leuten ein hohes Maß an Einsatzbereitschaft geweckt. Ich hatte wirklich eine Menge Leute, die das an die erste Stelle gesetzt haben. Es war bemerkenswert. Nachdem meine Gemeinschaft kürzlich zusammengebrochen und „verbrannt" ist, ging ich zu John Davids

Gemeinschaft in Deutschland. Ich sah, dass er so viele Menschen inspiriert hat, ihr ganzes Leben für ihren Bewusstseinsprozess aufzugeben, genau wie ich es getan habe. Wir waren fünfzehn Jahre zusammen. Dieses Zentrum war meine Vision, und ich brachte die Menschen dazu, sehr hart dafür zu arbeiten, wirklich hart, ich habe viel Druck auf sie ausgeübt.

Nach sieben Jahren in Nordkalifornien ist unsere Gemeinschaft in ein großes Zentrum an der Ostküste umgezogen. Nachdem wir uns alle dort niedergelassen hatten, schaute ich mich um und stellte fest, dass meine Schüler mich für den größten Guru hielten und glaubten, dass wir die großartigsten Lehren hätten, und dadurch wurde mir deutlich, dass viele meiner Schüler zu selbstzufrieden waren. Sie dachten, sie hätten es bereits geschafft, aber sie hatten es nicht geschafft – sie lebten einfach nur dort! Sie hatten noch einen langen Weg vor sich. In meiner Vision muss jeder einzelne alles für seine eigene Entwicklung geben, damit das Kollektiv als Ganzes abheben kann. Einfach aufzutauchen und zu sagen, „Ich liebe dich und ich bin bei dir," das war nicht genug. Ich musste wirklich sehen, dass sie dafür ebenso brannten, wie ich dafür brannte, dass sie es genauso eindringlich wollten wie ich, und dass sie bereit waren, die notwendige spirituelle Arbeit zu leisten, ohne dass ich sie dazu zwingen musste.

Ich sagte: „Wenn wir alle so hart zusammenarbeiten, werden wir in Schwingung geraten, und das wird einen großen Durchbruch bringen." Ich begann, Druck auszuüben, aber sie wollten die Arbeit nicht machen. Dann sagte ich: „Wer die Arbeit nicht machen will, soll gehen." Es wurde sehr schwer. Wenn du das Ego einer Person zu sehr unter Druck setzt, erleidet sie entweder einen Durchbruch oder einen Zusammenbruch. Einige Leute hatten Durchbrüche und andere hatten Zusammenbrüche. Wie du siehst, bin ich ein sehr leidenschaftlicher Mensch. Ich habe meinen Schülern gesagt, dass sie mir auf persönlicher Ebene nicht so wichtig sind wie das, was sie möglich machen können, wenn sie sich voll und ganz dem widmen, was wir zu schaffen versuchen. Ich habe mich nicht so sehr auf sie als Individuen konzentriert. Ich habe mehr gesehen, was durch sie möglich sein könnte, wenn sie sich der Lehre verschreiben würden. Daran war ich mehr interessiert. Ich sah die Menschen als Mittel zum Zweck und nicht als Selbstzweck – was eine Sichtweise auf den Prozess ist. Ich habe dadurch aber den Kontakt zur Verletzlichkeit und Menschlichkeit vieler Menschen verloren.

Ich hatte die große Vision, dass sich alle so weit entwickeln würden, dass wir gemeinsam diesen großen Durchbruch im Bewusstsein katalysieren würden – und tatsächlich ist das geschehen. Ich hatte immer wieder eine Vision von Erleuchtung, in der Erleuchtung nicht nur eine innere Erfahrung eines einzigen Individuums war, sondern tatsächlich zu dem Boden wurde, auf dem wir wandelten.

Es war ein erleuchtetes Gewahrsein – mit einer zusätzlichen Qualität. Der Omega-Punkt ist die Endbestimmung, ein letzter Punkt der göttlichen Vereinigung. Stell dir vor, das ganze Universum verwandelt sich in Licht; Licht als Metapher für das Bewusstsein. Das ist die Vision, die uns anzieht; es ist eine utopische Vision. So gab es einen Omega-Punkt, der zu diesem inneren, subjektiven, erleuchteten Bewusstsein führte.

Ich habe mehrere Jahre lang viel Druck auf diese Jungs ausgeübt. Ich hatte eine Gruppe von dreißig Männern in einem dreißigtägigen Retreat. An einem bestimmten Punkt gab es diese Explosion, und sie hatten alle dieses kollektive Erwachen – nicht nur zur Non-Dualität, sondern zum Geist der Erleuchtung, dem Geist des Buddhas, dem Geist des Meisters, dem Geist des Gurus. Alle gleichzeitig! Gleichzeitig war ihnen auch bewusst, dass die Evolution durch sie hindurchwirkte, so dass sie die Erfahrung eines neuen Bewusstseins machten, das sie nach vorne rief und sie vorwärts brachte. Ihnen wurde klar, dass ich deshalb so viel Druck auf sie ausgeübt hatte, dass ich mich so sehr dafür eingesetzt hatte, damit es zu dieser Explosion kommen konnte. Wir nennen dies die Geburt der unpersönlichen, evolutionären Erleuchtung, und das geschah am 30. Juli 2001.

Es war ein anderer Bewusstseinszustand; er war nicht persönlich, es war ein unpersönlicher radikaler Durchbruch zu einer völlig anderen Möglichkeit, und wir machten eine große Feier. Es war unglaublich. Infolge meiner Vision und dieses ganzen Drucks entstand immer wieder dieses neue Potenzial. Aber es war nicht stabil. Die Individuen waren nicht stabil, sie fielen immer wieder hin und fielen auseinander, und jedes Mal, wenn die Menschen hinfielen und auseinanderfielen, sank das Bewusstsein zu Boden. Ich habe es immer wieder versucht, aufzubauen, um einen weiteren Durchbruch zu erzielen. Dies geschah über Jahre hinweg.

Wir wussten, dass wir das Bewusstsein auf einer sehr tiefen Ebene manipulierten. Wir haben uns mit den Strukturen des menschlichen Bewusstseins befasst, die über das persönliche Ego hinausgehen. Wir nahmen eine Lupe und gingen tief in diese Strukturen hinein. Es war sehr mächtig, es war sehr tiefgründig und sehr real; es war elektrisierend. Es war großartig und auch gefährlich, denn es war weit draußen im tiefen Wasser. Aber dann hatten wir Erfolg, und als wir Erfolg hatten, entwickelten sich viele Leute. Die höheren Entwicklungsstufen wurden sehr anspruchsvoll, sehr geerdet, sehr kraftvoll; und immer wieder gingen auch viele Leute weg, weil es einfach zu viel war. Auch dies war schmerzhaft. Aber wir arbeiteten weiter daran. Ich weiß nicht, was ich noch sagen soll; wir haben weiter daran gearbeitet.

An einem bestimmten Punkt wurden meine älteren Schüler sehr stark, und sie begannen, ein Maß an Unabhängigkeit zu entwickeln, das ich nicht erkannte. Ich lehrte evolutionäre und integrale Theorie, was sehr innovativ war, aber meine Position als Guru war sehr traditionell: Wir werden für immer zusammen sein. Ich sah nicht, dass meine engsten Schüler, meine älteren Schüler, sich individuell entwickeln mussten; sie mussten erwachsen und unabhängig werden. Ich war mir nicht bewusst, dass sie auch von mir frei werden mussten. Sie waren fünfzehn, zwanzig Jahre bei mir gewesen, und ich konnte nicht erkennen, dass sie als Teil eines natürlichen Wachstumsprozesses die Freiheit von Papa brauchten. Das traditionelle Guru-Modell sieht vor, dass der Guru der Elternteil ist. Der Guru ist der Senior-Elternteil, die Senior-Schüler sind die großen Eltern und alle anderen sind die Kinder, und ich dachte: „Mann, du lehrst schon seit dreißig Jahren, das wird nicht mehr funktionieren. Wir kennen uns alle zu gut. Du bist ein guter Lehrer, und deine älteren Schüler sind sehr anspruchsvoll, sie können nicht noch länger deine Kinder sein. Sie sind deine Freunde, sie sind deine Kollegen."

Das habe ich alles gesehen, aber ich konnte nicht erkennen, dass einige meiner älteren Schüler mich wirklich brauchten, um sie von diesem Band der Guru-Schüler-Beziehung zu befreien, das ich als ewig empfand. Ich sah nicht, dass wir uns in stürmischer See befanden; ich konnte es nicht kommen sehen. Dann sagten sie: „Andrew, wir müssen reden." Ich war der Guru, und meine Schüler hatten noch nie so respektlos mit mir gesprochen. Ich habe den Teil meiner eigenen Lehre nicht gelebt, dass man, wenn man frei sein will, sich allem stellen und nichts vermeiden darf. Ich fing an, mich zu wehren, weil ich mich vor der kommenden Veränderung zu Tode fürchtete, und statt mich meiner Angst zu stellen, wurde ich wütend. Ich hatte das Gefühl, dass sie mich betrügen, und ich konnte nicht sehen, dass sie womöglich erwachsen wurden, dass sie jetzt große Jungen und Mädchen sind und die Beziehung sich ändern musste. Ich hatte immer die absolute Kontrolle gehabt, die absolute Autorität. Ich war nicht bereit, das aufzugeben.

Dies führte zu einer enormen Vertrauenskrise, und das, was dann geschah, ist eine lange Geschichte, aber mehrere von ihnen wollten gehen. Wir hatten eine große Auseinandersetzung, und dann stimmte ich zu, das Lehren für sechs Monate einzustellen. Während ich nicht lehrte, gingen einige der älteren Schüler, weil sie ihr eigenes Ding machen wollten. Und diese schöne weltweite Gemeinschaft von vier- oder fünfhundert Menschen begann zu implodieren. Es war ein alles ergreifender Sturm, es war ein kompletter Alptraum, es war beängstigend, es war erschreckend, es war schrecklich. Die Gemeinschaft, die ich geschaffen hatte, war wirklich sehr schön. Wir haben zusammen so viel schöne kreative Arbeit gemacht, und diejenigen unter euch, die sich in der Arbeit mit ihrem Guru und ihrem Lehrer sehr engagieren, wissen, wie wertvoll es ist, und wie schwierig es ist, die Menschen dazu zu bringen, diesem tief zu vertrauen und so viel zu geben.

Als ich meine Macht aufgab, begann die ganze Gemeinschaft von innen heraus zu verbrennen, und ich konnte nichts dagegen tun, oder zumindest fühlte es sich für mich so an. Es war hässlich, es war schrecklich, die Leute fingen an, sich gegenseitig anzugreifen, fingen an, mich anzugreifen, es war die Kehrseite davon, wie schön es gewesen war. Unsere Gemeinschaft wurde zu einem dunklen Schatten unseres hellsten Lichts, es war ein lebender Alptraum.

Ich beschloss, zu gehen. Alle sagten, ich müsse mir selbst ins Gesicht sehen, ich müsse eine Psychotherapie machen. Ich hatte einen Zusammenbruch; ich hatte buchstäblich einen Nervenzusammenbruch. Ich ging zu einem Freund von mir, einem Guru mit einer Gemeinschaft in Australien. Dort konnte ich sehen, was ich nach dreißig Jahren in Brand gesteckt hatte. In der Verzweiflung, mit allem was passierte fertig zu werden, suchte ich nach dem extremen Gegenteil von dem Leben, das ich in den vergangenen siebenundzwanzig Jahren gelebt hatte.

Ich ging nach Kalkutta, um mit Mutter Teresa zu arbeiten, um dort den armen, kranken, mittellosen und sterbenden Menschen zu dienen. Ich war der König, der aus seinem eigenen Stamm vertrieben worden war. Ich durchlebte die tiefste, dunkelste Depression. Ich durchlebte untröstliche Trauer, Angst, Wut, Zorn und Verwirrung. Ich war so verloren. Ich konnte mich nicht mehr finden. Da alles, was ich dreißig Jahre lang geschaffen hatte, im Sterben lag, lag auch ich im Sterben. Der Schmerz war so tief, dass ich nicht wusste, wie ich auf die andere Seite kommen konnte.

Nach drei Monaten Arbeit in Kalkutta ging ich nach Pondicherry. Nach einer Weile kam meine Frau, um bei mir zu sein. Wir lebten in Auroville, und es war die dunkelste Nacht meines Lebens. Diese schwierige Zeit hielt vier Jahre lang an. Glücklicherweise habe ich mich jetzt fast vollständig erholt. Als ich sah, wie alles, was ich in meinem Leben gegeben hatte, zerfiel, habe ich viel über die Beziehung zwischen Guru und Schüler nachgedacht, über meine eigenen Fehler, meine eigene Unvollkommenheit. Ich dachte an die Art und Weise, wie ich meinen eigenen Lehrer als unvollkommen verurteilt hatte. Ich sah, wie arrogant ich als Lehrer geworden war. Ich dachte, ich wäre allen überlegen. Ich dachte, ich wüsste es besser, ich dachte, ich sei reiner, und der Glaube an meine eigene Reinheit bereitete den Weg zu diesem schrecklichen Sturz. Aber ich sah meine eigene Arroganz und sie zwang mich in die Knie. Ich erkannte, was meine Arroganz bewirkt hatte.

Schließlich fing ich an, für mich selbst zu kämpfen; ich kämpfte um mein Leben. Ich ging nach Brasilien und machte Ayahuasca-Retreats. Ich machte Psychotherapie bei Robert Masters, einem spirituellen Therapeuten. Er sagte mir, ich hätte meine ganze Macht abgegeben und müsse sie zurückholen. Um sie zurückzuholen, musste ich mich mir selbst stellen. Es gab einige Leute, die mich immer noch sehr liebten, und sie versicherten mir, dass ich so viel zu geben hätte und dass ich ein wunderbarer Mensch sei. So begann ich, mich langsam aus diesem sehr dunklen Loch zu ziehen, das war das Ergebnis ihrer Liebe, ihres Mitgefühls und ihrer Güte.

Es war für mich unerträglich, zu sehen, wie alles so schnell auseinandergefallen war. Und dann musste ich mich fragen, warum. Ich habe viel über die Beziehung zwischen Guru und Schülern nachgedacht, über die Strukturen in spirituellen Gemeinschaften und darüber, warum so viele der utopischen Gemeinschaften, die von starken Verwirklichten inspiriert wurden, nach zehn, zwanzig, dreißig, vierzig Jahren zusammengebrochen sind und verbrannten. Das ist immer und immer wieder passiert und in meinem Fall eben auch.

Ich habe die letzten vier oder fünf Jahre nicht nur damit verbracht, auf meine eigenen Schatten und meine eigene Unvollkommenheit zu schauen, sondern ich habe auch untersucht, warum dieses utopische Versprechen so oft in einem dramatischen Scheitern endet. Ich habe viel darüber nachgedacht, und ein paar Dinge sind mir klargeworden. Die kulturellen Strukturen, auf denen die meisten spirituellen Gemeinschaften basieren, sind in der Regel veraltet. Außerdem sind alle Menschen von Natur aus unvollkommen, selbst die am tiefsten verwirklichten erleuchteten Männer und Frauen. Die Vision der Erleuchtung selbst muss sich von einer Vision, die auf überholten traditionellen Ideen beruht, zu einer neuen post-postmodernen Vision ändern, die wirklich mit der kulturellen Evolution übereinstimmt.

Diese ganze Tortur war sehr demütigend, doch trotz allem hat mein Geist intakt und ungebrochen überlebt. Ich bin immer noch ein Idealist. Ich habe noch immer Feuer in mir. Ich möchte die Welt immer noch von ganzem Herzen aufwecken. Einige Leute, die mich kennen, möchten, dass ich verschwinde und nie wieder zurückkomme. Ich bin so dankbar, dass das Feuer, das der Meister in mir entzündet hat, immer noch lebendig ist und so mächtig wie eh und je, aber als Mensch bin ich ein anderer. Ich bin durch alles, was ich gelernt habe, ein viel demütigerer Mensch geworden.

Ich habe dir ohne Widerstand zugehört. Aber als du gerade sagtest, dass jeder Mensch unvollkommen ist, hat sich etwas in mir gesträubt. Ich würde eher sagen, jeder ist vollkommen unvollkommen, wenn das Sinn macht. Wir sind alle so, wie wir sein sollen – und nicht unvollkommen. Wir sind alle perfekt. Verstehst du, was ich sagen möchte?

Ich verstehe den Inhalt, aber ich kann dir nicht zustimmen. Ich werde dir sagen, warum.

Ich weiß, dass du nicht einverstanden bist, aber deshalb hatte ich das Gefühl, dich zu unterbrechen, weil es in diesem Moment so stark rüber kam. Es ist das erste Mal in der letzten Stunde, dass da irgendwie etwas aufflackerte. Ich finde dich nicht arrogant. Ich glaube, du warst arrogant, aber ich finde dich jetzt nicht arrogant, und ich finde, dass in diesem Jahr mehr Demut da ist als im letzten Jahr.

Danke.

Aber ich frage mich, ob du nicht einige dieser starken Meinungen oder Philosophien überprüfen solltest. Ich weiß nicht, ob ich das überhaupt sagen soll, aber vielleicht musst du dir das genauer ansehen. Für mich ist es so, dass alle perfekt sind. Ich akzeptiere, dass diese Unvollkommenheiten tatsächlich perfekt sind und eine wunderbare Art von **Leela** *(göttliches Spiel) darstellen.*

Das sind einfach unterschiedliche Perspektiven. Lass mich erklären, warum ich das sage, und schau, ob du damit einverstanden bist. Ich verstehe auch, warum, von einem bestimmten Standpunkt aus gesehen, alles nur so ist, wie es sein kann...

Bevor du das tust, möchte ich noch eines sagen und es tut mir leid, dass ich das tue. Es passiert einfach irgendwie. Aber wenn du mir jetzt sagen würdest, warum du anders denkst, hättest du definitiv Recht, denn du bist sehr stark.

Okay, sollte ich es nicht tun?

Ich glaube, es wäre mir lieber, wenn du es nicht tun würdest, denn ich habe nicht die gleiche Kraft, dir da zu begegnen. Ich teile nur etwas mit, das gerade durchkommt, vielleicht ein bisschen einfach, aber wenn du wirklich glaubst, dass jeder Mensch unvollkommen ist, wird das zu Vielem führen, das vielleicht nicht richtig ist. Wie wäre es mit der anderen Möglichkeit, dass wir alle vollkommen unvollkommen sind?

Ich kann das akzeptieren, aber ich verstehe es so, dass dieses „vollkommen unvollkommen", wie du es beschreibst – all das zu sein, was sich in der *Leela* unserer Existenz entfaltet hat – eben nur das sein kann, was es ist. Aus dieser Perspektive kann es nicht anders sein, als es ist. Deshalb ist es perfekt.

So ist es mir zum Beispiel sehr leichtgefallen, dich nicht zu verurteilen. Viele Menschen haben sehr starke Urteile über dich, die sie vielleicht nie ändern werden. Ich habe kein wirkliches Interesse daran, denn in gewisser Weise ist es in Ordnung, dass du so unvollkommen bist und dass du so schreckliche Dinge getan hast –

falls du sie wirklich getan hast. Es ist völlig in Ordnung; es ist alles Teil der Leela von Andrew Cohen, und ich habe kein Problem damit.

Vielleicht ist das der Grund, warum mir jetzt diese Vorstellung, dass wir alle unvollkommen sind, ein komisches Gefühl bereitet, denn ich kann dem leider nicht wirklich zustimmen.

Das ist in Ordnung; aber siehst du, einer der Gründe, warum ich zu dieser Schlussfolgerung gekommen bin, ist, dass wir in der Evolutionstheorie nach Perfektion streben, und der Schatten dieses Strebens nach Perfektion liegt darin, dass wir unsere eigene Unvollkommenheit nicht akzeptieren. Deshalb war es für mich persönlich eine große Sache. Jedenfalls habe ich fünf Jahre damit verbracht, mich mit all dem auseinanderzusetzen, und dann habe ich vor zwei Jahren wieder angefangen zu lehren. Ich tauche gerade erst wieder auf und bin dabei, alles zu verstehen, und mein Engagement besteht darin, aus allem, was passiert ist, sowohl aus dem Guten als auch aus dem Schlechten, viel zu lernen und dadurch ein besserer Lehrer zu werden – und ein besserer Mensch.

Du wirst etwas vollkommener unvollkommen sein.

Ich werde etwas vollkommener unvollkommen sein, das ist richtig. Das ist der Plan.

Ist es dein Plan oder der Plan eines anderen?

Der Plan eines anderen.

—————

Ich habe ein enormes Problem mit dem Wort „Hingabe". Es gibt die Hingabe an einen Guru, an einen anderen Menschen, und das ist es, worüber du gerade gesprochen hast. Ich denke, wir alle sind ein Abbild Gottes, und deshalb ist es schwierig, einen Menschen höher als einen anderen zu sehen, obwohl definitiv einige Menschen mehr Wissen

haben als andere. An der Hingabe an Gott habe ich keine Zeifel, aber
Hingabe an einen anderen Menschen... ich bin mir da nicht so sicher.

Als ich den Meister traf, erfuhr ich seine wahre Natur – nicht seine
menschliche Persönlichkeit, sondern seine wahre Natur. Ich schrieb
ein Buch mit dem Titel „Die Quelle befiehlt die Hingabe". Befiehlt
ist ein starkes Wort, mächtig, aber als ich erkannte, wer er war, gab
es eine Kraft mich „IHM" zu unterwerfen, „IHM" groß geschrieben.

Du meinst Gott, nicht ihn als Person?

Nun, in diesem Moment gab es keinen Unterschied. Mein Ego
wurde in den Boden gestampft, was bedeutet, dass ich nichts bin,
er alles. Das war meine Erfahrung. Mein Ego wurde zerstört, aber
es war nicht schmerzhaft.

Aber in meinen Augen bedeutet es, dass man seine Würde verliert,
wenn das eigene Ego zerschlagen wird. Das ist eine sehr schwierige
Sache für einen Menschen, der ein Abbild Gottes ist.

Ich weiß, dass das Ego nicht gerne seine Macht aufgibt. Es fühlt sich
gedemütigt, das zu tun. Aber wenn es geschieht, und es nicht etwas
ist, das du tust, sondern etwas, das durch dich hindurch geschieht,
ist es Freiheit in höchster Ekstase. Es ist die Erfahrung, von der Jesus
sprach: „Nicht mein Wille, sondern dein Wille geschehe." Du kannst
dich nicht dafür entscheiden, dich hinzugeben; dein Ego kann nicht
entscheiden, dies zu tun. Es wird dir passieren, wenn du dazu bereit
bist, dass es geschieht. Aber es ist, wie du sagst, das Ego will nicht
aufgeben, es sagt: „Was ist mit mir? Was ist mit mir?" Und im Licht
dieser Erkenntnis sind wir nichts. Wir existieren nicht einmal.
　　Es ist, als ob der Teppich unter dir weggezogen wird,
und es ist die ekstatischste Erfahrung, die man sich vorstellen
kann. Eine ultimative Erleichterung, es ist, als ob wir diesen
schweren Sack – die Tagesordnung des Ego – den wir immer
auf dem Rücken tragen, ablegen würden. Man ist von der

Tagesordnung des Egos, vom Stolz des Egos befreit; das ist die ultimative Erleichterung. Ich muss das nicht mehr sein, ich brauche das nicht mehr. Es ist in Ordnung, ohne das zu sein.

Ich danke dir.

Aber man muss keine Entscheidung fällen, sich hingeben zu wollen, weil man das nicht kann. Du musst dich nur dazu entscheiden, frei sein zu wollen. Als ich zum Beispiel mit dem Meister zusammensaß, da hörte ich eine Stimme – die durch meinen Mund sprach, aber nicht aus meinem Kopf kam – und sie sagte: „Ich bin bereit zu sterben, aber ich weiß nicht wie." Mein Ego hatte diese Worte nicht gesagt, es war mein authentisches Selbst. Als es passierte, war ich völlig überrascht. Ich schaute mich um, um zu sehen, wer das gesagt hatte. Ich selbst war es gewesen. Es gibt also eine tiefere Kraft in uns, eine spirituelle Strömung, und wenn du dich dieser Strömung unterwirfst, dich dieser Strömung hingibst, wird es trotz des Egos geschehen. Du wirst dich dabei beobachten, wie du Dinge sagst und tust, die beweisen, dass das real ist und dass du das wirklich willst.

Aber es ist keine Entscheidung, die von der kleinen Ich-Persönlichkeit kommt, sondern von einer tieferen Dimension des Selbst. Es ist ganz real, aber wir glauben es nicht, weil wir so sehr mit unserem Ego identifiziert sind. Ich nenne es das authentische Selbst, und es ist jederzeit bereit, das Ego abzulösen. Es ist genau hier, genau jetzt. Wenn wir einfach loslassen können, wird das authentische Selbst anfangen zu sprechen, zu gehen und Entscheidungen zu treffen. Es ist nicht weit weg, wenn wir bereit sind, die Tagesordnung des Egos loszulassen.

Das authentische Selbst kümmert sich nur um das Höchste. Es interessiert sich in keiner Weise für die Tagesordnung des Egos, es ist bereits frei davon. Wir müssen dann nicht loslassen, denn das authentische Selbst ist bereits frei davon.

Hast du nach dieser Erfahrung das Gefühl, dass du auf einem besseren Weg zur Erleuchtung bist als vorher?

Auf jeden Fall. Keine Frage.

Identifizierst du dich immer noch mit deinem Ego?

Natürlich. Kannst du das nicht erkennen? Glaube keinem, der dir sagt, er identifiziere sich nie mit seinem Ego, glaube ihm nicht. Es ist einfach nicht glaubwürdig, wenn man wirklich versteht, wie das funktioniert.

Aber einmal bin ich einem *Avadhut* (Seele im höchsten Erleuchtungszustand) begegnet, jemandem, dessen Ego bis auf die Knochen verbrannt ist. Das ist sehr ungewöhnlich; es sind keine normalen Menschen. Sein Name war Ajja*. Er war nicht wie du und ich. Er hatte auf einem Niveau losgelassen, das unvorstellbar war. Du kannst dich nicht dafür entscheiden – entweder es wird passieren oder nicht. Aber er ist der einzige, dem ich in meinem Leben begegnet bin, bei dem das Ego buchstäblich zu Asche wurde. Ich glaube nicht, dass sich unser Ego in Asche verwandeln muss. Wenn nach meinem Verständnis Körper, Geist und Persönlichkeit das Vehikel für das Bewusstsein sind, stellt sich die Frage, wer die Herrschaft über das Vehikel hat. Ist es die Ich-Persönlichkeit oder ist es das wahre Selbst, das authentische Selbst?

Wenn wir durch unsere *Sadhana* an den Punkt gelangen können, an dem wir zu einundfünfzig Prozent unter der Herrschaft des authentischen Selbst, des wahren Selbst, stehen, sind wir gerettet, dann sind wir auf der anderen Seite. Wenn wir so weit gehen, werden wir nicht wieder zurückkommen. Das bedeutet nicht, dass wir keine Fehler machen werden, aber es bedeutet, dass wir von Grund auf in einer anderen Dimension leben. Wir leben im Kontext eines erleuchteten Bewusstseins, wir übergeben Gott unser Leben, unsere Seele, unser Herz. Wir sind für immer auf der anderen Seite. Es gibt noch viel zu tun, viel Läuterung, vieles, was wegbrennen muss. Wir sehen, wie Menschen aufwachen und wieder einschlafen. Grundsätzlich gilt: Wenn du einundfünfzig Prozent

---

* Interview mit Ajja in John Davids Buch und Film „Facetten des Erwachens - Indische Meister"

erreichst, schläfst du nicht mehr ein. Dann müssen wir immer noch von einundfünfzig auf sechzig, von sechzig auf siebzig kommen, aber einundfünfzig Prozent ist eine große Leistung.

Ich erinnere mich daran, dass ein paar Tage nach meiner Realisation Papaji zu mir sagte, dass es nichts zu kultivieren, nichts zu tun gibt. Ich sage nicht, dass er falsch liegt, aber du scheinst anzudeuten, dass eine Art von Kultivierung notwendig ist. Vielleicht ist das nicht das richtige Wort, vielleicht ist Vertiefung ein besseres Wort dafür, denn in den letzten zwanzig Jahren habe ich – genau wie du sagst – so viele Leute gesehen, die es einfach wieder vergessen haben. Es macht mich verrückt... wie konnten sie das vergessen? Verstehst du das?

Ja, das verstehe ich gut. In den letzten zwanzig Jahren haben so viele Menschen es einfach vergessen, genau wie du sagst. Und jedes Mal, wenn es passiert, frage ich mich: Wie konntest du nur?

Das macht mich verrückt.

Wie kann man das vergessen?

Ja.

Nun, in meinem Verständnis gibt es da zwei Wege. Es gibt den Weg der Anstrengung und den Weg der Mühelosigkeit. Zen ist totale Anstrengung, totale Verantwortung, aber der einzige Weg, den uns der Meister lehrte, war, es jetzt loszulassen. Das war's. Nichts tun, nirgendwo hingehen, einfach loslassen. Wach auf und stell fest, dass es keine Anstrengung gibt.

Aber was dann? Mir scheint, es besteht eine große Gefahr, dass man zurückfällt, wenn man es nicht irgendwie pflegt.

In der Tat. Ich denke, dass beides notwendig ist. Wir müssen lernen, was es bedeutet, bedingungslos loszulassen, jetzt, mühelos, spontan, leicht, frei, ekstatisch, freudig, ewig, jetzt und jetzt, nichts und wieder nichts...

Aber das geschieht einfach. Das entscheidest du nicht.

Es passiert, wenn ein Schüler mit einem offenen Herzen kommt und der Meister es weitergibt. Der Zustand des spontanen Bewusstseins muss übermittelt werden. Aber ich glaube, wir müssen auch bereit sein, gleichzeitig den Weg der Anstrengung zu gehen, denn wir müssen in der Lage sein, die Lücke für die Zeiten zu schließen, in denen es nicht ausreicht, einfach loszulassen. Ich lehre jetzt auf eine Weise, die diese beiden Seiten des Weges achtet. Im gegenwärtigen Augenblick bedingungslos loszulassen, funktioniert normalerweise beim ersten Mal und wird immer die erste Wahl sein, aber dann müssen wir auch lernen, wie wir uns richtig und aufrichtig anstrengen, und wie wir für die Verrücktheiten unseres eigenen Verstandes und unserer eigenen Emotionen verantwortlich sein können. Wir alle sind auf unsere eigene Art und Weise zutiefst verrückt, neurotisch, wütend und ängstlich. Wenn und falls das Loslassen, aus welchen Gründen auch immer, nicht funktioniert, müssen wir, so glaube ich, in der Lage sein, sofort Anstrengungen zu unternehmen, um die Lücke zu schließen.

Diese Anstrengung ist Selbstgewahrsein?

Vollkommen. Das Richtige statt das Falsche zu tun, was auch immer unserer Meinung nach das Richtige ist. Weil zum Beispiel so eine Lehre wie: „Es gibt keinen, der etwas tut," die im *Advaita* Kontext sehr beliebt ist, verzerrt werden kann. Wenn es niemanden gibt, der etwas tut, dann gibt es auch niemanden, der verantwortlich ist. Ich glaube und lehre, dass wir lernen müssen, jetzt bedingungslos loszulassen, genauso, wie der Meister es gelebt, geatmet und gelehrt hat, und dass wir ebenso lernen müssen, uns richtig und aufrichtig zu bemühen, Verantwortung für unseren Verstand und unsere Gefühle, für unsere Verrücktheit zu übernehmen.

Du hast erzählt, dass du, nachdem du dich von Papaji verabschiedet hattest, anfingst, auf eine Weise zu lehren, die ihm nicht wirklich gefiel, eine Weise, die ihm nicht wirklich passte. War das wirklich der Grund, dass ihr euch entzweit habt?

Ich denke schon. Es war ja so, der Meister war die Verkörperung vom Ende des Weges. Ich begann, einen Weg zu lehren, den man, um irgendwo anzukommen, nur in der Zeit begehen kann. Aber man kommt nirgendwo an, weil man immer schon da ist – das ist alles. In diesem Zusammenhang gibt es nichts anderes, weil das alles ist. Da kann man nichts verbessern, es ist die ultimative Lehre, der Schlüssel zum Königreich. Mein Weg war, zu sagen, dass es einen Weg gibt und einen Weg, dorthin zu kommen, und dass es etwas zu tun gibt. Das war das Gegenteil von dem, was er lehrte. Außerdem war ich jung, arrogant, naiv und meinte, es besser zu wissen und überlegen zu sein, und ich hatte absurde Vorstellungen von meiner eigenen Reinheit.

Ich habe zum ersten Mal von dir gehört, als ich dein Buch „Mein Meister ist mein Selbst" gelesen habe, und in diesem Buch gibt es ein unglaubliches Foto von euch beiden zusammen, strahlend wie zwei Glühbirnen. Wenn man dieses Foto sieht, kann man sich überhaupt nicht vorstellen, dass du später ein Buch gegen ihn schreiben würdest, wo du ihn kritisierst, verurteilst und so weiter. Man könnte sagen, dass diese beiden Bücher gar nicht zusammenpassen. Kannst du etwas zu dem sagen, was da passiert war?

Ich bin ein bisschen auf einen Egotrip geraten. Ich dachte, ich wüsste es besser, in gewisser Weise – ich glaubte, ich wäre überlegen. Als ich herausfand, dass der Meister kein perfekter Mensch war, habe ich ihn verurteilt. Jetzt schäme ich mich dafür, aber nun habe ich das Gleiche erfahren. Ich weiß, wie es ist, verurteilt zu werden; ich lerne meine Lektion auf die harte Tour. Ich war unversöhnlich gegenüber der Unvollkommenheit anderer Menschen, auch der seinen, weil ich das Bedürfnis hatte, mich selbst als besser zu sehen, und dafür schäme ich mich, aber das war meine eigene emotionale und psychologische Unsicherheit, mein eigener Schatten, den ich da auslebte.

Als ich sah, dass der Meister als Mensch in vielerlei Hinsicht unvollkommen war, wurde mir klar, dass mich das nichts anging, dass es nicht meine Angelegenheit war. Er gab mir die Schlüssel zum Königreich. Er gab mir alles, was man geben kann, ohne eine Gegenleistung zu verlangen. Ich schuldete ihm alles, er schuldete mir nichts. Aber in meiner Arroganz begann ich, es anders zu sehen, und ich war sehr enttäuscht und wertend. Dann fing er an, mir eines immer wieder ins Gesicht zu sagen – nämlich, dass ich der Größte und der Wunderbarste sei – mich aber gleichzeitig hinter meinem Rücken heftig zu kritisieren. Ich habe es sehr persönlich genommen. Ich hatte das Gefühl, dass er mich betrügt, und auf einer Ebene von *Leela* hätte dies wahr sein können. Ich hatte ein überempfindliches Ego, ein arrogantes Ego, ein kostbares Ego, und er hatte seine eigenen Versionen davon. Ich schuldete ihm alles, eine Dankesschuld, die nie wirklich zurückgezahlt werden kann und das war's. Und der Rest ging mich wirklich nichts an. Ich schäme mich dafür, dass ich mich wie ein wichtigtuerisches, arrogantes Kind benommen habe, aber so war ich, ich konnte nicht anders, und wie du sagst, in der Perfektion der Unvollkommenheit gibt es nichts, was ich daran ändern könnte.

Und das ist in Ordnung.

Ich schäme mich dafür. Ich weiß, dass ich ihn auch verletzt habe, und ich fühle mich schrecklich deswegen. Als ich in Indien war, habe ich einmal eine Hellseherin aufgesucht, und sie sagte, es habe ihm sehr weh getan, dass ich nicht zu ihm gekommen bin, als er im Sterben lag. In dem Moment, in dem sie das sagte, traf es mich ins Herz. Ich konnte sehen, dass es wahr war, denn unsere Verbindung war jenseits von Zeit und Raum, und ich schämte mich sehr dafür, dass ich diese Wahrheit oder unsere Beziehung nicht geehrt hatte. Es hat mir das Herz gebrochen, und mir wurde klar, dass ich auch ihm das Herz gebrochen habe.

Ich traf Papaji zum ersten Mal am 25. März 1986, dem Tag, der mein Leben veränderte. Einige Jahre vor dem Zusammenbruch meiner Gemeinschaft, am Jahrestag dieses Tages, hatte ich ein Erlebnis in unserem Ashram. Als ich zu meinem Büro ging, hatte ich plötzlich eine Vision. Es klingt lächerlich, aber ich sah den Meister in einem vollen Lotus sitzen, umgeben von goldenem Licht. Es vibrierte, und in diesem Moment wurde mir klar, dass unsere Verbindung jenseits von Zeit und Raum war. Sie war ewig.

Ich war ein sehr arroganter, moralischer Mensch, der beurteilte was richtig und was falsch ist. Meine Position hatte große moralische Kraft, da ich an ihr keine Zweifel hatte. Jetzt, wo ich älter werde, bin ich sehr vorsichtig mit dieser Art des Denkens, der moralische Schiedsrichter der Realität zu sein. Ich habe mich oft geirrt, und ich habe zu sehr vereinfacht. In der reduktionistischen Art und Weise, in der ich dachte, fehlte es an Menschlichkeit, und wann immer wir zu hart und zu wertend werden, sind wir auf gefährlichem Boden. Das ist die Gefahr aller großen religiösen Traditionen, die behaupten, es besser zu wissen und der moralische Richter und Schiedsrichter zu sein. Aber als ich jung war, wusste ich das nicht, und ich war zu vermessen. Ich war ein selbstgerechter junger Mann, und das alles erzeugte die *karmische* Dynamik für das, was schließlich geschah.

Ja, ich glaube schon.

Wir müssen uns vor Selbstgerechtigkeit hüten. Verzeihe mir, dass ich das sage, aber meine eigene Unvollkommenheit hat mich enorm gedemütigt, weil ich sehr darauf bedacht war, als perfekt angesehen zu werden.

Ich habe einmal ein Interview von dir gelesen, das du in Holland gegeben hast, und du sprachst davon, der Weltlehrer zu sein. Es fühlte sich an, als würdest du von...

Oh Jesus, habe ich so etwas gesagt?

*... diesem „ich bin perfekt" aus sprechen. Als ich das las, dachte ich:
„Oh, ich glaube, er steuert auf Schwierigkeiten zu. "*

Und so war es... Aber ich atme noch, ich lebe noch; ich wurde nicht
völlig zerschmettert.

*Ja, und obendrein – worüber wir nicht wirklich geredet haben –
sitzt du hier und strahlst Unmengen an Liebe aus. Als wir uns im
Café getroffen haben, gab es einen Moment, als ich dachte: „Oh,
dieser Typ, er ist so verdammt arrogant. Jetzt verstehe ich...," und
in der nächsten Sekunde war nur Liebe zwischen uns. Es geschah
einfach, und das ist es, was du uns hier letztendlich mitteilst. Und
genau darum geht es meiner Meinung nach.*
  *Du bietest diese Unmengen an Liebe an, und sie ist sehr intensiv.
Aber was ist falsch daran, es ist einfach deine Art. Es ist großartig,
und deshalb hast du so viele Menschen berührt und wahrscheinlich
sind sie deshalb auch so sauer auf dich. Das geht irgendwie Hand
in Hand.*

Danke, danke an alle, danke John.

Gangaji

Ich habe keine Kontrolle über das Leben, ich diene dem Leben.

Ich warte darauf, die neuesten Aufgaben zu bekommen, die neuesten Aufforderungen und Anweisungen. Für mich ist das sehr schön. Es ist keine Last, ich bin keine Sklavin des Lebens.

Ich bin eine Braut des Lebens – und ich bin davon begeistert.

Gangaji

Ich sitze mit Gangaji mitten in Amsterdam, es ist ein schöner, sonniger Tag. Wir sind in einem alten, historischen Hotel am größten Kanal, auf dem kleine Boote vorbeifahren. Gangaji lebt in den USA und lehrt seit vielen Jahren in vielen Teilen der Welt ihre eigenen einzigartigen Erfahrungen. Sie ist eine der beliebtesten westlichen spirituellen Lehrerinnen.

Als du bei Papaji warst, sprach er viel über die grundlegende Frage: „Wer bin ich?" Wer bist du?

Als Papaji mich bat zu lehren, bat er mich, nur meine direkte Erfahrung weiterzugeben. Daher bin ich mir nie sicher, ob meine direkte Erfahrung mit den offiziellen Lehren übereinstimmt. (lacht) Das ist halt alles, was ich anzubieten habe.

„Wer bin ich?" Das ist natürlich die Frage. Aber ich habe nie einen Weg gefunden, das zu beantworten, denn meine Antwort lautet, dass ich undefinierbar bin. Damit meine ich, ich kann mich als Person definieren, doch das ist nicht die Gesamtheit dessen, wer ich bin; und ich kann mich als Bewusstsein definieren, das wiederum scheint mich als Person auszuschließen. Letztendlich will ich damit an die Menschen weitergeben, dass es möglich ist, diese Frage „Wer bin ich?" zu stellen, ohne das Auftauchen einer Definition oder einer spezifischen Antwort zu erlauben – um es so der Frage tatsächlich zu erlauben, die Antwort zu offenbaren. Es ist eine offene Frage. Macht das Sinn?

Ja, du willst sagen, dass es eine klare Antwort gibt, die aber nicht wirklich benannt werden kann.

Sie kann auf jeden Fall nicht definiert werden. Es liegt in der Natur unserer Sprache – aller Sprachen, sogar des Sanskrit, nehme ich an –

dass sie begrenzt ist. Speziell auch unsere spirituelle Sprache, die bestimmte tranceähnliche Qualitäten aufweist, so dass – meiner Erfahrung nach – das Wort „Bewusstsein" oder „Selbst", wenn wir es aussprechen, ein derartiges Gewicht bekommt, dass dann „Ego", „Gangaji" oder „Form" daraus ausgegrenzt sind. Mein Verständnis dieser Lehre und meine tiefste Erfahrung, die ich darin gemacht habe, ist, dass *wahre* Non-Dualität alles einschließt, dass nichts ausgeschlossen wird, und dass das „Ich" in „Wer bin ich?" der Fingerzeig in Richtung dorthin oder zu dessen Anfang ist. Ich habe also keine bestimmte Antwort darauf (lacht), aber mein Leben dreht sich um diese Frage und um das Entdecken der Antwort.

Ich habe das Gefühl, dass es dir gut gelingt, die Menschen, die du triffst, an diesem Punkt herauszufordern. Die Leute sind ein wenig verschlafen, und diese Frage ist wie ein tiefer Weckruf, um sich wirklich mit der Frage auseinanderzusetzen.

Was für eine Frage! Wir alle haben eine Erfahrung davon, wer wir sind, doch diese Erfahrung ist sehr oberflächlich: „Ich bin mein Name" oder „Ich bin das, was meine Eltern mich gelehrt haben, was ich bin" – oder das, was ich geworden bin, indem ich dagegen rebelliert habe. Aber die Frage an sich hat eine tiefe Kraft, und ja, deshalb verneige ich mich vor dieser Frage. Sie ist die Essenz der Erforschung.

Ich erinnere mich, wie aufregend mein Leben war, als ich meine Laufbahn als Architekt beendet hatte und in einen Ashram in Indien kam. Die Vorstellung, dass ich eines Tages „erleuchtet" sein würde, war so aufregend. Damals schien sie sehr wichtig zu sein, und ohne sie hätte ich diesen Wechsel wahrscheinlich nicht geschafft. Aber mit den Jahren wurde sie natürlich gänzlich unwichtig.

Ja, es ist ein weiteres dieser Wörter, die wirklich aussortiert werden sollten! (lacht) „Erleuchtung" ist ein so wunderbares Wort, wenn wir es zum ersten Mal hören, weil es die Möglichkeit beinhaltet, tatsächlich Licht in unseren riesigen Raum der Unwissenheit zu bringen. So suchen wir nach einer Erfahrung und machen Erfahrungen von mehr Licht. Aber für mich ist das, worauf das Wort „Erleuchtung" hindeutet – und dann nutzlos wird – die Erkenntnis der ersten Frage, wer ich bin, wer wir sind, was hier ist, ohne eine Definition davon. In unserer Subkultur ist „Erleuchtung" zu einer ähnlich belasteten Frage geworden wie „Patriotismus" in der Subkultur unserer Eltern. (lacht) Es ist ein Lebensstil oder eine olympische Medaille, es ist zu „etwas" geworden, zu einem Ziel. Aber tatsächlich bedeutet es nach meiner Erfahrung das Aufgeben aller Ziele und aller Vorstellungen von Erleuchtung – und dann ist da die Erkenntnis dessen, was übrig bleibt, wenn alles weg ist.

Papaji würde es so erklären: Zuerst mag es das Boot sein, das dich trägt, aber dann, wenn du das Boot mit dir herumträgst, wird genau eben das Konzept, das dich anfangs auf den Weg gebracht oder dein Leben umgekrempelt hat, zu einer Belastung für dich. Weil wir so überaus dankbar sind, hängen wir an dem, was uns auf unseren Weg gebracht hat.

Ja, es ist sehr einfach, diese „Erleuchtung" mit sich herumzutragen.

Ja, aber sie wiegt sehr viel. (lacht) Sie ist überhaupt nicht leicht. Sie ist leicht, wenn man zum ersten Mal davon hört, aber dann wird sie belastet mit unseren Vorstellungen darüber, was Erleuchtung ist: Welche Erfahrungen sind dafür notwendig? Wie muss sie sein? Wie behält man sie? Wie wird sie kultiviert? Wer hat sie?

Was sind aus deiner Erfahrung als Lehrerin die Voraussetzungen für Erleuchtung? Ist eine Praxis notwendig, und wenn ja, zu welcher Praxis rätst du?

Was Qualifikationen angeht – ich weiß von keinen. Ich bin immer wieder überrascht, wer wirklich offen ist, tief und immer tiefer zu entdecken, wer er ist, wer wir sind. Es scheint, dass die dafür augenscheinlichsten Kandidaten oft in ihrem Selbstverständnis festgefahren sind und nichts entdecken können. Die aufregendsten Erfahrungen habe ich mit Menschen gemacht, die keine Ahnung von Erleuchtung haben.

Unbedarfte Menschen.

Unbedarft! Unbedarft in Bezug auf das Konzept. Doch dann, wenn sie gefragt werden: Wer bist du? Was ist real? Was ist wahr? Was ist immer hier? – ist da eine Frische, die ihren Geist dann einfach öffnen kann. Vielleicht kann eine Praxis sehr hilfreich sein, so wie es auch an einem bestimmten Punkt sehr hilfreich sein kann, das Wort „Erleuchtung" zu hören. Ich weiß, dass wir das, was wir praktizieren, schließlich erkennen müssen. Wir üben uns in unseren Persönlichkeiten, unseren Namen, unseren Geschichten, unseren Sehnsüchten, aber wir müssen bereit sein, damit aufzuhören. Für mich besteht die Praxis dann darin, sich von aller Praxis, allen Identifikationen zurückzuziehen.

Wenn Leute mich fragen, und das tun sie oft: „Es muss doch etwas geben, was ich tun kann," sage ich, dass die Praxis darin besteht, die Wahrheit zu sagen und zu erkennen, dass, ganz gleich, welche Wahrheit du sagst, dahinter immer noch eine tiefere Wahrheit steckt. Du magst mit einer sehr relativen Wahrheit beginnen, mit einem „wie ich mich fühle" oder „was ich denke", aber darunter liegt eine tiefere Wahrheit und unter dieser liegt eine noch tiefere Wahrheit. Wenn wir bereit sind, uns selbst die Wahrheit zu sagen, dann sind wir bereit, uns innerlich auf dieses Abenteuer einzulassen – so tief, bis wir kein „Inneres-Äußeres" mehr finden können, und wir entdecken, dass es das ist, was wir sind. Dann gibt es kein Inneres-Äußeres mehr.

Würdest du Menschen, die gerade erst beginnen, sich auf den Weg zu machen, eine Praxis vorschlagen, die den Verstand ruhiger werden lässt?

Ich denke, Meditation ist wunderbar geeignet, den Verstand zur Ruhe zu bringen. Yoga ist wunderbar, in der Natur zu sein, ist wunderbar. *Sattvische* (rein und gesund) Kost ist wunderbar. Schöne Musik zu hören, ist wunderbar; mit gleichgesinnten Menschen zusammen zu sein, ist wunderbar. Negatives Denken in positives zu verwandeln, ist wunderbar. Ich unterstütze wirklich alles, um zu beginnen, doch dann gibt es einen Punkt, an dem man *alles* loslassen muss. Aber ich weiß nie, was für wen geeignet ist. Ich unterstütze die Menschen dabei, zu sehen, was es gibt. Überall gibt es große Unterstützung in Form von Yoga, Meditation und Körperarbeit und durch eine Vielzahl an Bewegungs-, Ernährungs- und Lebensformen.

Schau dich einfach um, wo du Unterstützung finden kannst *und* sag die Wahrheit. Sage die Wahrheit über das, was bereits frei ist, was bereits in Frieden ist. So wird die Unterstützung etwas, das eher das unterstützt, statt ein Ziel, das du erst erreichen musst. So kannst du dich, auch als Anfänger, sofort selbst verwirklichen. Dann dienen die Erfahrungen des Lebens eher dazu, diese Erkenntnis zu vertiefen, statt als Anfänger zu sagen: „Ich werde einen bestimmten Punkt erreichen, an dem ich dann soweit bin, mich selbst zu verwirklichen."

Du fragst, ob es Qualifikationen gibt? Es mag sie geben, aber sie sind unsichtbar. (lacht)

Ein indischer Meister hat mal gesagt: „Die einzige Qualifikation ist, lebendig zu sein." (lacht)

Das ist ziemlich gut, und vielleicht wissen wir nicht einmal das. (lacht) Das macht uns in der Rolle des Lehrers demütig. Es macht auf wunderbare Weise demütig, zu sehen, dass wir nicht wissen, wer sich im nächsten Augenblick zur vollkommenen Selbsterkenntnis öffnet wird.

Ich finde es schön, dass du erwähnst, dass unbedarfte Menschen, Menschen, die noch keine spirituellen Konzepte haben, es plötzlich ganz leicht aus ihrem unschuldigen Herzen heraus erkennen können.

Das ist richtig. Das sehe ich so oft. Hier in Amsterdam gab es einen niederländischen Jungen, der gerade zufällig einen Video-Clip auf YouTube gesehen hatte. Er kam zu mir und sprach, und ich musste ihm nichts sagen. Er sprach die reine Sprache des *Satsangs* (Treffen in Wahrheit), aber in seiner eigenen Sprache, nicht in der spirituellen Sprache, nicht im *Satsang*-Jargon. Er erkannte, dass seine schlimme Kindheit ihm eigentlich gedient hatte, weil sie eine Art Anstoß gewesen war, die Dinge tief zu erforschen. Und dann, als er die Wahrheit hörte, konnte er sie wirklich erkennen. Es war absolut schön. Er war ein junger Mann, vielleicht zwanzig Jahre alt.

Ja. Das ist sehr schön, nicht wahr?

Es macht so unbeschreiblich demütig. Es ist großartig.

Aber es war auch wunderbar für ihn, diese Begegnung mit dir zu haben, weil etwas bestätigt wird, und ich denke, das ist auch wichtig.

Nun, ich habe das Gefühl, dass das wirklich meine Rolle ist. Ich habe das Gefühl, dass es das ist, was Papaji mir gesagt hat, dass die Menschen, die bereit sind, diese besondere Botschaft zu hören, bereit sind, sie zu hören – und du musst sie ihnen nur noch bestätigen. Ich verbringe also keine Zeit damit, den Leuten zu sagen, wie man sein soll oder was man sein soll oder wie man praktiziert. Ich verbringe meine Zeit damit, denjenigen die Wahrheit zu bestätigen, die sie erkannt haben, und ihre Zweifel in Frage zu stellen, damit sie aufgelöst werden können.

Papaji sagte in einem seiner Interviews: „Kein Lehrer, keine Lehre, kein Schüler.“

Das ist schön. Ja. Ich würde sagen, wir bleiben immer Schüler. (lacht) Wir sitzen nur an verschiedenen Plätzen, sind immer noch dabei zu lernen – wenn lernen überhaupt das richtige Wort ist – werden immer noch täglich umhergeschleudert, umhergestoßen, emporgehoben, niedergeworfen und unserer Bestimmung übergeben; denn das Leben ist der *Satguru* (höchster Guru), und für mich war Papaji das Leben. Er war unkontrollierbar und unberechenbar und ohne Zweifel das, was in meinem Herzen lebendig war. Als Papaji starb, musste ich erkennen, dass das Leben selbst DAS ist. Davor verbeuge ich mich.

Ja, wunderschön. Papajis Meister, Sri Ramana, sagte, die Selbsterforschung ist der direkteste Weg zur Verwirklichung des Selbst. Was sagst du zur Selbsterforschung?

Ich spreche viel über Selbsterforschung. Normalerweise benutze ich nicht die spezifischen Fragen, von denen Ramana sprach: „Wer bist du? Wer bin ich?" weil ich das Gefühl habe, dass es genug Leute gibt, die diese sehr wirkungsvoll einsetzen. Ich spreche im Allgemeinen über die Selbsterforschung, indem ich die Leute auffordere, ihr Leben zu hinterfragen. Um unser Leben zu hinterfragen, müssen wir uns zunächst den Unterschied zwischen Hinterfragen und Anzweifeln bewusst machen. Denn der Zweifel ist eine Art Imitation des wahren Hinterfragens, eine kreisende Bewegung im Verstand, die uns einfach weiter rotieren und uns nicht vertrauen lässt, uns nicht tiefer sinken lässt.

Aber für mich ist wahres Hinterfragen ein Erforschen: Das Hinterfragen der grundlegenden Annahmen unseres Lebens, das Hinterfragen der maßgeblichen Gedanken, die uns identifiziert halten mit einer bestimmten Person, einer bestimmten Nationalität, einem bestimmten Geschlecht. Darin liegt eine Möglichkeit, uns mental gewahr zu werden, welche Gedanken uns identifiziert halten.

Dann gibt es noch einen Weg der emotionalen Erforschung, bei dem man sich für jede Emotion öffnet, die gerade erlebt wird, sich einfach nur *öffnet*. Denn für mich ist Erforschung ein Öffnen, ein Untersuchen. Du sagst, die Antwort auf die Frage „Wer bin ich?" sei nicht definierbar, aber die Antwort ist dieses Sich-Öffnen. Wenn wir uns dem öffnen, was auch immer an Emotionen auftaucht, insbesondere den negativen Emotionen – weil das die sind, die wir als Menschen normalerweise nicht erleben wollen – dann erforschen wir uns unmittelbar, emotional.

Es gibt auch ein physisches oder situationsgebundenes Sich-Öffnen, den momentanen Umständen oder der Stofflichkeit des Körpers gegenüber. Sich dem einfach zu öffnen, das *ist* für mich Erforschung. Dann ist die direkte Erfahrung dasselbe wie Erforschung, dann ist das Loslassen von Konzepten für mich dasselbe wie Erforschung. Ich verbringe viel Zeit damit, mit Menschen in Gruppen und vor der Gruppe zu arbeiten, um zu zeigen, wie einfach das ist – und dass wir uns eigentlich anstrengen, Erforschung zu vermeiden. Wir wollen die Art und Weise aufrechterhalten, wie wir das Universum geordnet haben, weil wir uns dadurch relativ sicher fühlen. Wir wollen die Art und Weise aufrechterhalten, wie wir unsere Identifikation mit dem, was wir sind, geordnet haben, weil uns das vertraut ist. Doch dann sollten wir in der Lage sein, diese Ordnung zu durchbrechen, so dass diese wirkliche Erforschung ganz natürlich geschehen kann. Wir sind Gewahrsein, also ist Erforschung unsere Natur; wir sind intelligentes Gewahrsein, also ist Neugier auf das, was wirklich hier ist, unsere Natur.

Ich fühlte mich schon immer mit Georges Gurdjieff sehr verbunden. Er benutzte in seinem Institut viele Techniken, von denen du sprichst. Zum Beispiel, indem man „Stop!" ruft, damit die Leute einfach einfrieren. In dem Gewahrsein dieses Moments sehen sie, dass sie meistens roboterhafte Strukturen wiederholen, die in ihrem Inneren fixiert sind.

Ja, ich habe eine Gruppe gesehen, die einige seiner Bewegungen machte, bei denen sie auf diese Weise anhielten.

Dieses Gefühl, dass die Dinge sich öffnen, ist das etwas, das man wirklich im Körper spüren kann? Kann man dieses Zusammenziehen spüren, wenn sich starke Strukturen zeigen. Und dann, wenn man erforscht, was real ist, spürt man dann, dass eine Ausdehnung stattfindet?

Ja. Nun, wenn wir erforschen, was wirklich real ist, werden wir oftmals Angst, Kummer oder eine gewisse Traurigkeit entdecken, etwas, das wir verdrängt oder in uns verschlossen haben. Und so kann gerade eben die Öffnung dafür erst einmal eine unangenehme Erfahrung sein. Das, wozu ich die Menschen ermutige, ist die Bereitschaft, sich zu öffnen, vor allem für das, was sie als unangenehm empfinden. Wenn sich das Bewusstsein für etwas öffnet, das man ausgeschlossen hatte oder versucht hat auszuschließen, hat das den Nebeneffekt, dass das was ausgeschlossen wurde, befreit wird. Es ist wiedervereint mit dem Bewusstsein, also ist es leicht und dehnt sich aus. Und ja, ich würde sagen, ein Nebenprodukt davon ist, dass sich der Körper lockert, die Augen sich öffnen, eine Ausdehnung des Geistes stattfindet. Aber dann sagen die Leute oft: „Oh, ich mag das Gefühl, ich will das Gefühl – wie bekomme ich das Gefühl zurück? (lacht) Ich will diese negativen Empfindungen nicht!" Und das, obwohl ihnen ja gerade die Bereitschaft, die negativen Gefühle zu erleben, offenbart hat, dass selbst negative Gefühle zur Quelle führen. Alles führt dahin.

Glaubst du, dass Menschen zu einem Treffen in Wahrheit kommen, um sich wohl zu fühlen? Sie möchten, dass angenehme Dinge geschehen – Entspannung, Frieden, Liebe. Also ist es wahrscheinlich nicht immer so verlockend, Menschen zu helfen, ein altes Trauma oder einen alten Schmerz zu erleben.

Richtig, manchmal sind die Leute auch sauer auf mich. (lacht) Und natürlich ist der Wunsch, sich gut zu fühlen, das, was uns auf den Weg bringt. Es ist sicherlich das, was mich daran angezogen hat, und ich möchte, dass die Menschen sich gut fühlen. Wenn wir uns gut fühlen, dann ist das der Zustand, der es uns ermöglicht, tiefer zu fragen: „Also, was befindet sich darunter?" Dann können wir auch jeden Aspekt unserer selbst in diesen Raum höchsten Wohlbefindens einladen – und das ist *Satsang*.

Es gibt Aspekte unserer selbst, die scheinbar im Außen sind – andere Menschen, andere Ideen – und dann gibt es scheinbar innere Aspekte. Das sind die negativen Gedanken, die wir über uns selbst haben, unser latentes Gefühl, nichts wert, nicht würdig oder nicht liebenswert zu sein. Die Bereitschaft, das alles in den *Satsang* zu bringen, dient dazu, die Türen zu unseren Herzen zu öffnen, und das ist es dann, was sich befreit. Es befreit sich hier, im Herzen des *Satsangs*, der bereits in uns allen präsent ist.

Meine Erfahrung ist, dass es einer gewissen Reife bedarf, um dafür bereit zu sein. Man muss in ein Feuer treten, um wirklich da zu sein, und nicht jeder ist dazu bereit.

Ich denke, es erfordert eine gewisse Reife, aber ich weiß nicht, wer diese Reife hat, bis ich sie ins Feuer einlade. (lacht) Dann finde ich es heraus!

So arbeite ich auch, und viele Menschen rennen brennend auf die Straße und werden nie wieder gesehen! (lacht)

Nun, die Leute sagen zu mir: „Ich habe geträumt, dass du meine Lehrerin bist. Das ist es, jetzt weiß ich es!" Nach dem *Satsang* sind sie dann verschwunden. (lacht) Wer weiß, wie lange wir in dieser Form hier sind. Und es scheint, dass die Erde, die Menschheit, an einem Punkt ist, an dem alles möglich ist. Papaji begrüßte einfach jeden und gab alles.

Da komme ich her, also gebe ich alles – nimm, was du kannst, und da ist immer noch mehr. (lacht) Der Punkt womit wir unser Gespräch überhaupt begonnen haben, ist also auch eine Herausforderung, mich nicht an eine bestimmte Identifikation meiner selbst als erleuchtet oder selbstverwirklicht zu klammern. Denn es gibt immer eine noch tiefere Erforschung dessen, was hier ist.

Du lehrst nun schon seit geraumer Zeit, und ich weiß, dass verschiedene Leute, nachdem sie einige Zeit bei dir waren, auch begonnen haben zu lehren. Ob du das ihnen vorgeschlagen hast oder ob es so geschehen ist, weiß ich nicht. Hast du denn auch die Erfahrung gemacht, dass Menschen scheinbar aufwachen – wenn dieses Wort in Ordnung ist – aber man später das Gefühl hat, dass irgendetwas sie wieder herausgebracht hat, und sie wieder identifiziert sind?

Ja, diese Erfahrung habe ich gemacht. Das ist ein großes Mysterium! Gerade heute Morgen sagte jemand: „Ich habe es erkannt. Ich könnte das nie wieder verlieren." Ich kenne dieses Gefühl und habe das schon öfters gehört: „Das könnte ich *nie* verlieren!" Ich erinnere mich, dass Papaji sagte, man müsse bis zum letzten Atemzug wachsam sein. Für mich ist das ein echter Respekt vor der Macht des Denkens, des Verstandes, des Egos oder wie auch immer man das definieren will, was da hereinkommt und sich etwas aneignet und in Besitz nimmt – Erleuchtung in Besitz nimmt, Erwachen in Besitz nimmt, Öffnung in Besitz nimmt. Und durch diese Inbesitznahme ist es bereits verloren.

Die Gefühle mögen eine Weile bleiben, aber es mischt sich eine Aufgeblasenheit hinein, eine Arroganz, Leblosigkeit oder Roboterhaftigkeit. Schließlich kommen die Leute dann zurück und sagen: „Wie konnte ich es verlieren? Ich habe es verloren. Ich dachte, ich könnte es nie verlieren." Ich glaube, diese Erfahrung haben wir alle gemacht. Wir hatten Momente dieses vollkommenen Friedens, dieser vollkommenen Erkenntnis – und wie ist es dann möglich, dies zu verlieren? Ich habe den Eindruck, dass es daher kommt, weil wir versuchen, es zu behalten; wir versuchen, es uns zu eigen zu machen. Also rate ich den Leuten, es sofort wieder zu verlieren. Verlier es ganz und gar und vollständig und schau, was hier ist. Denn das, was du „verloren" hast, war eine Imitation dessen, was du in diesem Moment der Wahrheit gefunden hast. Wir identifizieren uns mit den Imitationen.

Wie du sagst, hat der Verstand sehr viel Macht, und es wird behauptet, dass er zerstört werden muss, um zu erwachen. Hast du einen Verstand? Und wie zerstört man den Verstand?

Wie zerstört man den Verstand? Wenn das jemand zu mir sagt, sage ich: „Aber wenn du den Verstand zerstörst, ist das, was übrig bleibt, der Mörder." (lacht) Denn genau dieses Konzept, „Du musst den Verstand zerstören!" ist immer noch ein Konzept von Krieg. Und für mich scheint das nichts anderes zu sein, als mit dem Verstand weiterzumachen. Es ist ein Aspekt des Verstandes, der sagt, dass dieser andere Aspekt des Verstandes zerstört werden muss, dieser niedere Aspekt.

Historisch gesehen wissen wir, dass dies die Grundlage aller Kriege, Völkermorde und Ausrottungen ist, und deshalb lade ich die Menschen tatsächlich zu dieser Unterscheidung ein – zwischen „etwas zerstören" und „alles verlieren". Zerstöre nicht etwas! Verliere alles! Verliere den Zerstörer, verliere das Zerstörte, das Zerstörbare! Für mich ist das auch einfacher, als bloß dem Verstand nachzujagen, um ihn zu zerstören; denn er ist wie ein Hund, der seinen Schwanz jagt. Ob ich einen Verstand habe? Ja. (lacht) Ich habe einen Verstand.

Oh, das ist eine Erleichterung!

Für mich auch! Ich glaube, dass der Verstand etwas Schönes ist. Ich glaube, wie die Tibeter es sagen, dass die kostbarste Inkarnation die menschliche Inkarnation ist. Vielleicht ist sie jetzt außer Kontrolle und tatsächlich dabei, die Erde zu zerstören. Aber als Potenzial ist sie so kostbar, diese Fähigkeit des Verstandes, über sich selbst zu reflektieren, sich wirklich selbst zu entschleunigen, sich wirklich selbst zu begutachten. Es ist ein großes Geschenk, sich der Erforschung zu öffnen. Vielleicht ist er auch ein Hindernis. Er kann uns nur bis hierher bringen, aber wir können uns sehr glücklich schätzen, dass er uns überhaupt so weit bringen kann.

Du sagst, du hast einen Verstand, aber wahrscheinlich – ich projiziere jetzt – ist dein Verstand ziemlich ruhig. Ist das richtig? In dir gibt es keine Gedankenströme, die miteinander kämpfen.

Nun, mir geschehen Dinge, die Gedanken anregen, aber wenn das geschieht, ist es ganz offensichtlich. Ich werde nicht von Gedanken gequält, das sicherlich nicht.

Wenn man hier sitzt, hat man ein wirklich intensives Gefühl des Friedens und der Ruhe und nicht von jemandem, der von seinem Verstand hierhin und dorthin gezogen wird.

Ja. Ich würde sagen, dass der Krieg, von dem ich es gewohnt war, dass er sich in meinem Verstand abspielte, dort ziemlich lange getobt hat. Ich muss jetzt wirklich versuchen, mich daran zu erinnern, denn in gewisser Weise ist er, wenn man ihn einmal erkannt hat, wie ein Traum. Aber dennoch, meiner Erfahrung nach war es dieser Krieg, der mich dazu brachte, mich nach Frieden zu sehnen. Ich hatte einen sehr aktiven Verstand. Ich bin vom Nervensystem her einfach ein sehr aktiver Mensch und die Beruhigung des Verstandes war für mich anfangs sehr hilfreich – morgendliche Meditationen, still sein. Aber das interne Geplapper hat dadurch nicht aufgehört, weil der interne Dialog auf einem tiefen Gefühl der Wertlosigkeit, der Liebe nicht wert zu sein und Hässlichkeit beruhte. Ja, sich der Liebe nicht wert zu fühlen, das erleben, glaube ich, viele Menschen.

Ja, das ist ein ziemlich verbreitetes Denkmuster. (lacht)

Ich habe es aufgegeben. Was mich dazu gebracht hat, es aufzugeben? Die Gnade. Man kann es Gnade oder den Willen

Gottes nennen. Es das „Ich" zu nennen, ist auch ziemlich verbreitet. Aber natürlich hatte ich das Gefühl, dass niemand sonst das hatte; das empfinden die meisten Leute so.

Ja, jeder hat das Gefühl, dass er der einzige auf der ganzen Welt ist, der sich selbst als nicht für liebenswert hält.

Das ist richtig. Als ich erkannte, dass es bei dem Geplapper des Verstandes wirklich nur darum ging, machte das die ganze Sache einfacher. Ich konnte dann tatsächlich anfangen, dem zu begegnen. Das geschah, bevor ich Papaji traf. Es war Teil meiner Arbeit mit dem Enneagramm. Ich erkannte die besondere Fixierung dieses „Tieres", und so konnte ich meine Aufmerksamkeit darauf richten. Das brachte eine generelle Beruhigung und die Anerkennung meiner Neigungen und die Bereitschaft, ihnen nicht zu folgen.

Dann traf ich Papaji. Er sagte nur: „Halt! Halte alles an! Halte selbst das an!" Denn selbst das war zu viel des Tuns. Und wenn danach wieder eine Attacke des Verstandes kam, sagte er: „Tu nichts!" Wohin könnte er gehen? (Schnippt mit den Fingern.) Wohin könnte er gehen?

Ich bin ein menschliches Wesen und möchte nicht den falschen Eindruck erwecken, dass ich keine Meinungen, Gefühle oder Auseinandersetzungen habe. Sie halten mich jedoch nicht davon ab, im absoluten Frieden zu sein, aber der Mensch ist immer noch im Spiel.

Ich habe viele Leute interviewt, die die Wahrheit kennen, jeder hat eine etwas andere Couleur. Es gibt also eine Art von Persönlichkeit oder Charakter, der zu bleiben scheint.

Vielleicht bedeutet Inkarnation einfach genau das. Wir sind einfach Inkarnationen des Selbst und seiner unendlichen Facetten.

Jeder ist einzigartig.

Ja. Und das ist schön. Wir können uns sowohl in der Unterschiedlichkeit als auch in der Gleichheit würdigen.

Und was ist mit den Neigungen des Verstandes? Würdest du sagen, es ist eine Voraussetzung für die Selbstverwirklichung, dass sie verschwinden müssen?

Nun, ich akzeptiere nicht, dass wir auf irgendetwas warten müssen, um uns selbst zu verwirklichen. Tatsächlich ist das, was in der Selbstverwirklichung verwirklicht wird, das, was dauerhaft ist. Dann neigen die Tendenzen des Verstandes dazu, aufzutauchen und das in Zweifel zu ziehen oder uns von dem, was dauerhaft ist, abzulenken. Wir haben als menschliche Inkarnationen Millionen von Jahren damit verbracht, uns ablenken zu lassen.

Es gibt die Verwirklichung, und die Neigungen sind dann der Test für diese Verwirklichung. Wir haben die archetypischen Geschichten von Buddha oder Jesus, in denen alle unterschiedlichen Aspekte des Verstandes auftauchen.

Aber selbst, wenn wir merken, dass wir einen Test nicht bestehen und abgelenkt sind, gibt es, indem wir die Wahrheit sagen, eine Bestätigung dessen, was sogar durch das Scheitern unbeeinflusst bleibt. Die Tendenzen, der Verstand – das ist immer noch innerhalb von *Leela* (das göttliche Spiel). Und das alles geschieht immer noch genau um die verwirklichte absolute Stille des Seins herum. Deshalb würde ich sagen, es gibt zwei Möglichkeiten, diese Frage zu beantworten, und zwar mit Ja und mit Nein. (kichert)

Würdest du sagen, dass die Neigungen allmählich ohnehin verschwinden? Vielleicht kann man sie nicht verschwinden lassen, aber sie hören einfach auf. Du sagst, dass du den Fokus auf das Selbst richtest, auf das, was beständig ist, und die Dinge, die kommen und gehen, erhalten keine Aufmerksamkeit, und so lösen sie sich auf oder verschwinden.

Wenn man das Selbst liebt, wenn man das, was man verwirklicht hat, mehr als alles andere liebt, dann, ja, muss das so sein. Denn das ist, wo deine Aufmerksamkeit ist, und die Ablenkungen können dich nicht wirklich verleiten. Oder du hast für einen Moment der Versuchung nachgegeben, es wird dir offenkundig und du kehrst zurück. Dann, ja, würde das Entspannen ganz natürlich geschehen. Im Westen ist das etwas anders, denn im Osten gab es traditionell diese *yogische* Vorbereitung, über Jahre oder gar Lebenszeiten hinweg, und hier und jetzt in unserer Zeit heißt es einfach: „Hier ist es!" Also vielleicht wurde es umgedreht und jetzt heißt es: „Hier ist es! Ha!" Und dann beginnen wir, zu sehen: „Was zieht an mir und was will ich wirklich? Was ist wirklich am wertvollsten? Worum geht es in meinem Leben? Was liebe ich?"

Würdest du sagen, dass wir den Kontakt zu dieser wahren Natur verlieren können, wenn wir zu sehr abgelenkt werden? Du hast erzählt, dass Papaji sagte: „Immer wachsam!"

Das ist richtig. Ich liebe das Wort „wachsam", weil es wach bleiben bedeutet. Es ist wirklich ein Wachbleiben für das, was wir sind, dieses kostbare, unglaubliche Geschenk der Gnade, der Öffnung für die Wahrheit meiner selbst. In gewisser Weise ist es sehr einfach und sehr leicht, und das zu ehren, ohne es zu trivialisieren, wird dann zur Resonanz, die wir als Individuen, als Inkarnationen, erleben können. Das ist vielleicht der Grund, warum es die Leute wieder verlieren, weil sie es nicht ehren, weil sie es für selbstverständlich halten oder sich zu sehr in Ablenkungen hineinziehen lassen.

Was ist mit dem Schicksal? Erwartest du, dass die Dinge einfach geschehen, oder drückst du deinen freien Willen aus und wählst?

Nun, ich würde sagen, dass beides wahr ist, (lacht) das Schicksal und der freie Wille. Manchmal nehme ich die Position des freien Willens ein, und manchmal nehme ich die Position des Schicksals ein. Ich habe den Eindruck, sie sind miteinander verwoben. Diese

Mischung aus Schicksal und freiem Willen ist wie ein Mandala oder ein Hologramm, denn es ist das Selbst, das mit sich selbst spielt. In gewisser Weise ist ihm alles bereits bekannt, und auf eine andere Weise steht es ihm frei, in jedem Augenblick alles zu ändern. An einem bestimmten Punkt ist es nützlich, wenn Menschen die volle Verantwortung übernehmen und sagen: „Ich entscheide mich, wach zu sein. Ich entscheide mich für ein Leben in Wahrheit." Und genauso ist es in anderen Momenten absolut angemessen, zu sagen: „Gottes Wille geschehe! Ich gebe alles auf, auch mein Wählen." Ich habe also keine Formel für das Schicksal oder den freien Willen. Ich glaube, dass sie beide existieren, (lacht) aber letztendlich existiert keines von beiden.

Wir sind beide einem Meister begegnet. Aus meiner Erfahrung heraus scheint es notwendig, einen Meister zu treffen und sich diesem Meister hinzugeben. Wer ist der Meister? Was ist die Rolle des Meisters und wie erkennt man einen wahren Meister?

Ich liebe das. Ich weiß nicht, ob jeder mit dir übereinstimmt, dass es notwendig ist, einen Meister zu haben. Ich weiß, dass es Lehrer gibt, die lehren, obwohl sie keinen Meister hatten. Aber ich weiß, dass es für mich absolut notwendig war. Ich weiß, dass es für mich lebenswichtig war und ich einen Meister brauchte, der sagte: „Halt!" Denn natürlich hatte ich Lehrer und Gurus getroffen, von denen wir annehmen können, dass sie Meister waren, aber es musste ein Meister sein, der mein Herz berühren konnte, um mich wirklich in meinen Bahnen aufzuhalten. Für mich war das Papaji, in dieser Form und Inkarnation, und ich habe mich völlig hingegeben. In dieser Hingabe kamen viele alte Konditionierungen hoch, einige alte, christliche Konditionierungen. Konditionierungen, mit denen ich schon lange fertig zu sein glaubte. Ich war gebildet, ich war eine emanzipierte Frau, und dennoch kam da eine Art Sonntagsschul-Konditionierung hoch. Aber es war so deutlich, dass es eine Konditionierung war, also entschied ich mich, mich meinem Guru und dem, was er mir enthüllte, hinzugeben. Ich habe mich nicht seinen politischen Ansichten hingegeben, ich habe mich nicht seiner Ernährungsweise hingegeben, ich habe mich nicht seinem Lebensstil hingegeben. (lacht)

Ich gab mich dem hin, was er mir anbot, und er war schonungslos in seiner Gnade und seiner Einladung. Darin entdeckte ich, dass er das Leben selbst war, und als seine Form starb, als sie endete, entdeckte ich, dass das Leben bewusst und intelligent und selbst der *Satguru*, der Meister ist. Ich habe keine Kontrolle über das Leben, ich diene dem Leben. Ich warte darauf, die neuesten Aufgaben zu erfahren, die neuesten Aufforderungen und Anweisungen. Für mich ist das sehr schön. Es ist keine Last, ich bin keine Sklavin des Lebens. Ich bin eine Braut des Lebens (lacht) – und ich bin davon begeistert. Aber ich bin mir nicht sicher, ob das überhaupt notwendig ist. Ich weiß nur, dass dies meine Erfahrung ist und dass es für mich notwendig war. Das ist wirklich alles, was ich dazu sagen kann. Ich weiß nicht, ob es allgemein notwendig ist, einen Meister zu haben. Ich weiß, dass es für mich ein Segen war.

Viele Leute sehen dich jetzt als ihre Meisterin an, nicht wahr?

Nun, ich schicke sie einfach ins Leben! (kichert)

Aber du akzeptierst es?

Ich akzeptiere alles, was die Leute über mich sagen, aber ich spiele nicht die Rolle der Meisterin. Jemand hat gerade heute zu mir gesagt: „Du bist meine Meisterin", aber ich weiß nicht, was das bedeutet. Wir werden es herausfinden! Wer kann schon sagen, was das bedeutet? Ich weiß, dass das Leben selbst der Meister ist. Man kann das Leben „Gott", „Liebe" oder „das Mysterium" nennen, was auch immer. Das ist der Meister.

Vorhin sagtest du, es sei wirklich wichtig, die Bestätigung von einem Meister zu bekommen, von jemandem, der sich auskennt.

Nun, ganz bestimmt von irgendeiner Autorität. Ich weiß, dass ich für andere Menschen die Rolle der Autorität spiele. Ich leite die *Satsangs* und die Gruppen, und ich freue mich, diese Rolle zu spielen. Aber wenn die Leute anfangen, bei mir das Wort „Meisterin" zu benutzen, nun, dann muss ich einfach abwarten und sehen, was das bedeutet. Es kann einfach „schön" bedeuten – ein Meister ist schön und Guru ist ein schönes Wort – oder es kann irgendetwas anderes bedeuten. Es kann ein bisschen abwegig sein. Aber wenn es wirklich abwegig ist, ist es eine Projektion. Es ist einfach etwas, das so zum Vorschein kommt. Also rühre ich nicht daran.

Im Westen tun wir uns nicht so leicht mit Meistern. In vielen östlichen Ländern ist es etwas ganz Natürliches, aber im Westen ist es nicht wirklich selbstverständlich. Die Leute sind eher misstrauisch.

Der Westen ist ein sehr zynischer Ort. (lacht) Ich war eine westliche, emanzipierte Frau. Ich *wusste*, dass ich nie einen Meister haben würde, aber als ich merkte, dass ich einen Lehrer brauchte, begann ich wirklich, um einen Lehrer zu beten. Ich glaubte, dass es eine Lehrerin sein würde, eine Lehrerin wie eine Art Göttin. Denn „Meister" war auch für mich ein eher belastetes Wort, deshalb kann ich das verstehen. Dann fand ich einen Meister! (lacht) Einen indischen Meister!

Und Papaji war sehr glücklich, ein wirklicher Meister zu sein.

Ja, er war ein Patriarch! (lacht) Er wusste, wie man die Rolle des Meisters spielt. Ich mache nichts mit dieser Rolle. Nicht, dass ich es nicht tun würde, wenn ich das Naturell dazu hätte, aber ich mache es einfach wie es kommt. Manche Menschen haben diese Beziehung zu mir, aber ich habe damit nichts zu tun. Das ist einfach wie ich mein Leben lebe. Genau wie Papaji. Papaji konnte eine Augenbraue hochziehen und es war eine Botschaft an mich, in der Art, dass mein Ego gerade versuchte, an etwas festzuhalten. Ob er überhaupt wusste, dass er die Augenbraue hochzog oder ob er überhaupt wusste, dass ich im Raum war, war irrelevant. Denn es ging darum, wie ich ihm folgte und wie mein Verstand ihn benutzte, um sich tiefer zu öffnen. Es liegt also letztendlich wirklich am Schüler. Es ist genau wie im Leben. Ich bin mir nicht sicher, ob das Leben sagt: „Ah, Gangaji ist meine Schülerin." Das Leben weiß nicht, dass Gangaji existiert! Das muss es nicht. Ich weiß, dass das Leben existiert, also ist es das, worauf sich die Aufmerksamkeit richtet.

Was ist mit dem wahren Meister? Ist es möglich, zu erkennen, wer ein wahrer Meister ist?

Ich hatte nur einen Meister, deshalb weiß ich das nicht. Ich ging zu vielen Lehrern, die ich als Guru oder Lehrer wollte, und ich durchlebte entsprechende Gefühle. Es ist eine sehr starke Herzensverbindung und ein großes Mysterium. Mich hat keiner von diesen Lehrern innerlich entflammt. Ich habe keine direkte Erfahrung mit einem falschen Lehrer. Papaji sagte, es gibt für jeden einen Lehrer, und selbst die falschen Lehrer können einen Wert haben. (lacht)

Für die falschen Schüler! (lacht)

Ja.

Die es die ganze Zeit nett haben möchten.

Ja. Ich akzeptiere die Vorstellung, dass es falsche Lehrer gibt, aber ich bin mir nicht sicher, woran die Leute das festmachen. Da sind wir zurück bei der Frage: Was sind die Eigenschaften der Erleuchtung? Was sind die Eigenschaften eines Lehrers? Ich weiß nicht, ob man das wissen kann. Du kannst wie ein falscher Lehrer aussehen, aber ein absolut wahrhaftiger Lehrer sein. Gerade die Inszenierung der Falschheit könnte die allerwichtigste Lehre sein, das was das Feuer des Schülers am stärksten anfacht. Ich sehe mich nicht in der Lage, das zu beurteilen. Ich weiß, dass es zum Beispiel Lehrer wie Trungpa oder andere gab, die Alkoholiker oder in gewisser Weise missbräuchlich waren, und vielleicht haben bestimmte Schüler unter ihnen gelitten, während andere Schüler unter ihnen aufgeblüht sind. Ich kann nur sagen, dass ich mich damit nicht auskenne.

Das klingt, als hättest du viel Hingabe für Papaji gehabt. Was kannst du über die Hingabe in Bezug auf das Erwachen sagen?

Ja, da stimme ich zu. Aber ich glaube, dass es eine Sehnsucht nach der Wahrheit gibt, die sich nicht mit irgendeinem oder irgendetwas anderem zufriedengeben wird, die wirklich allein durch sich selbst vollzogen werden muss. Wenn man zu dieser Sehnsucht zurückkehrt, man sich dieser Sehnsucht überlässt oder in dieser Sehnsucht verbrennt, ohne irgendetwas, ohne irgendein Objekt, dann gibt es eine Explosion der Liebe, der Liebe zur Wahrheit. Meiner Erfahrung nach war die Hingabe an den Meister wie ein Sich-Verlieben, aber nicht Liebe in irgendeiner Weise, die ich jemals zuvor kannte. Ich verliebte mich in den Überbringer der Wahrheit und den Offenbarer der Wahrheit, aber in diesem Moment war das Sich-Verlieben der Wahrheit übergeordnet. Ich wusste nicht, dass sie das Gleiche waren. Und natürlich hat sich dann offenbart: Liebe *ist* Wahrheit. Es gibt keine Trennung, aber in diesem Moment war es: „Ah! Diese Liebe ist es, wonach ich gesucht hatte." Auch wenn ich sie als Wahrheit bezeichnet hatte. Aber später sah ich, dass sie ein und dasselbe sind.

Es gibt diese natürliche Hingabe, die entsteht, wenn sich das Herz für jemanden öffnet. Dann ist da ganz natürlich dieses innere Feuer.

Ja! Es ist wunderschön. Ich wurde von der Schülerin einer anderen Lehrerin in meiner Stadt interviewt. Sie hatte ein Problem damit, dass einige meiner Schüler sich mir sehr hinzugeben schienen. Ich fragte sie: „Gibst du dich denn deiner Lehrerin nicht hin?"

Und sie sagte: „Nein, nein! Ich gebe mich ihr definitiv nicht hin."

Ich sagte: „Wirklich? Ich meine, untersuche das mal! Liebst du deine Lehrerin nicht? Gerade hier dienst du deiner Lehrerin. Du hast deinen Job aufgegeben, du bist hier. Liebst du deine Lehrerin nicht?" Diese Worte auszusprechen: „Ich liebe meine Lehrerin. Ich bin meiner Lehrerin hingegeben," das war es, was verboten war.

Die Liebe war da, sie war eindeutig da. Die Hingabe war da, aber wir sind hier im Westen, und da ist es so, wie du es über das Wort „Meister" gesagt hast, es ist eine Art verbotene, geheime Liebe. Schließlich sagte sie: „Ja, das bin ich. Aber nicht so, wie es deine Schülerinnen und Schüler bei dir sind." (lacht) „Woher weißt du das? Es könnte exakt das gleiche sein." Ich gebe meinen Schülern die Erlaubnis, mich zu lieben. Ich liebe sie. Es ist sehr interessant, dass in unserer Welt die Liebe zu etwas wird, das wir nicht tun sollen, Hingabe etwas ist, das wir nicht haben sollen – aber das Wesen der Freiheit ist, die Freiheit zu lieben.

Ja, das ist schön. Ich glaube, es wird manchmal als unangemessen empfunden, die Schönheit des Friedens oder die Schönheit der Liebe zu erwähnen, man denke nur an all die Menschen mit all ihren Problemen.

Ja. Und es ist nicht anspruchsvoll genug, über Schönheit zu sprechen. Interessanterweise stehen die Leute oft auf und sagen: „Ich habe ständig Probleme," und ich sage: „Moment mal, *ständig?*" „Oh nein! Ich erlebe großartige Momente der Schönheit und des Friedens." (lacht) Dann sage ich: „Nun, könnten wir nicht damit anfangen? Vielleicht liegt da ja die Antwort." Aber so sind wir erzogen worden. Ich glaube, das hat vielleicht mit dieser psychologischen Überlagerung in unserer Kultur zu tun. Wir haben tief verinnerlicht und sind darin geschult, nach Problemen zu suchen, Probleme zu analysieren, Probleme zum Thema zu machen und zu einem Hindernis werden zu lassen, anstatt uns dem zu öffnen, was frei von allen Problemen und hier und jetzt ist.

Als ich das erste Mal zu Papaji kam, ging es sehr stark um die Selbsterforschung, und später, vielleicht fünf Jahre später, änderte sich die Atmosphäre der Satsangs. Er lud die Menschen ein, ihm etwas vorzusingen, für ihn zu tanzen oder ihre Hingabe auf andere Weise zu zeigen. Es war, als würde er die Hingabe ermutigen zu fließen oder ihren Fluss dirigieren.

Ja. Als ich ihn zum ersten Mal traf, sprach er davon, wie er vor diesen südindischen Anhängern davonlief, die ihn verrückt machten, weil sie seine Füße immer in Parfüm baden wollten. (lacht) Obwohl er damals achtzig Jahre alt war, war er immer noch sehr dynamisch, aber es schien mir so – ich hatte nie ein Gespräch mit ihm darüber – dass er sich einfach hingab es zuzulassen, ähnlich wie Ramana.

Eigentlich wollte er nur allein sein, und dann gab es einen Punkt, an dem er sich einfach dem hingeben musste, dass seine Anhänger um ihn herum waren. Papaji war eigentlich eher ein Einzelgänger, sehr unabhängig und sehr strikt in seiner Selbsterforschung. Und doch gehen damit natürlich auch die Liebe und die Hingabe einher. *Er* wusste das, weil er *seinen* Guru liebte. Er war voller Hingabe.

Glaubst du, dass um ihn herum auf ganz natürliche Weise die Hingabe immer mehr wurde?

Vielleicht, und vielleicht gibt es auch verschiedene Ebenen des Lehrens. Zu diesem Zeitpunkt hatte die Welt bereits von ihm gehört, und in gewisser Weise war seine Mission erfüllt, und er konnte tatsächlich die Früchte des Ganzen genießen oder aufhören, sich dieser Hingabe, die da auf ihn zukam, zu widersetzen. Viele Menschen, die zu dieser Zeit kamen, waren bei Gurus oder in

Ashrams gewesen. Papaji hatte nie einen Ashram zugelassen, aber ganz plötzlich erlaubte er das. Er schien es voll und ganz zu genießen, es war schön anzusehen. Zu diesem Zeitpunkt gab es bereits Aufzeichnungen seiner Selbsterforschung; Videos wurden gedreht, damit man sehen konnte, wie er mit Leuten arbeitete. Es ist wirklich wunderbar. Wir können ihn nicht einfach auf eine bestimmte Art Lehrer festlegen, so wie Krishnamurti, der sich nur mit Selbsterforschung beschäftigte und jede Art von Hingabe verweigerte. Wir haben das ganze Spektrum und wir sehen Fülle.

Du reist viel in der Welt herum, aber wenn du wieder zu Hause in den Staaten bist, hast du dann eine Art Familie um dich herum? Wie lebst du?

Nicht wirklich. Ich habe eine Gruppe von Leuten, die die Organisation leiten. Ich lebe mit Eli, meinem Mann. Ich kaufe für mich ein und treffe Leute in der Stadt. Ich mag es sehr, ein normales Leben zu führen. Das scheint mir wichtig zu sein. Ich ermutige die Leute nicht, in die Stadt zu ziehen, denn dort ist nichts für sie arrangiert.

Kannst du dir nicht vorstellen, einen Ashram oder eine Gemeinschaft zu haben?

Das will ich wirklich nicht. Da zieht es mich nicht hin. Ich habe nichts dagegen, aber mich reizt das nicht. Das ist nicht mein Stil. Nicht jetzt! Aber wer weiß, was passiert, wenn ich vierundachtzig bin! (John David lacht)

Wahrscheinlich wird jemand deine Knie massieren! (beide lachen) Mit viel Hingabe! Wird dir deinen Schal umlegen und dich im Schaukelstuhl schaukeln.

Richtig!

Du hast davon gesprochen, dass es dir gefällt, ein normales Leben zu führen. Aber Suchende haben oft merkwürdige Vorstellungen über den erleuchteten Zustand. Könntest du bitte einen typischen Tag beschreiben, und wie du die Welt wahrnimmst.

Ich weiß nicht, ob ich einen typischen Tag habe! Ich nehme die Welt als eine Präsentation von Phänomenen wahr – manchmal großartig und schön und manchmal nicht so schön. Manchmal glückselig und manchmal nicht glückselig. Das ist einfach ein Teil dieses wahrnehmenden Organismus. Und darunter liegen Frieden und Stille und Wahrheit.

Dein Tag umfasst also tatsächlich alles – egal, was passiert?

Das ist richtig. Mein Tag umfasst alles.

Wie bei allen anderen auch! Du schwebst nicht in der Luft oder so? (beide lachen)

Ganz und gar nicht. Obwohl es sich manchmal so anfühlt! Da ist immer ein Boden.

Ich spüre nach diesem Gespräch, dass die Wahrheit, von der du sprichst – das Ehrlichsein – sehr tief geht. Es ist keine Oberflächlichkeit so wie „keine Unwahrheit sagen".

Das ist richtig. Es mag oberflächlich anfangen, aber wenn du bereit bist, wirklich die Wahrheit zu sagen, wirst du die Wahrheit sagen, die darunter liegt. Aber die Frage ist für jemanden, der für das Erwachen brennt. Du sagst die Wahrheit. Was willst du wirklich? Oft wollen wir Erleuchtung, aber wir wollen auch den richtigen Job, die richtige Bezahlung, die richtigen Umstände, das richtige Wetter, das richtige... du weißt schon. Man darf nur Erleuchtung wollen. Es darf nur noch ein Wunsch übrig bleiben. Was ist das? Stehe dazu!

Gibt es etwas, das du diesem Dialog noch hinzufügen möchtest? Gibt es etwas, zu dem wir nicht gekommen sind, das dir sehr am Herzen liegt?

Ich habe dir erzählt, wie ich mich wirklich fühle, und es ist wichtig für mich, dass die Menschen verstehen, was ich meine, wenn ich „Erforschung" sage. Es ist nicht auf die Frage „Wer bin ich?" beschränkt, denn tatsächlich kann das ganze Leben eine Erforschung sein, eine andauernde, offene Erforschung.

Ja, ich muss sagen, es ist für mich sehr leicht, dir zu begegnen. Es ist wirklich ganz leicht. Als Gangaji ist es nicht so leicht, dir zu begegnen, denn da bist du eine wichtige Person.

Es ist einfach das Selbst. Gut, denn das ist die Wahrheit daran. Es war interessant, dass Papaji mir diesen Namen gegeben hat.

Ich wollte nicht wirklich einen indischen Namen.

Ich auch nicht, ich wollte absolut keinen. Ich war mir sicher, dass ich keinen wollte! Und in dem Moment, als er mir den Namen gab, war mein erster Gedanke: „Nun, ich werde ihn nicht benutzen." Aber dann bat er mich, zu den Menschen zu sprechen, sie zu lehren, und da war es wie: „Oh nein, ich muss diesen Gangaji-Namen benutzen!" Und natürlich war es perfekt.

Das war ganz toll, ich danke dir.

Sehr schön, dir persönlich zu begegnen!

Ganga und Mukti

Wenn jemand danach strebt, frei zu sein, sich selbst zu erkennen, dann ist das Einzige, was im Weg steht, Sklave einer Vorstellung zu sein.

Es sieht sehr einfach aus, es ist sehr einfach, aber du kennst ja den Verstand, er hat immer Tricks auf Lager. Und da wir es gewohnt sind, auf den Verstand zu hören, kann es eine Weile dauern, bis diese Einfachheit uns einnimmt.   Ganga

Wir sind alle das Selbst, und ob die Unwissenheit uns verlässt oder nicht, die Schöpfung wird sich immer in ihrer Dualität manifestieren, so wie sie es immer getan hat. Ein freies Wesen ist kein geistiger Übermensch.

Es gibt keine Veränderung, kein Zeichen und kein besonderes Verhalten, das zeigt, ob jemand frei ist oder nicht.   Mukti

Ganga und Mukti

Ich sitze hier mit Ganga in Rokus Haus in Amsterdam. Im Januar 2019 bin ich Ganga ganz unerwartet begegnet. Ich wusste schon seit vielen Jahren von ihr, aber getroffen habe ich sie schließlich in einem Taxi in Mahabalipuram in Indien, zusammen mit ihrer schönen Tochter Mukti und deren Kindern Arun und Satya.

Ich hatte nur in das Taxi geschaut, und den restlichen Tag fühlte ich mich wie ein Ballon, der durch die Straßen schwebte.

Ein Grund, der mich an Ganga beeindruckt hat – vielleicht kannst du uns die Geschichte erzählen – ist, dass sie mit zwanzig Jahren die Universität verließ und nach Indien reiste, einen Teil des Weges per Anhalter zurücklegte und 1968 – noch vor den Beatles – in Rishikesh ankam, wo sie Papaji traf.

Später wurde sie Papajis Partnerin und sie hatten eine gemeinsame Tochter, Mukti. Nach diesem Interview hat Mukti mir geschrieben und mir ihre Version ihres Lebens als Tochter von Papaji und Ganga erzählt, ihr Leben mit einem Vater, der auch ihr Lehrer war. (Muktis Text ist im Folgenden eingerückt eingefügt.)

Ganga, kannst du etwas zu dem gemeinsamen Tanz sagen, den du und Mukti zusammen erlebt habt? Sie ist eine sehr schöne Frau geworden.

Es ist ein wunderbarer Tanz, denn wie du ja weißt, hat sie in *Satsang* (Treffen in Wahrheit) gebadet, vielleicht nicht im formellen *Satsang*, aber seit ihrer Geburt ist sie in *Satsang* mit Papaji.

Ein Kind des Satsangs.

Stimmt, sie war ein Kind, und sie lebte in dieser Atmosphäre. Und wie jedes Kind fing sie hier und dort Wörter auf. Sie ist mit dieser Suche geboren worden, und als sie etwa neun Jahre alt war, wurde das deutlicher. Wir hatten damals fantastische Gespräche und Unterhaltungen, und wenn ich auch selbst nicht frei war, so wusste ich doch etwas mehr als sie, so dass ich ihr auf diese Weise helfen konnte.

Das ist auf jeden Fall eine eindrucksvolle Geschichte (lacht), nicht viele Zwanzigjährige gehen so nach Indien. Dort am Ganges bist du meinem und deinem Meister Papaji begegnet.

Das ist wahr.

Ich würde mich riesig freuen, wenn du jetzt deine Geschichte erzählst.

Danke. Nun, mir erscheint es heute ein bisschen wie ein legendärer Moment, weil alles so reibungslos verlief. Ich machte mich mit dem Entschluss auf den Weg, meinen Meister zu finden und mich selbst zu erkennen, wie Sokrates sagt. Als ich Philosophie studierte, hatte er meine Suche in Worte gefasst, weil ich nicht wusste, wonach genau ich suchte. Ich suchte irgendetwas, aber was? Das Sokrates-Zitat „Erkenne dich selbst" war dabei überaus wichtig, denn so wurde mir klar, was ich wollte. Ich hatte Jung gelesen, all diese Zen-Geschichten, Geschichten von Meistern und Schülern, und so wusste ich, dass es ein Meister war, den ich finden musste.

Also habe ich Papaji 1968 in Rishikesh gefunden, oder eigentlich kann ich ohne jeglichen Stolz sagen, dass Papaji mich gefunden hat. Das ist ein Teil der Schönheit der Geschichte. Und es war für mich ganz unmittelbar, ein unmittelbares Wiedererkennen von etwas, dem ich vertrauen und dem ich folgen kann. Am Ufer des Ganges, um fünf Uhr morgens, fragte er mich: „Was willst du?" Und ich sagte: „Ich weiß, dass mein Geist nicht über das, was ich sagen werde, hinausgehen kann, aber ich will kosmisches Bewusstsein. Aber wenn du noch mehr weißt, möchte ich das mehr." Und dann sagte er natürlich: „Und was tust du dafür?"

„Ich meditiere."

„Zeig es mir."

Dann fiel ich in Meditation, ich weiß nicht, wie lange es andauerte, wahrscheinlich nicht so lange, aber für mich war es eine Ewigkcit. Als ich meine Augen öffnete, sah ich den fließenden Ganges, einige Vögel, ihn... es ist so einfach. Die Dinge waren genauso, wie sie waren, und so fiel ich ihm zu Füßen. Das war es. Aber dann, mysteriöserweise, tauchte er nicht wieder auf.

Für lange Zeit?

Ja, eine lange Zeit, acht Monate lang. Ich wartete auf ihn, und ich wusste nicht einmal seinen Namen, ich wusste nichts über diesen Mann. Wir hatten nur eine Sache gemeinsam – den Ort, an dem wir uns getroffen hatten. Also verließ ich meine Höhle. Ich hatte eine Decke und einen Topf zum Kochen, und so saß und schlief und meditierte ich an dieser Stelle, acht Monate lang. Und eines Tages, als ich in tiefer Meditation war, drehte ich mich um und sah ihn kommen. Das war der Beginn meines Lebens mit ihm.

Dieses Leben mit ihm, könnte man sagen, dass das eigentlich dein ganzes Leben wurde. Ist das richtig?

Mit vielen Kapiteln, aber natürlich war er die Stütze dieses Lebens, ja, gewiss, mein Meister.

Das erste Kapitel war „du als seine Schülerin". Ist das das erste Kapitel?

Ja. Er hat nie jemanden zu seinem Schüler erklärt, aber ich fühlte mich als seine Schülerin, weil ich ihm folgte. Er machte mich innerhalb weniger Monate zu seiner Frau, so gab es da noch eine andere Rolle. Aber für mich war das Wesentliche, dass er mein Meister war, ich habe ihn nie anders gesehen, obwohl auch all diese „Dinge des Lebens" geschehen sind. Ich muss sagen, ich hatte Glück, denn es gab nichts, was meinen Entschluss verschleiern konnte.

Wir lebten zusammen. Zu der Zeit, als er noch nicht sehr bekannt war – abgesehen von einigen wenigen indischen Anhängern – begleitete ich ihn überall hin, wo er eingeladen wurde. Er war damals ein ziemlicher Nomade. Er schlief in einem Ashram, ich schlief an einem anderen Ort, weil die Ashrams damals nicht so offen waren wie heute; sie nahmen keine Ausländer auf. Aber trotzdem waren wir zusammen. Wir gingen viel in der Nähe des Ganges spazieren, es war ein sehr einfaches Leben. Manchmal sagte ich immer wieder zu ihm: „Ich kann jetzt sterben, weil ich völlig erfüllt bin." Ich verstand nichts, aber zu Füßen meines Meisters zu sein, war vollkommen erfüllend. Und natürlich entwickelte sich das weiter, ich hatte Fragen und er antwortete; nicht immer so, wie man es sich wünschte, aber es war seine Art, den Verstand immer wieder zu überraschen – sehr Zen. Du hast ihn später in Lucknow kennengelernt, aber zu dieser Zeit damals gab es niemanden, der ihm zuhörte, also war es in gewissem Sinne kein *Satsang*. Es waren nur ein paar Koans; es ging mehr darum den Verstand zu entwurzeln, zumindest für eine Sekunde. Ich fand das toll! Allerdings hatte ich immer Probleme mit meinem Visum, wahrscheinlich musste das so sein.

Aber 1971 bist du dann mit ihm durch Europa gereist. Das muss auch ein Kapitel gewesen sein.

Ja, ja. Ich reiste mit ihm durch Spanien, Frankreich, die Schweiz und nach Deutschland. Er wurde zuallererst nach Köln eingeladen.

Derjenige, der ihn eingeladen hatte, war ein Ex-Schüler von Mahesh Yogi. Wir hatten uns in Rishikesh getroffen, so wie das damals eben war. Wir gingen spazieren und seltsamerweise gab es nicht viele Ausländer. Der Meister schaute in ihre Gesichter: „Oh, ihr seid...?" „Oh, warum seid ihr hier?" – und sehr spontan begannen einige *Satsangs*. Dieser Mann lud den Meister dann nach Europa ein, und er mietete ein Auto, um innerhalb Deutschlands und dann nach Italien und dann wieder nach Berlin zu reisen und schließlich bis nach Barcelona.

Ich hörte, dass er manchmal in die Schweiz ging, wenn Jiddu Krishnamurti dort ein Camp hatte.

Ja, in Saanen.

Warst du auch dort?

Ich war einmal dort, er zweimal. Oh, das waren sehr authentische Jahre, denn Vorträge über *Advaita* (Non-Dualität), waren nicht sehr bekannt. Es war so wie: „Wow, was hören wir da? Das ist fantastisch!" Jiddu Krishnamurti war ein gutaussehender Herr, ich weiß nicht, ob du ihn kanntest?

Ja, ich habe ihn getroffen.

Als wir in Paris waren, trafen wir einen seiner Schüler, und er war, als er den Meister traf, vollkommen von ihm eingenommen. Und so kamen wir durch ihn nach Saanen, und er sagte etwas, das ich brillant finde. Er sagte: „Krishnamurti leert den Becher, Papaji zerbricht den Becher."

Richtig, ja. Ich traf einen Schüler von Papaji, der an diesen Treffen teilgenommen hatte. Angeblich war es so, dass Krishnamurti an zwei Tagen hintereinander sprach, dann hatte er einen Ruhetag, und an dem Ruhetag sprach Papaji.

Ja, das ist richtig. Er liebte Krishnamurti sehr. Er war ein sanfter Mann.

1971 wurde Poonjaji von einigen Schülern, die ihn hier und da während ihrer Wanderungen in Indien getroffen hatten, eingeladen, in mehreren europäischen Ländern *Satsang* zu geben. Es war das erste Mal, dass er außerhalb Indiens reiste. Nach einem Besuch in Deutschland gingen Poonjaji und Ganga nach Belgien, wo sie bei ihrer Familie in Wépion an der Maas wohnten. Cornélia du Marais und Christian, ihre Mutter und ihr Bruder, wurden Poonjajis Schüler und wurden in Durga und Satish umbenannt. Sie folgten ihm auf mehreren seiner Reisen.

Bei seiner Ankunft in Barcelona lief Poonjajis Visum aus, und er musste bald allein nach Indien zurückkehren. Am Tag vor seiner Abreise war Ganga beunruhigt.

„Ich glaube, ich bin schwanger! Sollen wir das Baby behalten?" Sie hatte nie eine Familie gründen wollen und alles für diese Suche geopfert. Blitzschnell sah sie alle Schwierigkeiten voraus, die sie erwarteten. Ihr Leben würde nie mehr dasselbe sein mit all der Verantwortung für Erziehung und Schule... Er sah sie zärtlich an und sagte: „Oh! Eine kleine Mira!" (Gangas alter Name) Sie verstand, dass sie das Baby behalten sollte. Poonjaji beruhigte sie und sagte, er werde alles für die Geburt in Lucknow arrangieren.

Ganga kehrte nach Belgien zurück und beantragte ein Visum für Indien. Da es nicht rechtzeitig ankam, wurde ich am 29. August 1972 in Brüssel geboren. Meine Mutter nannte mich Ramani nach Ramana Maharshi. Als ich einen Monat alt war, flogen wir nach Indien. Mein Vater wartete auf dem Flughafen von Delhi auf uns, und als er mich in die Arme nahm, nannte er mich Mukti, „Befreiung", und so wurde es Mukti.

Mein Vater nannte diese Jahre die goldenen Jahre seines Lebens. Meine Eltern hatten eine wunderbare Beziehung, voller Harmonie, Respekt und Freude. Ich habe nie einen Streit gesehen und auch keine Spannungen gespürt. Meine Mutter hatte eine bedingungslose Liebe zu ihrem Meister, dem sie völlig hingegeben war. Mein Vater verehrte in ihr die schöne Frau und die Schülerin, die im Feuer für die Freiheit brannte. Manchmal war er sehr romantisch und schrieb wunderschöne Liebesbriefe.

In den letzten Jahren seines Lebens sagte er ihr: „Die ganze Welt kam zu mir, aber ich kam zu dir. Vergiss das nie!" Und: „Wenn du nicht hier bist, mit wem kann ich dann wirklich sprechen?" Die Leidenschaft für die Wahrheit vereinte sie. Sie teilten die gleiche Hingabe, die gleiche zärtliche und amüsierte Aufmerksamkeit mir gegenüber. Wie alle Eltern sahen sie alle Qualitäten in mir, und ich habe sie sehr stolz gemacht. Mein Vater fand meine dummen Streiche immer urkomisch! Unsere Familie war eine Insel des Friedens und des Glücks.

Satsang war in unserem täglichen Leben immer präsent. Um jede kleine Anekdote herum gab es immer einen inspirierenden Kommentar, der uns zur Wahrheit der Dinge führte. Es war ein asketisches Leben, in dem wir in Ashram-Zimmern wohnten und lange Spaziergänge machten, die einen guten Teil des Tages in Anspruch nahmen und auf denen er mich manchmal auf seinen Schultern trug. Es gab Bäder im Ganges, Begegnungen mit Tieren, Einkäufe auf dem Markt, Treffen mit Suchenden und Besuche von Tempeln, in denen mein Vater mir gerne Geschichten über die Götter erzählte, die ich liebte, da er ein unglaublich guter Geschichtenerzähler war.

1974 kehrten wir nach Europa zurück. Wir verbrachten viel Zeit in Frankreich und lebten sechs Monate in Portugal in der Windmühle meiner Großmutter, die Poonjaji in „Diamant-Stupa-Ashram" umbenannt hatte.

Unsere Tage verbrachten wir mit Spaziergängen auf den nahegelegenen Feldern, die ich sehr liebte. Leider wurde ich zum ersten Mal und während des täglichen *Satsangs*, in die kleine Dorfschule geschickt. Ich war so frustriert, dass ich meine Uniform aus Trotz verkehrt herum anzog, und als ich nach Hause kam, schlug ich meinen Vater. Zum Glück hat es ihn amüsiert!

Ich war fast sechs Jahre alt, und für meinen Vater war die Ausbildung und damit die Schule sehr wichtig. Er machte sich Sorgen um unsere Zukunft. Bisher war unser Nomadenleben einfach gewesen, aber wenn ich zur Schule gehen sollte, müsste ich über längere Zeit am selben Ort wohnen, und das wäre problematisch für das Leben geworden, das wir zusammen führten.

Obwohl meine Eltern ihr Ehegelübde im Ganges abgelegt hatten, war nichts offiziell, und Poonjaji war immer noch rechtmäßig mit seiner ersten Frau verheiratet, die von seinen Eltern ausgewählt worden war, als er erst achtzehn Jahre alt war. Sie hatten zwei Kinder, Surendra und Surendri, die älter als meine Mutter waren! Hindus waren monogam und zu dieser Zeit gab es keine Scheidung. Aus diesen rechtlichen Gründen konnte weder mein Vater sich in Europa niederlassen, noch meine Mutter in Indien leben. Irgendwann überlegte er, sich in Australien niederzulassen, aber es wäre ein kompliziertes Verfahren gewesen.

Meine Eltern suchten nach der besten Lösung für die Zukunft unserer Familie, aber dann lief das Visum meines Vaters aus. So nahm er bald darauf das Flugzeug von Paris nach Delhi. Damals wussten wir noch nicht, dass unser gemeinsames Leben zu Ende war. Die goldenen Jahre waren vorbei. Es war ein echtes Drama. *Samsara* (ewiger Kreislauf des Lebens) – wie sehr du uns im Griff hast! Mein Vater war mein Held, die Stütze meiner Kraft, und ich habe ihn unglaublich geliebt. Wie sollte ich ohne ihn leben können? Meine starke und fröhliche Persönlichkeit zog sich nach innen zurück. Jedoch war diese Trennung, obwohl sie sehr schwer zu ertragen war, nur physisch. Die Präsenz meines Vaters war so eindrucksvoll, dass sie von der geografischen Entfernung zwischen uns unberührt blieb. Wir schrieben uns sehr oft, und er sagte meiner Mutter, sie solle Geduld haben. Es würde eine Lösung geben, und ihm gefiel die Vorstellung, dass ich im Westen aufwuchs.

Irgendwann bat er mich, unsere Tochter Mukti im Westen großzuziehen, und so ging ich zurück nach Belgien.

Seid ihr gemeinsam nach Belgien zurückgegangen?

Nein, ich ging nur mit Mukti, 1981.

Ein Jahr verging und die Lösung kam nie. Ganga hatte nie gearbeitet und fand es schwierig, ein Kind in einer großen Stadt wie Brüssel allein aufzuziehen. Die Umstände brachten sie dazu, nach Venezuela zu ziehen, wo wir drei Jahre lang lebten. Ich habe einen Teil meiner Grundschule auf Spanisch in der Dorfschule gemacht. Wir hatten ein kleines Haus in einem wunderschönen Naturpark voller tropischer Pflanzen, in zweitausend Metern Höhe mit Blick auf den Ozean am Horizont.

Jeden Sommer reisten wir nach Indien, um meinen Vater zu sehen, und dann war es so, als hätte es nie eine Trennung gegeben. Meine Eltern waren wieder zusammen und wir standen uns so nahe wie eh und je. Unser tägliches Leben schien unverändert zu sein, und jedes Mal genossen wir schöne Monate zusammen.

Bei einem unserer Besuche gingen wir nach Haridwar, einen Ort, den ich sehr liebte. Von Haridwar gingen wir nach Bombay, in das Haus einiger treuer Schüler Poonjajis. Er gab *Satsang,* und wie immer saß ich auf seinem Schoß und war damit beschäftigt, entweder zuzuhören oder zu spielen. Eines Tages rief ich ihm etwas zu, weil ich ihm etwas sagen wollte: „Papa!" Ein Schüler ermahnte mich: „Warum nennst du ihn Papa? Er ist nicht ‚dein' Vater! Er ist jedermanns Vater!" Er hatte Recht, denn es ist bekannt, dass die Schüler ihn ab 1990 Papaji nannten. Aber für mich, seine kleine Tochter, brach die Welt zusammen. Warum hat er das zu mir gesagt? Ich war wütend! Mein natürliches Recht, die Tochter meines Vaters zu sein, wurde mir weggenommen! Es war zu viel! Mir wurde zum ersten Mal klar, dass einige nicht wussten, wer ich war, und ich spürte eine Art Tabu.

Ja! Er war mein Vater! Ich war seine kleine Prinzessin. Er war so liebevoll und zärtlich. Er wurde fast nie wütend auf mich, und er liebte meine Verschmitztheit. Wir haben viel zusammen gelacht. Wir waren uns so nahe, so intim, vor allem in den ersten zehn Jahren meines Lebens. Ich habe ihn verehrt und bewundert.

Ja, er war mein Meister. Für mich kam *Satsang* aus all seinen Poren und war in jedem Moment unseres täglichen Lebens, bei jedem Gespräch, jeder Beobachtung und jeder Anekdote präsent. Er spornte mich zur Meditation an und dazu, über meine Erlebnisse zu berichten. Während er *Satsang* gab, saß ich auf seinem Schoß. Und oft erzählte er mir abends leidenschaftliche Geschichten über die indischen Götter und interpretierte ihre symbolische Bedeutung. Als ich in die Teenagerjahre kam, wurde der Vater zum Meister, der meine Konzepte und Ideale kompromisslos brach und dabei sogar die Grundlagen meiner Identität zerstörte, dieses „Ich", diese unhinterfragte Körper-Geist-Einheit, mit der wir uns identifizieren. Ich gebe zu, dass es nicht immer leicht war, aber heute danke ich für jede Tortur, und meine Dankbarkeit gegenüber diesem Mann, diesem unbestrittenen Meister, ist vollkommen.

Er war beides, mein Vater und mein Meister. Er war unberechenbar. Wenn ich den Vater suchte, erschien der Meister vor mir, und wenn ich die Führung des Meisters erwartete, war es der Vater, der meine Frage beantwortete. Diese beiden Aspekte von ihm waren so verwoben, dass es unmöglich war, sie voneinander zu trennen. Oft sagte er, er habe eine weltliche Familie gehabt, als er jung geheiratet und zwei Kinder gezeugt hatte, aber mit Ganga habe er seinen Wunsch erfüllt, eine spirituelle Familie zu haben, in der jedes Mitglied sein Leben der Suche nach dem Selbst widmet.

Zurück in Belgien wartete ein neues Leben. Es war schwierig, sich an die Hauptstadt, das Leben in einer Wohnung, das Grau, die Kälte, eine strenge Schule und die Abwesenheit meines Vaters anzupassen.

Bis 1992 hatten wir einen sehr, sehr engen Briefwechsel, so dass ich mich nicht wirklich getrennt fühlte, weil das Wesentliche lebendig war. Aber natürlich war ich überglücklich, wenn ich ihn treffen konnte. (lacht) Ich traf ihn alle drei Jahre, weil ich kein Geld hatte und er auch nicht.

Und du lebtest inzwischen wieder bei deiner Familie in Belgien, in Brüssel?

Ja. Am Anfang mit meinem Vater und dann hatte ich eine Wohnung, ja, mit vielen Tieren.

(Lacht) Außerdem hattest du mit deiner kleinen Tochter jede Menge zu tun.

Ja, natürlich. (lacht)

Das hab ich mir gedacht.

Ja, und sie war immer bei mir, wenn ich Papaji besuchte. Sie ist sehr dankbar darüber.

Es ist fast ein Familienunternehmen.

Ja, das ist die verkörperte Gnade. (lacht)

Mein Vater hatte mir empfohlen, jeden Tag zu meditieren und Englisch zu sprechen. Ich sammelte seine Briefe und schrieb in einem kleinen Notizbuch einige seiner Worte auf, wie z.B.: „Spuck die Vergangenheit aus!" „Alles ist Illusion." „Alles ist Verstand." „Du bist bereits, was du bist." Ich begann, Gedichte zu schreiben, die auf eine ontologische (das Sein betreffende) Suche hindeuteten.

Für mich war unsere familiäre Situation ganz selbstverständlich, aber nach und nach wurde mir klar, dass das in der Gesellschaft überhaupt nicht der Fall war! Mein Vater war genauso alt wie mein Großvater mütterlicherseits. Meine Großmutter mütterlicherseits, Durga, war zehn Jahre jünger als mein Vater, meine Mutter war jünger als die beiden Kinder, die er mit seiner ersten Frau hatte, und ich war jünger als seine fünf Enkelkinder! Wie konnte ich meinen Schulfreunden erklären, dass meine Eltern nicht zusammenlebten, sich jedoch noch immer liebten, und dass sie zwar rituell verheiratet waren, aber nicht offiziell, was erklärte, warum ich den Namen meiner Mutter hatte. Die Kinder stellten mir Fragen, die mich manchmal in eine unangenehme Situation brachten. Von da an beschloss ich, über mein Leben zu schweigen.

Jedes Jahr versprach mein Vater, zu uns zu kommen, aber es geschah nicht. Meine Mutter hatte nicht das Geld, um nach Indien zu gehen und so vergingen einige Jahre. Da sie keine finanzielle Unterstützung erhielt, musste sie kleine Jobs annehmen, damit wir diese Zeit überleben konnten. Für uns beide war es eine schwere Zeit, und unser klösterliches Leben verstärkte unser Feuer für etwas anderes.

Während dieser ganzen Zeit hat der Briefwechsel mit meinem Vater die geographische Entfernung zwischen uns verringert. Seine Briefe trugen große Liebe und große Lehren in sich. 1986 hatte meine Mutter etwas Geld gespart und beschlossen, dass wir nach Indien reisen würden. Es war an der Zeit! Ich wurde vierzehn Jahre alt.

Wir kamen in Delhi an. Mein Vater wartete im Haus meiner Halbschwester auf uns. Ich war so schockiert, als ich ihn sah! Er sah so viel älter aus und ich erkannte ihn kaum wieder. Auch er muss überrascht gewesen sein, mich zu sehen, denn er hatte ein kleines Mädchen verlassen, um jetzt eine junge Frau vorzufinden, von der er nicht wusste, wie er sie erreichen konnte.

Manchmal war er sehr zärtlich und manchmal sehr kalt und streng. In Indien verändert sich die Beziehung zwischen

Eltern und Kindern im Jugendalter, und man zeigt seine Zuneigung nicht mehr. Regeln und Barrieren verhindern den natürlichen Fluss der Liebe. Er hatte den Unfug meiner Kindheit genossen, aber jetzt musste ich mich wie eine gut erzogene junge Frau benehmen, und das passte überhaupt nicht zu meinem rebellischen Charakter!

Ein Jahr später machten meine Mutter und ich einen Kurzurlaub in Amsterdam. Damals war ich fünfzehn. Auf dem Rückweg im Zug blieb mein Verstand stehen. Plötzlich verstand ich, nicht mental wie zuvor, sondern ganz wahrhaftig, worauf mein Vater all die Jahre hingewiesen hatte.

Ich war an der Quelle von allem, und unendliche Enthüllungen sprangen unkontrolliert aus mir heraus. Ich bewegte mich zwischen Begeisterung, Angst vor dem Tod und Panik verrückt zu werden. Ich habe einen ganzen Monat lang nicht geschlafen, weil die Erfahrung so eine Kraft hatte. Die Schule ging weiter, und ich musste so tun, als würde ich mich normal verhalten, was mich zweifelsohne gerettet hat. Zum Glück konnte mich Ganga begleiten, da sie bereits ähnliche Erfahrungen gemacht hatte.

Dann, als Mukti fünfzehn Jahre alt war, hatte sie einen Einblick. Wir waren mit zwei Freunden in Amsterdam, um an einem *Satsang* mit Andrew Cohen teilzunehmen. Das war für mich etwas Neues. Wer ist dieser Typ, der da von Papaji kommt? Wir haben ihn uns angesehen, und im Zug zurück nach Brüssel hatte sie einen Einblick. Ich wusste was geschah, ich freute mich für sie und für mich. Ja, sie hatte bereits diesen sehr starken Drang, sie nahm Papaji als ihren Meister und sie nahm mich als ihre Helferin an. Wir haben also eine sehr starke Verbindung.

Wir riefen meinen Vater an, um ihm von meinem Einblick zu berichten. Er sagte mir, dass ich für eine solche Erfahrung sehr jung sei, und er gab mir keine Ratschläge. Bald darauf erhielt ich einen Brief, in dem er mir mitteilte, wie glücklich er war und, dass ich, als Tochter von Eltern wie meiner Mutter und ihm, nichts zu tun hatte und bereits frei war! Er schrieb auch, dass ich keine Angst vor dem Tod haben sollte, da er nur ein von anderen geliehener Gedanke sei. Er kündigte an, dass er mir Schüler schicken würde! Das war sicher das Letzte, was ich wollte!

Von da an erschien das Leben absurd, und der Unsinn der Existenz war in jeder Geste und jeder Handlung präsent. Ich konnte kein Interesse für die Aktivitäten der Menschen um mich herum aufbringen. Ich schrieb viele Gedichte und schrieb meine spirituellen Erfahrungen nieder, während ich suchte und suchte. Die ontologische Suche trug mich in sich, und jeden Tag teilte ich meine Entdeckungen mit meiner Mutter und meiner Großmutter. Die gleiche Leidenschaft hatte uns drei immer miteinander verbunden und *Satsang* war allgegenwärtig in unserem Leben.

Es ist unglaublich berührend, dass du so tief mit deiner Tochter verbunden bist.

Nun, schließlich ist sie sein Geschenk!

1986 besuchte ich ihn. Damals gab es eine Veränderung in Papajis Leben, weil einige Ausländer anfingen, ihn zu besuchen, nicht nur Schüler, sondern auch Menschen, die den Wert seiner *Upadeshas* (Lehren) kannten. Als ich ihn 1989 traf, waren noch mehr Leute da, und ich begriff, wenn auch nicht sofort, dass das ein neues Kapitel zwischen uns war. Das heißt, wir, die Familie war da, aber genau so wie alle anderen – sie kommt zum *Satsang*, um in seiner Nähe zu sein. Und dann, 1992, begann die Blütezeit in Lucknow.

Als ich ankam, wusste ich gar nichts, ich wusste von nichts. Es war sehr neu für mich. Einhundertfünfzig Personen im *Satsang*, das war wunderschön. Hingabe, Interesse, Leidenschaft, in einer Gruppe zu sein. Ich war sehr unbedarft in Bezug auf Gruppen.

Ich war beeindruckt: „Oh, so viele Leute lieben, was er sagt," denn als er 1971 zum ersten Mal nach Europa eingeladen wurde, war er ja derselbe Meister gewesen, nicht wahr? Niemand konnte ihn damals verstehen. Er verschenkte Perlen, aber es gab niemanden, den das wirklich aufweckte.

Erstaunlich. Da ich in diesen Jahren nicht oft dort gewesen war, hatte ich die Entwicklung nicht mitbekommen. Ich ging zum *Satsang* und habe überaus genossen, was er ausdrückte und wie er reagierte. Am Ende war ich hin und weg, weil ich das Gefühl hatte, in zwei Stunden alles gehört zu haben, was ich in zwanzig Jahren gehört hatte. Sie alle bekamen in zwei Stunden das, was ich in all den Jahren bekommen hatte. (lacht) Ah, ich konnte es nicht glauben! Es war unglaublich. Unglaublich!

Aber dann erlaubte er mir nicht, weiter am *Satsang* teilzunehmen. Ich musste mit ein oder zwei anderen in die Küche gehen, um während des *Satsangs* sein Essen vorzubereiten. Es war sehr interessant, sehr überraschend. Auch das war ein weiteres Kapitel des Lebens.

Damals vertraten viele das Konzept des Zölibats und dachten, dass ein freies Wesen keine Wünsche mehr haben kann und keine körperlichen Beziehungen mehr hat. Sie glaubten, er müsse sattvisch sein, rein, körperlos, losgelöst, ethisch einwandfrei. Er sollte ein Heiliger sein. Ja, Heiligsein war für sie zweifellos ein Zeichen woran man einen Befreiten erkennen konnte. Ein Konzept, das schwer loszuwerden war!

Ein freies Wesen ist kein geistiger Übermensch. Er erscheint als ein normaler Mensch mit guten und schlechten Seiten. Wir sind alle das Selbst, und ob die Unwissenheit uns verlässt oder nicht, die Schöpfung wird sich immer in ihrer Dualität manifestieren, so wie sie es schon immer getan hat. Es gibt also keine Veränderung, kein Zeichen und kein besonderes Verhalten, das zeigt, ob jemand frei ist oder nicht.

Die Schüler, die diese falsche Vorstellung von Reinheit hatten, verließen ihren Meister, sobald sie sahen, dass Ganga seine Frau war und ich, Mukti, seine Tochter. Sie waren wütend und enttäuscht, dass er nicht die Verkörperung ihres utopischen Ideals der Perfektion war.

Danach beschloss Papaji unsere familiären Bindungen diskret zu halten, was mich manchmal in unangenehme Situationen brachte, die Leid in mir verursachten. Dieses Tabu ließ mich am Meister und damit an seiner Lehre zweifeln. Ich musste auf meine eigene Identität verzichten, auf mein Geburtsrecht, seine Tochter zu sein, jemand zu sein. Was für ein „Loslassen" erwartete er da von mir! Es war fast unmenschlich.

Es schien, als ob einige Schüler mich nur als Tochter ihres Meisters betrachteten und ich daher seiner Liebe weniger wert war als sie. Meine Sehnsucht nach Freiheit zu verleugnen war eine der Methoden, die sie verwendeten, um mich abzuweisen. Im Dschungel der spirituellen Konzepte ist Losgelöstsein ein tiefer Glaubenssatz. So war die Familie das erste, dem man den Rücken kehren musste. Folglich brauchte die biologische Familie des Meisters nicht beachtet zu werden. Seine wirkliche Familie war die „spirituelle". 1990 wurde mein Vater, dieser unaufhaltsame Nomade, älter. Er beschloss, sich in Lucknow niederzulassen. Eine neue Ära begann. Osho starb und ein ständiger Strom von *Sannyasins* (Osho-Schüler) kam, um den zu sehen, den man Papaji nannte. Er wurde berühmt.

Ich beschloss, meinen Aufenthalt abzukürzen, und mein Vater verabschiedete sich auf der Türschwelle von mir. Er war sehr emotional, genau wie ich. Niemand konnte die Liebe, die wir füreinander empfanden, verhindern. „Dieses Haus wird immer dir gehören!" Das sagte er mir.

Ich habe ihn nie wieder gesehen.

Hast du in diesen Jahren nicht selbst angefangen zu lehren und Satsang *zu geben?*

Nein, nein... weil ich immer noch eine Suchende war. Ich konnte es mir nicht vorstellen... es lag nicht in der Luft, weißt du. Ich bin seiner Lehre gefolgt, aber ich war noch nicht so weit oben. (lacht) Auch wenn ich manchmal keine Fragen mehr hatte.

Du kanntest ihn in seinem Alltag. Und später, als du 1992 zum **Satsang** *nach Lucknow kamst, als dort hundertfünfzig Leute waren, explodierte plötzlich alles für dich.*

Oh ja, vollständig, für mich und für ihn. Denn, weißt du, er war damals in seinen Achtzigern; das war ein neues Kapitel in seinem Leben. Es ist erstaunlich, nicht wahr? Er sah natürlich nicht so alt aus. Du kannst diese Energie auf YouTube sehen.

Eine enorme Energie, ja.

Wegen Lucknow haben wir diese sehr wertvollen *Satsangs*. Wow! Wir haben Glück, sehr viel Glück.

Mein Vater, der jetzt älter war, hatte gesundheitliche Probleme, die uns nicht bewusst waren. Sein Zustand wurde kritisch, und er wurde schließlich ins Krankenhaus gebracht. Erst als er im Sterben lag, rief jemand meine Mutter an. Es war der 6. September 1997.

Von einem Moment auf den anderen schwanden alle meine Anhaltspunkte. Es gab keinen einzigen Tag in meinem Leben, an dem ich nicht an ihn gedacht hatte, und jetzt war er nicht mehr da. Lange Zeit habe ich es bedauert, ihn nicht ein letztes Mal gesehen zu haben. Ich machte meine eigene *Puja* (Gebet) für ihn. Jeden Tag pflückte ich schöne Blumen und saß schweigend neben seinem Foto. Mein Erbe ist spirituell. Offensichtlich war dies sein Zeichen, das er mir hinterlassen wollte – und nicht einen Haufen Ziegelsteine! Ein ganzes Jahr lang nach seinem Tod besuchte mich mein Vater jede Nacht. Die Träume waren so lebendig und voller

Liebe und Lehre. Sie haben meine Wunde reingewaschen, dass es nicht mehr möglich war, ihn wiederzusehen.

Ich kann sagen, dass ich zwei Meister hatte, meinen Vater und meine Mutter. Meine völlige Unzufriedenheit mit dieser Existenz führte dazu, dass ich nach etwas Anderem suchte, Einblicke und Enthüllungen hatte und verschiedene Koans löste. Im Laufe der Jahre war ich von einigen dieser Fragen besessen gewesen: Was meinte Ramana Maharshi mit Illusion? Ist Erleuchtung ein Zustand, den es zu erreichen gilt? Alles ist Verstand! War *Sat-Chit-Ananda* immer noch ein Glaube? Was bedeutete Ramanas „Ich-Ich"? Ich begann die lange Arbeit von *Neti Neti* (nicht dieses, nicht jenes), wobei die Überzeugungen nach und nach ausgelöscht wurden. Es war eine systematische Entmystifizierung von Gedanken, die mich dazu brachten, zu erkennen, dass der „Entmystifizierer", das „Ich", ebenfalls ein Gedanke ist. In diesem Moment wurde mir blitzschnell klar, dass unabhängig von Erfahrungen und Entmystifizierungen immer etwas vorhanden ist, und dass dieses „Etwas" ich selbst bin.

Als ich erfuhr, dass Papaji den Körper verlässt, war ich in Belgien. Mukti war zu dieser Zeit in Französisch-Guayana. Ich war allein, als ich hörte, dass er den Körper verlassen wird. Ich hörte es in der Nacht und fühlte: Wow, das ist ein Ereignis! Ein unglaubliches Ereignis, so stark wie meine Begegnung mit ihm. Ich erinnere mich, dass ich den Gedanken hatte: Ich werde es nicht verpassen. Ich saß und fühlte eine Dringlichkeit, aber auch einen Zweifel. Ich hatte einen riesigen Zweifel, so wie ich ihn seit Jahren nicht mehr gehabt hatte, dass ich vielleicht nie wirklich gehört hatte, was er mir hatte sagen wollen. Es war schrecklich.

Dann, weil ich in einer guten Schule gewesen war, hörte ich ihn: „Lande dort nicht!" So bin ich nicht auf meinem Zweifel gelandet, und dann verschwand er. Ich wusste, dass ich nach Papaji nie wieder jemandem vertrauen konnte. Also musste ich das lösen. Und die Frage war: „Wer ist dieses ‚Ich', das nicht landen will?" Und das war's.

Ich hatte diese Frage noch nie gestellt. Es war deshalb ein ziemlich großer Schock für die Person, aber dann saß ich einfach weiter und wurde still. Ein paar Tage lang war ich allein auf diese Weise glücklich, denn es – „puff!" – war so. Ich hatte ein paar Freunde, nicht viele, aber vor allem ein Paar. Wir waren im Wald unterwegs, aber ich habe ihnen nie erzählt, was passiert ist. Ich wollte nicht in etwas hineinfallen, weißt du, und so war ich bedächtig, lebte bedächtig.

Im November, zwei Monate nachdem Papaji seinen Körper verlassen hatte, rief Rokus mich an, um mir zu sagen, dass Anasuya Asche von Papaji habe. Sie würde herkommen, und er lud mich ein, auch zu kommen. Also nahm ich den Zug. Wir waren zwölf Papaji Liebhaber und eine Dame, die ich nicht kannte. Ich war still, ich glaube nicht, dass ich etwas gesagt habe.

Ganga, wie hat denn dein eigenes Lehren begonnen?

Zunächst einmal hatte ich nie vor, Lehrerin zu werden, weil es nicht zu meinen Fähigkeiten gehörte. Ich hatte nie eine Gruppe für irgendetwas. Eigentlich war ich eher eine Einzelgängerin.

Die Dame, die ich nicht kannte, kam aus Rumänien. Sie war Psychiaterin, und wahrscheinlich hatte sie einen guten Riecher, denn später sprach sie mich an und wollte etwas über mein Leben hören. (lacht) Ich sagte: „Ja, okay." Wir verabredeten uns, und sie traf mich ein oder zwei Wochenenden später in meinem Haus in Brüssel. Und weil sie eine sehr gute Psychiaterin war, brachte sie mich dazu, über mein Leben mit Papaji zu sprechen, wie ich noch nie zuvor darüber gesprochen hatte. (lacht) Und danach sagte sie: „Ich komme aus Rumänien. Ich bin hierher gezogen und habe ein Haus gekauft, und ich wollte immer, dass dieses Haus einem hohen Zweck dient. Würdest du dort *Satsang* geben?"

Ich sagte: „Äh... ja", und dann plötzlich: „Oh mein Gott, über was soll ich denn sprechen?" Aber dann habe ich losgelassen. Ich habe ja gesagt. Sie griff zu ihrem Kalender, ich erinnere mich noch: „Am 4. Januar '98 kommst du zu mir nach Hause." Und so hat es angefangen, in Amsterdam.

Oh, in Amsterdam?

Ja. Zur gleichen Zeit wie schon Jahre zuvor war Isaac auch dort und gab *Satsang*. Also ging ich zu seinem *Satsang*; ich wusste nicht, dass so viele von Papajis Leuten *Satsang* gaben. Ich war so neugierig, weißt du. Wow! Das hatte es bis dahin nicht gegeben. Als ich dort war, sagte Isaac: „Diese Dame hier, ihr solltet zu ihrem *Satsang* gehen." So machte er Werbung bei den Leuten und dann waren wir ein paar mehr. Es ist so lustig, (lacht) wie ein Schneeball, hoppla!

Und zwei, drei Jahre lang habe ich zu allen Einladungen ja gesagt. Mir gefiel es JA zu sagen. Ich reiste viel, war voller Energie und sehr enthusiastisch. Ich hatte den Meister nur in Lucknow gesehen, aber es gab ein so großes Interesse, ich konnte es kaum glauben. Es war erstaunlich, das zu sehen. Ich war wirklich beeindruckt, aber irgendwann ging ich nach Tiruvannamalai, das ist ein Ort, der immer etwas für mich bereithält. Und da fühlte ich, dass ich mit *Satsang* aufhören musste, weil ich sichergehen wollte, dass ich nicht in die *Satsang*-Falle gerate. Es ist keine Kleinigkeit, als Lehrer betrachtet zu werden. Ich wollte sicher sein, dass ich davon frei bin. Aber aus irgendeinem Grund, und weil ich diese Leidenschaft habe, muss ich sagen, fängt es wieder an.

Du konntest also nicht wirklich aufhören?

Nein. Es gefällt mir zu sehr. Ich liebe es, wenn ich sehe, dass ein Suchender nur durch ein Konzept gebunden ist. Ich liebe es, ihm zu sagen: „Warum behältst du es? Du weißt, dass es nur ein Konzept ist, also befreie dich!" Das gefällt mir, ja.

Das ist natürlich das, was der Meister uns gezeigt hat, ja?

Ja.

Dass wir tatsächlich frei sind...

Ja, genau.

Wir haben nur so etwas wie eine Vorstellung. Du bist also zu einer Zerstörerin von Vorstellungen geworden? (lacht)

Ja, es ist sinnlos Sklave einer Vorstellung zu sein. Ich meine, wie schade! Natürlich erzählst du das niemandem, der das nicht in Frage stellt, aber wenn jemand danach strebt, frei zu sein, sich selbst zu erkennen, dann ist das das Einzige, was im Weg steht. Es sieht sehr einfach aus, es ist sehr einfach, aber du kennst ja den Verstand, er hat immer Tricks auf Lager. Und da wir es gewohnt sind, auf den Verstand zu hören, kann es eine Weile dauern, bis diese Einfachheit uns einnimmt.

Würdest du sagen, dass du die Fähigkeit hast, zu sehen, worin genau die Wolke besteht, was genau die Vorstellung ist?

Ich kann auch danebenliegen, aber ich bin sehr zuversichtlich, dass ich das Problem berühren kann. Und dann explodiert alles. Der Rest liegt nicht in meiner Hand. (lacht) Ich weiß es nicht, manchmal hat es eine Wirkung und manchmal nicht.

Richtig, aber es ist eine große Fähigkeit, die Vorstellungen zu durchdringen, die Wolken zu durchdringen.

Weißt du, erst jetzt, vielleicht vor ein oder zwei Jahren, wurde mir klar, dass der Meister, als ich mit ihm zusammenlebte, mir gezeigt hat, wie ich mit diesen Wolken umgehen muss. Ich war mir dessen überhaupt nicht bewusst, aber heute sehe ich, dass ich von ihm gelernt habe. Unbewusst habe ich diese Fähigkeit von ihm gelernt.

Papaji war der Meister des Nicht-Lehrens. Er gab unerwartete Antworten, die den Suchenden von jeglichem Bezug befreiten. Zu demjenigen, der mit dem „Ich", mit dem Körper-

Geist-Gebilde identifiziert ist, mit all den Ereignissen, die damit verbunden sind, sagt der Meister: „Nichts ist jemals geschehen."

Dem, der in einem Augenblick, einem „Fingerschnipp", wie er es gerne nannte, wahrnimmt, dass er in Wirklichkeit niemand ist, und dass kein Ereignis jemals stattgefunden hat, der sich aber mit diesen spirituellen Offenbarungen identifiziert, wird der Meister sagen: „Alles geschieht."

Es gibt nichts zu tun, nichts zu lernen. Die Botschaft ist sehr einfach. Der Suchende ist aufgefordert, sich nicht auf den ersten Gedanken „Ich", der der Schöpfer aller Gedanken ist, einzulassen. Das „Ich" erscheint und die Welt erscheint. Existiert die Welt ohne „Ich"? Ohne das „Ich" gibt es nichts zu sagen, nichts zu überlegen, kann man nirgendwo landen. Aus diesem Grund riet Papaji den Menschen, still zu sein.

Ja, ich denke, dass du in all diesen Jahren des gemeinsamen Reisens eine Art Lehrling warst.

Ich dachte, es sei nur für mich; ich hätte nie gedacht, dass es für andere verwendet werden könnte.

Deine Geschichte ist eine Geschichte, die zeigt, wie intensiv sich das Schicksal entfaltet. Seit einem sehr jungen Alter von zwanzig Jahren, entfaltet sich dieses Schicksal dein ganzes Leben lang. Ich weiß nicht, ob es das letzte Kapitel ist, aber (Ganga lacht) eines der letzten Kapitel – wenn ich das richtig verstanden habe – ist, dass du in Portugal mit einer Gruppe von Menschen um dich herum lebst. Jedoch nicht als Gemeinschaft in der Art eines Ashrams.

Es steht ihnen frei, so zu leben, wie sie wollen, aber unser gemeinsames Interesse ist *Satsang*. Ich habe auch noch etwas anderes – ich gehe nachmittags gerne ans Meer, und so wissen sie, dass ich auch dort zu finden bin. Ja, wir haben eine schöne Art zu leben. Aber jeder ist frei. Außerhalb des *Satsangs* sehe ich sie eigentlich nicht.

Aber du gibst auch Satsang *am Strand.*

Das kommt vor, nicht immer, denn manchmal bin ich gerne allein, aber das wissen sie dann. (lacht) Ich muss sagen, es ist ein schönes Leben, ja. Und das alles wegen dieser Begegnung mit Papaji.

Nun, ich würde sagen, dass du einen Samen in dir hattest, als du sehr jung warst, und du hast eine unglaublich mutige Entscheidung getroffen, mit zwanzig Jahren nach Indien in das Unbekannte zu gehen, und die Existenz hat dich mit Papaji zusammengebracht.

Nun, ich weiß nicht einmal, ob es mutig war. Ich war vollkommen unbewusst, aber der Drang, dieses Problem zu lösen, war so groß, dass ich sonst mein Leben beendet hätte. Es ist seltsam, denn ich sehe jetzt, dass ich zu jung war, um das zu sagen, aber ich hatte genug von der Welt gesehen. Ich wusste, dass sie total giftig war, und dass es große Freuden gab, aber es war so unbefriedigend, dass ich es nicht mehr ertragen konnte. Glücklicherweise hatte ich die Möglichkeit, die Stimme der Weisen zu lesen. Ich hatte das Gefühl, dass es mein Recht war, jemanden zu finden.

Es ist sehr mysteriös. Und natürlich musst du in deinem Inneren eine enorme Dankbarkeit für das Mysterium empfinden, das dich nach Indien gebracht hat.

Ja, diese Dankbarkeit ist da.

Wie war das, dieses Rollengemisch: Partnerin, Schülerin, Mutter, all diese verschiedenen Dinge?

Ich habe ja bereits gesagt, dass es vielleicht seltsam aussieht, aber ich bin so. Ich sah Papaji als meinen Meister an, der Rest war für mich zweitrangig. Aus irgendeinem Grund habe ich so gelebt. Es war mein Glück. Es gibt ein bekanntes Sprichwort, es ist etwas stark, aber es liegt auch Wahrheit darin: „Wenn du die Socken deines Mannes wäschst, dann fängst du auch an, Rechte zu haben." Das hatte ich nie. Das war für mich absolut kein Problem. Schwieriger war es, als Mukti größer wurde und er dann der Vater meines Kindes war. Später waren wir es, Mukti und ich, die sich dem stellen und da hindurchgehen mussten. Und das haben wir getan.

Richtig, du warst damals meistens getrennt? Ist das richtig?

Nicht nur das, sondern, wie ich sagte, begannen wir etwa 1986 zu verstehen, dass ein Kapitel vorbei war. Wir waren nicht mehr wie eine Familie oder wie wir drei gemeinsam, auch wenn es in unserem Leben um *Satsang* ging. Die Schüler hatten die Leitung übernommen, und es gab in gewisser Weise keine Familie mehr.

Es war nicht so radikal, aber es wurde so radikal. Das sind Erfahrungen, durch die man durch muss. Es geht um das Aufgeben und das ist sehr intensiv.

Ja, denn auch als Frau fandest du dich plötzlich in der Situation wieder, dass du ihn in gewisser Weise mit vielen anderen Menschen teiltest, die ihn unglaublich liebten.

Für mich war das in Ordnung, es ging mehr um den Vater meines Kindes. Er sollte zeigen, dass er der Vater meines Kindes ist, darum ging es eher.

Ah, okay.

Aber du weißt, man muss an seine persönlichen Grenzen kommen oder anders zusammenbrechen: Man geht weg, versucht zu fliehen, weil es einfach unerträglich ist – oder man geht in diesem Moment dadurch. Ich sehe diese Situation häufig, natürlich gibt es immer Ausnahmen, aber für mich war es so. Wie ich schon sagte, hatte ich das Glück, meinem Meister wirklich die Füße zu halten, obwohl ihm das gleichgültig war, aber das hat uns gerettet.

Richtig, und ich denke, wahrscheinlich war das auch für Mukti so. Sie hatte diese Situation, dass er zugleich ihr Meister und ihr Vater war. Das ist wahrscheinlich nicht immer so einfach.

Ja, du weißt ja, dass Papajis Biographie „Nothing Ever Happened" ins Deutsche übersetzt wurde. Mukti hat für den dritten Band ein Vorwort geschrieben. Es ist wunderschön. Früher war ihr das nicht möglich gewesen, aber nun konnte sie es auf eine schöne, interessante Weise schreiben.

Ja, ja, sie ist eine schöne Frau geworden. Ich habe mich sehr gefreut, ihr in diesem Jahr kurz zu begegnen.
Ich habe eine letzte Frage, die eher meine persönliche Frage ist. Obwohl ich dich vorher nicht getroffen habe, kenne ich dich schon seit vielen Jahren und immer als Mira. Vor Kurzem – ich weiß nicht mehr genau, wann es passiert ist – wurdest du zu Ganga. Ich möchte dich fragen, wie es zu dieser Veränderung gekommen ist, denn es ist eine ziemlich dramatische Veränderung.

Erstens war es nicht Papaji, der mich Mira nannte. Ich wurde von den Indern, die sich um mich kümmerten, als ich auf Papaji wartete, Mira genannt. Warum? Für sie war ich eine Ausländerin. Alle Ausländer waren zu dieser Zeit reich. Da ich die Kleidung eines *Sadhus* (Asket) trug und meditierte, bedeutete das für sie, dass ich mein Königreich verlassen hatte, aus Liebe zu Gott – wie Mira. Also nannten sie mich Mira, und als Papaji mich nach meinem Namen fragte, sagte ich: „Die Leute nennen mich Mira." Das gefiel ihm sehr gut, weil er dieses Beispiel, diese Geschichte liebte.

Du warst immer Mira.

Er versuchte, mir einen anderen Namen zu geben, aber es hat nie geklappt. Nach zwei Tagen war ich wieder Mira. Ich glaube, es war um das Jahr 2001 in Tiruvannamalai. Ich begann, *Satsang* mit dem Namen Mira zu geben. Ich weiß nicht warum, aber ich hatte nach einiger Zeit das Gefühl, dass das Beispiel von Mira nicht mehr so recht passte. Ich war meinem Meister absolut ergeben, aber irgendwie hatte ich nicht das Gefühl, dass ich ein Symbol der Hingabe bin. Ich habe viele Freunde, die hingebungsvoller sind als ich. Also fühlte ich mich berechtigt, meinen Namen zu ändern. Papaji war nicht da, und dieser Name war nicht von ihm.

Ich spürte dem Ort nach, der für mich der wichtigste war, und das war der Ganges, wo ich meinen Meister getroffen hatte. Aber dabei hatte ich ganz vergessen, dass es bereits eine Gangaji gab. Aber ich hatte das Gefühl, dass ich das Recht dazu habe und dieser Name wirklich zu mir passt.

Tatsächlich kam bei mir heute auf der Fahrt hierher dieselbe Antwort. Ich finde ihn genau passend, denn du hattest diese unglaubliche Begegnung am Ganges.

Ja, ja, es war direkt am Ganges, in Rishikesh.

Du lebtest dort acht Monate lang und wusstest nicht, ob du ihn wiedersehen würdest.

Der Ganges war magisch für mich und ist es immer noch. Ich liebe ihn. Manchmal gibt es magische Ereignisse. An jenem Tag, als ich als Ganga aus dem *Satsang* herauskam, begegnete ich einem kleinen Franzosen, ich sah ihn nie wieder. Er sagte: „Ich komme gerade von der Quelle des Ganges, Gomukh, das ist Wasser des Ganges." Er gab mir eine kleine Flasche und einen Stein von dort. Dann verschwand er. Das war wirklich seltsam. (lacht) Da fühlte ich, dass es okay ist, Ganga genannt zu werden.

Er ist perfekt. Es ist sehr schön, wenn man so eine Bestätigung erhält.

Ja, es war schön, es war wirklich schön. Es hatte etwas Magisches.

Ich glaube, das ist dein Name, er ist perfekt für dich. Ich danke dir sehr. Es war eine schöne gemeinsame Zeit. Und vielen Dank an Rokus, dass du hier in deinem Haus in Amsterdam so bezaubernde Klaviermusik für uns gespielt hast.

Ja, sehr schön.

Ich lebe am Atlantik in Portugal mit Ganga und meinen beiden Kindern Arun und Satya. Auch meine Großmutter Durga hat ihre letzten Jahre bei uns verbracht. Kurz vor ihrem Tod im Jahr 2012 offenbarte sie uns, dass sie endlich gesehen hatte, dass das „Ich" nur ein Gedanke war, und nach einem letzten und zeitlosen Blick und in tiefem Frieden starb sie in unseren Armen. Ihr letztes Wort war OM.

Ganga gibt das ganze Jahr über *Satsang*. Meine Kinder kommen oft und sitzen ein paar Minuten dabei. Ich habe sie mit nach Tiruvannamalai genommen, zu Füßen von Ramana Maharshi, mit nach Lucknow und an den Ganges. Ich wollte ihnen die Orte zeigen, an denen ich mit ihrem Großvater Papaji gelebt hatte. Es war eine außergewöhnliche Pilgerreise, die sie dazu brachte, viele ontologische Fragen zu stellen. Ich glaube, mein Vater wäre sehr glücklich, wenn seine Enkelkinder in seine Fußstapfen treten würden.

Auch heute noch berührt Papaji das Herz derer, die nach Freiheit dürsten. Seine einfachen, wertvollen und kompromisslosen Hinweise lenken die Suchenden zurück zu dem, was sie schon immer gewesen sind. *Satsang* kommt der Welt zugute. Das ist es, was er immer wollte. Es ist ein einzigartiges Ereignis, bei dem „Nichts jemals geschehen ist"! Mein Vater ist gestorben, der Meister lebt.

Hommage
an
Papaji

Sei still!

J. Krishnamurti leert die Tasse.
Papaji zerbricht sie.

Isaac Shapiro

John David

Mooji

Isaac Shapiro

Liebe ist liebevolle Liebe.

Ich sehe, dass ich Muster in mir hatte, die für mich und mein Selbstverständnis definitiv Schwierigkeiten verursacht haben und auch für alle um mich herum.

Seitdem ich mich mit ihnen auseinandergesetzt habe, ist mein Leben sehr viel einfacher, sanfter und schöner geworden. Dafür bin ich dankbar. Mit „auseinandersetzen" meine ich nicht, etwas daran zu ändern, ich meine, sich einfach nur gewahr zu werden, wie diese Mechanismen unbewusst funktionieren.

Sobald sie bewusst werden, wendet sich das Spiel.

Isaac Shapiro

Isaac Shapiro

Ich sitze hier mit Isaac Shapiro in Hamburg, im Juni 2011. Es ist einer dieser schönen, regnerischen Nachmittage, an denen alles sehr entspannt ist.

Ich lernte Isaac 1993 kennen, als ich in Papajis Sangha (spirituelle Gemeinschaft um einen Lehrer) in Lucknow lebte. Damals gab Issac nachmittags in Lucknow oft Satsang, und seit dieser Zeit reist er durch Europa, die USA, Südafrika und Australien, wo er seit vielen Jahren lebt.

Ich hoffe, du hast heute einige besondere Worte, die ich noch nie gehört habe.

Ja, mir scheint, dass dieser Augenblick eine Erfahrung ist. Alles, was wir als Leben bezeichnen, was wir als ich und du bezeichnen, was wir als unseren Körper bezeichnen, sind Erfahrungen. Für mich ist auch dieser Augenblick eine Erfahrung, und es gibt ein Gewahrsein dieser Erfahrung. Es ist merkwürdig, weil wir das Gewahrsein weder sehen noch fühlen können; wir können es nicht wirklich benennen, also benutzen wir das Wort Gewahrsein. Aber es ist nur ein Wort und die Erfahrung... eigentlich können wir sie auch nicht beschreiben. (lacht)

Ich kann nicht einmal beschreiben, wie Wasser schmeckt, geschweige denn die Gesamtheit der Erfahrungen in diesem Augenblick! Und dann auch noch die Tatsache, dass sie sich in jeder Sekunde verändern! Ich weiß nicht, wie schnell ich sprechen müsste, um zu versuchen, das zu beschreiben.

Wir haben ein Gewahrsein, das wir nicht beschreiben können, und wir haben Erfahrungen, die wir nicht beschreiben können – und es gibt ein Gewahrsein von Erfahrungen. Und wenn ich versuche, eine Grenze zwischen Gewahrsein und Erfahrung zu ziehen, kann ich keine finden. So werden

Gewahrsein und Erfahrung in gewisser Weise zu ein und derselben Sache.

Dann gibt es da so etwas, das wir „unsere Körper" nennen, und es gibt die Vorstellung und die Erfahrung, dass sie getrennt sind. Aber wenn wir sie wirklich eingehend betrachten, können wir sehen, dass diese Körper nicht ohne Luft existieren, nicht ohne die Gesamtheit des Jetzt existieren; also gibt es – außer der Vorstellung, dass sie getrennt sind – selbst für diese Körper keine wirkliche Abgrenzung.

Es gibt einen Tanz der Energie, die letztlich – wenn wir uns die Energie selbst einmal anschauen – nichts als Information ist, und darin gibt es Tätigkeiten oder Wege, durch die das Funktionieren geschieht, und das erzeugt eine Wahrnehmung meiner selbst, die von niemandem gemacht wird. (lacht)

Es gibt ein Zitat von Nisargadatta, das ich liebe:

> *Wenn ich weiß, dass ich nichts bin, ist das Weisheit;*
> *wenn ich weiß, dass ich alles bin, ist das Liebe –*
> *und zwischen diesen fließt mein Leben.*

Tatsächlich ist es schwer, überhaupt irgendetwas zu sagen. (lacht)

Danke, brillant! Und eine Herausforderung für den Verstand. Viele Suchende suchen nach Erleuchtung, als ob es eine Erfahrung wäre. Was ist für dich Erleuchtung?

Ja, auch hier stoßen wir wieder auf ein Phänomen, denn es hängt davon ab, von wo aus wir schauen. Schauen wir aus der Perspektive des Gewahrseins, gibt es so etwas wie Erleuchtung nicht, denn Gewahrsein war sich seiner selbst schon immer gewahr, und Erleuchtung ist im Grunde nur eine Vorstellung. Schauen wir aus der Perspektive von jemandem, der glaubt oder das Bewusstsein hat, dass er Ausdruck eines automatisch und unbewusst funktionierenden Körpers ist, dann herrscht da die Wahrnehmung, jemand zu sein, der nicht glücklich ist. Aus dieser Perspektive scheint „erleuchtet" etwas zu sein, wohin man gelangt oder etwas, das geschieht. Aber aus der Perspektive des Gewahrseins ist es, als ob nichts geschieht, und es keinen Ort gibt, wo man ankommt – so ist das in gewisser Weise alles nur wie ein Witz.

Das Gefühl, jemand zu sein, ist so etwas wie eine Angewohnheit; ich würde sagen, eine automatische, unbewusste Angewohnheit, die sich im Bewusstsein abspielt und sich als „Ich" ausdrückt – und manchmal etwas sehr Persönliches zu sein scheint. Aber aus einer anderen Perspektive ist es so dermaßen unpersönlich und da ist niemand, der irgendetwas tut; es ist einfach nur dieses komische, erstaunliche Spiel, das da stattfindet.

Die Erfahrung, eine Person zu sein, wird bestimmt durch die Gewohnheit, worauf sich die Aufmerksamkeit richtet. Deshalb ist die Frage „Wer bin ich?" tatsächlich eine interessante Frage, weil sie eine Einladung ist, die Aufmerksamkeit auf das Gewahrsein zu lenken. Aber die immer wiederkehrenden Gewohnheiten der Aufmerksamkeit – die sich als Wahrnehmung meiner selbst oder als „Personsein" zeigen – werden eigentlich durch niemanden ausgeübt, sie geschehen nicht bewusst. Ich würde sagen, es sind unbewusste Gewohnheiten sich auszurichten, und sie fühlen sich sehr persönlich an. In der Erkenntnis, dass da niemand ist, der sie ausübt, kann es auch niemanden geben, der erleuchtet werden kann. (lacht) Es ist seltsam, weil es die ganze Perspektive auf die Sache verändert.

In meinem Buch „Facetten des Erwachens – Europäische Meister"
gibt es einige Lehrer, die grundsätzlich sagen: „Was kann man
denn tun? Und überhaupt, wer kann es tun?" Was nicht falsch ist,
aber nicht hilft.

Innerhalb des *Advaita* (Non-Dualität) scheint es eine Verwirrung zu geben, dass man sich mit nichts auseinandersetzen muss. Wenn man erst einmal erkannt hat, wer man ist, ist das das Ende der Geschichte. Soweit ich das sehe, gibt es jedoch eine sehr große Anzahl von Menschen, die ein Trauma haben. Sie sind so sehr mit dem beschäftigt, was ihnen in ihrem Leben widerfahren ist, dass es ihnen – auch wenn sie es perfekt verstehen und sie vielleicht sogar einen Geschmack von Gewahrsein bekommen haben – nicht möglich ist, dies zu leben und dies zu verkörpern. Es ist schrecklich – es sei denn, sie setzen sich mit dem, was sie quält auseinander. Tatsächlich fühlt es sich dann sogar schlimmer an denn je, da sie einen Einblick hatten, es aber nicht leben können.

Die meisten Menschen, die zum Satsang *kommen, möchten am Ende des Treffens wohlig davon schweben. Sie wollen sich nicht wirklich das ganze eklige Zeug ansehen.*

Ja, die Schwierigkeit besteht darin, dass so viele Menschen sich abgespalten fühlen. Es ist wirklich sehr schwierig, genau das anzusprechen. Sobald sie einen Geschmack von Gewahrsein bekommen, stößt es sie nur noch mehr in die Abspaltung, statt zu wirklichem Gewahrsein. Sie fühlen sich komplett getrennt von allem und jedem und glauben, dass das Gewahrsein ist. Aber das ist es nicht.

Wenn man die gesamte Geschichte des *Advaita* verfolgt, so scheint es selbst in den Auslegungen der größten Weisen einige tiefgreifende Unterschiede zu geben. Ich glaube, jeder Mensch findet seine Nische und seine Art sich auszudrücken. Zu erkennen, wer man ist, scheint mir der erste Schritt zu sein. Danach kommt dann: Okay, lass uns anschauen, wie wir es leben! Ich habe viele Leute kennengelernt, die wissen, wer sie sind, aber deren Leben ein totales Chaos ist. Was ich sehe, ist, dass bei den meisten von uns Gewohnheiten mit im Spiel sind, die schmerzhaft für uns sind und auch sehr schmerzhaft für die Menschen um uns herum, insbesondere für die, die uns sehr nahestehen. Es ist ja gut und schön zu sagen: „Schau, es ist niemand hier. Es ist niemand da, um etwas zu tun, und es spielt keine Rolle." Das stimmt, aber dennoch passiert es. Besteht kein Interesse daran, Frieden zu finden?

Bei einer ganzen Reihe von Leuten erlebe ich, dass dieses „Niemand hier" zu einem Konzept wird. Oft kann man deutlich sehen, dass es nicht gelebt wird, es nicht verkörpert wird. Ich nehme mich da nicht aus. Ich sehe, dass ich Muster in mir hatte, die für mich und mein Selbstverständnis definitiv Schwierigkeiten verursacht haben und auch für alle um mich herum. Seitdem ich mich mit ihnen beschäftigt habe, ist mein Leben sehr viel einfacher, sanfter und schöner geworden. Dafür bin ich dankbar. Mit „beschäftigen" meine ich nicht, etwas daran zu ändern; ich meine, sich einfach nur gewahr zu werden, wie diese Mechanismen unbewusst funktionieren. Sobald sie bewusst werden, läuft das Spiel anders.

*Nach dieser Einführung über Gewahrsein, **Advaita** und die scheinbare Realität des täglichen Lebens, würde ich gerne mit dir die Situation des Planeten Erde erkunden.*

Heutzutage reden wir viel über die Rettung des Planeten Erde, da er sich scheinbar in einer schweren Krise befindet. Kann man da etwas tun? Muss der Planet gerettet werden?

Das ist eine große Frage, denn was die Rettung der Erde betrifft, ist klar, dass die Erde noch lange Zeit, nachdem die Menschen gekommen und gegangen sind, da sein wird. Ich denke, es ist eher so, dass die Menschen gerettet werden müssen.

Es gibt zwei Perspektiven. Wenn man es aus der Perspektive des Gewahrseins betrachtet, macht es natürlich überhaupt keinen Sinn. Aber wenn man es aus der menschlichen Perspektive betrachtet, ist es eine tiefgreifende und wichtige Frage. Es gibt also dieses Paradox, ob wir es aus der Perspektive des DAS betrachten, das nie geboren wurde und nie stirbt und in dem die Ewigkeit nur ein kleiner Fleck ist oder aus der menschlichen Perspektive, wo es natürlich in jedermanns Interesse ist, eine Lebensweise zu finden, die nicht nur funktioniert, sondern auch wirklich schön ist... denn wir haben diese Fähigkeit.

So wie wir derzeit funktionieren, scheint eines der Hauptthemen zu sein, dass wir uns sehr daran gewöhnt haben, gestresst zu sein. Wir wachen morgens auf und dieser Gedanke: „Was muss ich heute tun?" reicht aus, uns wirklich unter Druck zu setzen und das Leben zu einer Last werden zu lassen. Von diesem Augenblick an haben wir den Kontakt zu uns selbst und unseren Körpern verloren – wir hören nicht mehr auf sie. Wir haben den Kontakt zur Natur verloren und wir behandeln niemanden gut.

Wir fühlen uns unter Druck gesetzt und handeln aus dieser Perspektive heraus. Wenn sechseinhalb Milliarden Menschen gestresst sind, zu überleben und die ganze Erde über Wasser zu halten, wird schon der Gedanke, den Planeten zu retten stressig. Man könnte sagen, es ist keine Liebesbeziehung mehr.

Du hast gesagt, dass es von einem absolutem Standpunkt aus nichts zu tun gibt. Könntest du das etwas näher erläutern?

Aus der Perspektive des Gewahrseins oder der Perspektive, in der das gesamte Universum entsteht – Zeit, Raum, Materie, Energie – geschieht nichts. Nichts ist jemals geschehen, nichts wird jemals geschehen. Es ist alles ein Traum – aber was macht man mit diesem Traum? Aufwachen und ihn anschauen! Es ist wie mit Raum, man baut ein Haus und schafft einen Innenraum und einen Außenraum. Aber für den Raum spielt das Haus keine Rolle, und in tausend Jahren, wenn das Haus zerfallen und der Raum wieder ungestört ist, ist es so als wurde er nie bewegt. Alles was erscheint ist für das Gewahrsein ohne Bedeutung. Alles retten zu wollen, ist eine menschliche Perspektive. Es hat nichts mit Realität zu tun. Und doch, sind wir hier, und das Leben lebt sich selbst – in Form von uns, in Form von Menschen... und wenn es Schmerz gibt, besteht ein Interesse, dem Schmerz zu entkommen; wenn es Leiden gibt, gibt es ein Interesse, dem Leiden zu entkommen. Aus der Perspektive des Gewahrseins betrachtet: Wen interessiert das? Da ist niemand, den das interessiert.

In den letzten Jahren haben sich immer mehr Umwelt- und Aktivistengruppen zusammengeschlossen, um den Planeten zu retten. Hast du eine Idee, wie wir den Planeten aus dieser Perspektive retten könnten?

Sobald wir gestresst sind, wird der ältere Teil unseres Gehirns aktiviert, und unser Verhalten wird durch das Reptiliengehirn gesteuert, was bedeutet: Kämpfen, fliehen oder erstarren. Ich würde sagen, alles, was dort entspringt, basiert auf Angst und nicht auf Liebe. Für mich geht es also in erster Linie darum, einen Weg zu finden, um ein schönes Leben zu führen; nicht nur für uns selbst, sondern für alle und alles. Und das hat mit den Gewohnheiten unserer Aufmerksamkeit zu tun, denn oft ist alles, was wir uns gegenseitig geben müssen, einfach nur unsere Aufmerksamkeit – und wir wissen, wie wichtig dabei die Qualität unserer Aufmerksamkeit ist.

Zum Beispiel ist das Nervensystem eines Babys bei seiner Geburt noch nicht vollständig entwickelt. Bekommt es die Aufmerksamkeit nicht in der Qualität, die es von seiner Mutter braucht, entwickelt sich sein Nervensystem nicht zur vollen Funktionsfähigkeit. Dann bleibt immer das Gefühl, dass da irgendwo irgendetwas nicht in Ordnung ist. Es ist ein lästiges Gefühl, es ist im System, und man kann nicht klar erkennen, was los ist. Es ist einfach ein gefühltes Empfinden, dass nichts in Ordnung ist, dass es nicht in Ordnung ist, einfach hier zu sein. Das überträgt sich auf alles, was daraus hervorgeht, unsere Art zu leben und die Qualität unserer Aufmerksamkeit.

Einfach ausgedrückt: Innerhalb des Gewahrseins – in dem das ganze Universum erscheint – gibt es die Empfindungen des Gegenwärtigen, die wir Erfahrungen nennen. Es gibt Informationen, die wir mit den Sinnen wahrnehmen, und es gibt die tief konditionierten Gewohnheiten unserer Aufmerksamkeit; was schließlich zu unserer Wahrnehmung von Realität und zu unserer Wahrnehmung von uns selbst führt. Weil es bei den meisten im Leben eben so abläuft, glauben wir, dass das nun einmal so ist und erkennen nicht, dass es eine subjektive Interpretation ist.

Ein anderer Weg ist eine Qualität an Aufmerksamkeit, in der es keine Trennung, keine Grenzen gibt. In dieser Wahrnehmung brauchst du über Liebe nicht einmal zu reden, denn Liebe ist nichts anderes als im Einklang mit dem Leben zu sein. Es ist ein natürlicher Ausdruck des Lebens.

Aber wir sind in eine sehr interessante Zeit geraten. Um auf diesem Planeten praktisch leben zu können, müssen wir Auto fahren und in ein System eingebunden sein, das weder menschlich noch lebensfreundlich ist. Wir haben die Technologie, um es anders zu machen, aber aufgrund eigennütziger Interessen – gelenkt durch die Gewohnheiten unserer Aufmerksamkeit – gibt es keine Ambitionen, so zu leben, dass es für alle Menschen ein Paradies wird. Meinem Empfinden nach könnte sich das Ganze eigentlich sehr schnell ändern – durch einen Bewusstseinswandel und insbesondere durch das Erkennen unserer Aufmerksamkeitsgewohnheiten.

Die Menschen scheinen von einem Gefühl des Mangels getrieben zu sein, während sich das Universum wohlwollend und voller Überfluss zeigt. Kannst du dazu etwas sagen?

Ja. Ich würde mir gerne einen Moment Zeit nehmen, um zu analysieren, wie ich es sehe, wie dieser Mangel entsteht. In dem Moment, in dem sich unser System zusammenzieht – wie es zum Beispiel geschieht, wenn wir morgens mit der Idee „Was gibt es heute zu tun?" aufwachen – spannt sich das System an, und es gibt eine Art Stress. Diese Stressempfindung fühlt sich an, als ob nichts in Ordnung wäre. Irgendwo stimmt etwas nicht, es stimmt etwas nicht mit mir, mit dem Universum.

Was dann passiert, ist, dass unser Denken, das diese fantastische Fähigkeit hat, Probleme zu lösen, versucht uns zu helfen. Es ist also unser gefühltes Empfinden, dass es ein Problem gibt, und der Verstand, unser Denken, versucht herauszufinden, was das für ein Problem ist. Also wird er sich umsehen und herausfinden, was seiner Meinung nach das Problem ist. Die großen Themenbereiche für uns Menschen sind: Beziehungen, Liebe, Berührung, Gesellschaft, Sicherheit und Überleben.

Was auch immer unserem Denken nach das Problem ist, wir wollen es nicht – was bedeutet, dass wir es haben. Dann wird es eine Lösung für das Problem entwickeln, und worin auch immer die Lösung besteht, wir wollen sie – was bedeutet, dass wir sie nicht haben. Wann immer wir also auf das schauen, was unser Verstand sagt, haben wir all das, was wir nicht wollen und haben nichts von all dem, was wir wollen – und das nennt man Leiden. Und dann besteht die einzige Chance, glücklich zu sein, darin, die Lösung zu finden; also geht unsere Aufmerksamkeit dahin, zu versuchen, dorthin zu kommen, wo wir glauben, dass sich das Glück befindet.

Wir sind also wie der sprichwörtliche Esel mit der Karotte am Stock. Wir rennen hinter der Karotte her und versuchen, woanders hinzukommen, um Erfüllung oder Glück zu finden; und wir suchen an falschen Orten. Wir versuchen, an irgendeinen Ort in der Zukunft zu gelangen. Und natürlich fühlt sich das jetzt schrecklich an, und so setzen wir auf die Hoffnung, dass es eines Tages besser sein wird. Das einzige, was wir haben – die Erfahrung des Jetzt, diese Empfindungen, dieses Feld von Informationen – ist für uns vollkommen uninteressant, weil wir so sehr damit beschäftigt sind, woanders hinzugelangen. Also laufen wir, (lacht) und wir laufen mit höchster Dringlichkeit, denn wir haben das Gefühl, dass wir nicht glücklich sein werden, wenn wir dort nicht ankommen. Es ist interessant zu beobachten, wie all das einzig und allein auf einer kleinen Bewegung basiert, auf nur einer Kontraktion, die sich nicht gut anfühlt.

Ein weiterer Aspekt ist, dass wir gerade in einem Feld von sechseinhalb Milliarden Menschen leben, die sich nicht gut fühlen. Das ist eine Erfahrung in uns, wir fühlen das. Und wir tendieren dazu, zu glauben, dass die Erfahrungen, die wir machen, etwas über uns selbst aussagen. Sich auf das Feld der Menschheit einzustellen, ist keine sehr angenehme Erfahrung. Um das nicht zu fühlen, ist einer der Mechanismen, die sich das Leben ausgedacht hat, das Denken; denn dann merken wir nicht mehr, was wir fühlen. Dieser Denkprozess und diese Bewegung in das Bestreben, in der Zukunft glücklich zu werden, sind uralt; jeder sitzt in dieser Falle. Die andere Seite der Hoffnung ist die Hoffnungslosigkeit, und das ist in erster Linie Depression. Laut Statistik nimmt einer von vier, fünf Menschen Antidepressiva. Wir leben zur Zeit in einer seltsamen Welt – und das alles basiert auf einer kleinen Bewegung, die geschieht. Und dadurch entsteht dann dieses Gefühl, dass nichts in Ordnung ist, und dann laufen wir der Liebe hinterher – als Versuch, sich in Ordnung zu fühlen. Und je mehr wir laufen, desto schlechter fühlt es sich an.

Es scheint nur ein geringes Verständnis von Liebe zu geben. Wir suchen die Liebe bei anderen, anstatt sie in uns selbst zu finden. Das führt zu großem Leiden durch Beziehungen, die scheitern. Kannst du bitte etwas über authentische Liebe sagen?

Oft begegnen wir jemandem, der in einem erwachsenen Körper steckt, dessen innere Organisationsstruktur aber immer noch die eines Kleinkindes ist – es versucht, zu bekommen, was es braucht, und es ist sich dessen nicht bewusst. Die unbewussten Muster, die sich in uns eingespielt haben, werden angezogen von den unbewussten Mustern, die sich in anderen Personen eingespielt haben und die exakt zu den Mustern passen, die wir haben. Wenn wir zueinander finden, scheinen diese Muster zunächst sehr reizvoll zu sein, aber nach einer Weile fangen sie an, sich in eine Geschichte zu verwandeln, in der wir versuchen, unsere Bedürfnisse und Wünsche zu befriedigen.

Ich habe viele Paare begleitet, und üblicherweise gibt es ein Gefühl des Brauchens oder Wollens, aber die Person selbst ist sich nicht im Klaren darüber, was sie braucht und will. Dennoch hat sie die Erwartung, der Partner solle ihren Eltern gleichen und wissen, was sie braucht und will, auch wenn sie es selbst nicht weiß.

Das ist natürlich problematisch, und das Ganze spielt sich auf einer sehr tiefen Ebene ab, die nichts mit Gewahrsein zu tun hat. Auf der bewussten Ebene möchten wir jemanden kennenlernen, mit dem wir glücklich in den Sonnenuntergang segeln können und uns dabei vollkommen erfüllt fühlen. Aber so funktioniert es in den meisten Beziehungen nicht wirklich. Also, wie geht man das an? Ich habe Jahre gebraucht, um zu erkennen, dass die Sprache des Kleinkindes nicht Sprechen, sondern Berühren ist, Gehaltenwerden. Wenn wir versuchen, das Problem mit Worten zu lösen, sind wir auf dem Holzweg. Wie kommen wir mit dem in Kontakt, was tatsächlich in uns vorgeht?

Gestern Abend sagte jemand im *Satsang*: „Das ist ja alles schön und gut, aber was ist, wenn ich Sex brauche?" Ich verstehe diese Frage sehr gut, denn für manche Menschen ist das, was sie unter Sex verstehen, der einzige Weg, durch den sich ihr System reguliert, der einzige Weg, den sie kennen, einen Eindruck und ein Gefühl des Gehaltenwerdens – das sie brauchen – zu bekommen. Es verwirrt sie, dass es Sex ist, was sie wollen, denn eigentlich ist das, was sie wollen, eine Begegnung, in der sie sich gehalten und geliebt fühlen. Sonst könnte man auch zu einer Prostituierten gehen oder onanieren, aber das ist letztendlich nicht wirklich befriedigend. Es mag vorläufig etwas befriedigen, aber es ist nur sehr kurzfristig. Wie also können wir beginnen zu erkennen, was in uns vorgeht? Das bedarf einer eingehenden Erforschung. Und deshalb scheint mir, dass die Anerkennung des Gewahrseins der erste Schritt in dieser Erforschung ist, die kein Ende hat. Solange wir den Mechanismen, die in uns aktiv sind, nicht auf tiefe Weise begegnen, werden sie uns weiterhin belästigen. Die Frage, wie man sich auf eine schöne Art begegnen kann, ist eine tiefgreifende Frage und keine, die man leicht beantworten kann. Ich würde sagen, es ist etwas, womit wir den Rest unseres Lebens verbringen werden und auf sehr feine Weise die Bewegungen erforschen und beobachten, die uns aufzeigen, wo es zu Verletzungen gekommen ist.

Ich habe vorhin darüber gesprochen, wie die Qualität der Aufmerksamkeit, die es in jedem Familiensystem gibt, dazu führen kann, dass ein Mitglied dieser Familie krank oder depressiv wird. Wir kennen das aus der Familienaufstellung. Auch die alten Hawaiianer wussten das. Wenn jemand krank wurde, holten sie alle Freunde herbei und schauten sich genau an, wie die Leute diese Person hielten. Die Qualität der Aufmerksamkeit ist so wichtig, und doch wird sie in der heutigen Welt übersehen.

Mit welcher Qualität von Aufmerksamkeit findet der Unterricht an unseren Schulen statt? Mit welcher Qualität von Aufmerksamkeit begegnen wir einander? Begegnen wir einander als

Objekte? Oder begegnen wir einander als höchste Liebe? Ich meine nicht der, die oder das Geliebte als ein Objekt außerhalb von mir. Wenn wir ein wenig tiefer schauen, können wir sehen, dass das, was ich du nenne, für mich eigentlich eine Erfahrung ist; und ich bin eine Erfahrung für dich. Und diese Erfahrung ist sozusagen in mir. Sie ist nicht außerhalb von mir. Alle Erfahrungen sind in uns, nicht wahr? Im Gewahrsein jedenfalls... sogar die Erfahrung des Körpers. Es gibt eine bestimmte Ausrichtung der Aufmerksamkeit, die eine Subjekt-Objekt-Welt erzeugt, aber es gibt eine andere Ausrichtung, in der sich das alles auflöst, und das ergibt eine völlig andere Wahrnehmung dessen, was hier vor sich geht.

In gewisser Weise willst du damit sagen, dass wir uns selbst retten müssen, um den Planeten zu retten und um mit ihm in Harmonie zu sein?

Ich würde nicht einmal sagen, dass wir uns selbst retten müssen, ich würde sagen, dass wir die Gewohnheiten erkennen müssen, die uns und allen um uns herum Schwierigkeiten bereiten – vor allem denen, die uns am nächsten stehen. Weißt du, zur Zeit frage ich die Leute im *Satsang*, wie viele von ihnen wissen, dass in ihnen Gewohnheiten aktiv sind, die ihnen Schwierigkeiten bereiten; und auch allen um sie herum Schwierigkeiten bereiten, auch denen, die sie am meisten lieben. Fast jeder hebt die Hand. Jeder kann das erkennen. Und dann frage ich: „Okay, geschieht das bewusst? Tun wir das mit Absicht?" Niemand macht das absichtlich. Tatsächlich ist es unsere Absicht, anders zu leben. Aber unbewusst macht etwas in uns genauso weiter. Und solange diese Unbewusstheit nicht gesehen wird, stellt sich die Frage: Wer tut es?

Schaut man genau hin, sieht man, dass es niemand tut. Es ist eine Übertragung aus dem Leben, das bis jetzt stattgefunden hat, und es zeigt sich jenen Menschen, die beginnen, sich dafür zu interessieren und sich dieses Geschehens bewusst zu werden, denen, die beginnen, das anzugehen. Wie können wir es angehen? Wie begegnen wir diesen unbewussten Angewohnheiten? Denn es besteht die Tendenz, es sehr persönlich zu nehmen und zu denken: „Oh, das sagt etwas über mich aus." Aber wenn ich es wirklich erkunde, erkenne ich, dass es nichts über mich aussagt, es geht einfach in mir vor. Allein dadurch, dass ich mir dessen gewahr werde – ohne zu versuchen, es zu ändern, es zu verurteilen oder irgendetwas damit zu machen – wird es bewusst und spielt dann keine Rolle mehr. Die ganze Sache verschiebt sich. Es ist wirklich eine Frage der Erforschung, und sie geschieht durch einfühlsames Gewahrsein, ich würde sagen es ist nichts weiter als ein Bemerken. Wenn wir dieses Interesse, dieses Gewahrsein, den Dingen zuwenden, die die Menschheit seit jeher gequält haben, könnte das zum Frieden führen – in unserer Zeit, vor unseren Augen.

Ist das nicht ein Versuch, unsere Gewohnheiten auf andere Gewohnheiten umzustellen?

Nein, nein! Das ist es nicht. Sie verändern sich, sie verändern sich wirklich. Ich werde ein Beispiel von der körperlichen Ebene geben, denn das ist sehr leicht zu verstehen. Wenn du barfuß aus Versehen auf einen scharfen Gegenstand trittst, musst du nicht darüber nachdenken, den Fuß wegzuziehen. Dein Fuß schnellt automatisch zurück, nicht wahr? Oder wenn du dich verbrennst, musst du nicht darüber nachdenken: „Hm, sollte ich meine Hand aus dem Feuer nehmen?" Es geschieht augenblicklich! Auf dieser Ebene ist es also klar.

Um beim gleichen Beispiel zu bleiben: Wenn du die Hand ins Feuer hältst, dich verbrennst und denkst: „Ey, daran ist meine Mutter schuld!" und die Hand im Feuer lässt, dann ähnelt das dem, was in unserer Psyche vor sich geht. Wenn wir die Angewohnheiten klar erkennen, führt dieses Erkennen automatisch dazu, sie aufzugeben. Aber wenn unser System verworren funktioniert und diese Angewohnheiten nicht erkennt, dann hält es diese tatsächlich weiter aufrecht.

Ich habe gestern Abend über Verletzung gesprochen. Jeder hier im Raum hat schon einmal Verletzung erfahren. Wir alle! Es gibt niemanden, den ich kenne, der noch nie Verletzung erfahren hätte. Aber beim Thema Verletzung herrscht große Verwirrung und zwar wegen der Idee, dass jemand mich verletzen kann und ich jemand anderen verletzen kann. Mittels der Erforschung lasse ich die Leute das anschauen und sage: „Okay, schau mal, Verletzung findet statt, das ist klar. Aber was ist es, das uns verletzt? Ist es jemand anderes? Verletzen wir uns selbst? Oder ist dieser Schmerz in Wirklichkeit ein unbewusster Filter, durch den wir schauen?" Wenn wir glauben, dass uns jemand anderes verletzt, dann besteht unsere einzige Chance, glücklich zu sein, darin, andere Menschen dazu zu bringen, sich zu ändern. Ich weiß nicht, wie es euch geht, aber ich habe das schon versucht und hatte nie viel Glück.

Kannst du etwas mehr darüber sagen, wie Verletzung geschieht?

Wir müssen uns darüber im Klaren sein, dass eine Verletzung unbewusst stattfindet; es ist nicht etwas, das irgendjemand tut. Denn jemand kann etwas tun, und für die eine Person bedeutet eine Handlung keinerlei Verletzung, aber für eine andere Person ist sie eine tiefe Verletzung. Wir können also sehen, dass es nicht die Handlung selbst ist, sondern die Art, wie sie aufgenommen wird – oder wahrgenommen wird. Und diese Angewohnheit der Wahrnehmung ist nicht etwas, das wir bewusst tun, wir sagen nicht: „Okay, heute nehme ich mir wirklich vor, mich selbst zu verletzen." Es geschieht einfach. Habe ich dies nicht erforscht und glaube ich, dass ich dich verletzen kann oder du mich verletzen kannst, dann haben wir das Gefühl, in einer Art Käfig zu sitzen, und für gewöhnlich machen wir dafür dann unseren Partner verantwortlich.

Aber andererseits, wenn das nur auf oberflächliche Weise verstanden wird und die Leute anfangen, es als Freifahrtschein anzusehen – „Oh, ich kann dich nicht verletzen... Verletzung geschieht einfach..." – benutzen wir es nur als Konzept und werden respektlos. Daher ist es wichtig, dass die Erforschung wirklich tief geht und nicht nur oberflächlich bleibt und damit noch mehr Schaden und Schwierigkeiten verursacht.

Wenn wir nach diesem Modell funktionieren, werden wir in diesem Leben nicht glücklich werden. Wenn wir glauben, dass wir uns das selbst angetan haben, dann entstehen Schuldzuweisungen, Scham- und Schuldgefühle und das Gefühl, dass mit uns etwas nicht stimmt. Das macht die Erforschung von dem, was geschieht, enorm schwierig, weil wir mit all dem identifiziert sind.

Man muss erkennen, dass da eigentlich nur etwas Unbewusstes vor sich geht. Es fühlt sich sehr persönlich an – tatsächlich ist es das, was sich als „Ich"-Wahrnehmung zeigt – aber es ist unbewusst, niemand tut es. Wenn wir erforschen, was genau da vor sich geht und was die Verletzung verursacht, geht uns ein Licht auf, was es ist, was uns da so leicht anspringen lässt – diese Knöpfe.

Trigger!

Ja, Trigger oder Knöpfe. Sie zu erkennen führt zum Frieden. Praktisch bedeutet das, sich neue Möglichkeiten zu erschließen, miteinander zu leben und sich ineinander zu vertiefen, auf spürbar schöne Art zusammenzusein. Werden sie nicht angegangen, spielen sie einfach weiter. Ist etwas unbewusst, so bedeutet das, dass wir nicht wissen, wie es geschieht. Sobald es also bewusst wird, möchtest du es dir mit deinem Leben und den Menschen um dich herum auf keinen Fall verderben. Das ist dann nicht mehr möglich.

Du hast dieses „Ich" erwähnt, und dass wir dazu neigen, daran zu glauben, aber wenn wir es wirklich einmal untersuchen, erkennen wir, dass es nicht echt ist. Würdest du sagen, dass das so etwas wie ein Schlüssel ist?

Ja, es ist ein großer Schlüssel. Die Schwierigkeit ist jedoch, dass wir das „Ich" zwar untersuchen können, in spirituellen Kreisen aber sehr oft diese Bemerkung hören: „Oh, ich habe mich wieder damit identifiziert." Das bezweifle ich. Hast du dich damit identifiziert? Oder spielt sich ein Mechanismus ab, durch den eine Wahrnehmung von „Ich" auftaucht und dann das „Ich" glaubt, dass es das getan hat? Wenn man hinschaut, kann man erkennen, dass sich unbewusst etwas abgespielt hat, wodurch eine Wahrnehmung von „Ich" aufgetaucht ist; und dann, aus der Perspektive des „Ich", sieht es so aus wie „Ich habe das getan." Aber wenn du dann wirklich nach diesem „Ich" suchst, wird deutlich, dass es niemand getan hat. Doch dieser Mechanismus läuft noch weiter. Wie funktioniert das? Was muss geschehen, damit dieser Identifikationsprozess unbewusst beginnt, bewusst zu werden? Man könnte sagen, dass das nicht geschieht, denn es macht nicht wirklich Spaß. (lacht)

Die Bevölkerungsexplosion scheint einen Großteil unserer gegenwärtigen Krise voranzutreiben. Was kann man dagegen tun?

Mir scheint, dass wir gegenwärtig auf dem Planeten ein Finanz-system haben, das nicht menschenfreundlich ist. Es ist für einen sehr kleinen Prozentsatz der Menschen gut, aber die Mehrheit leidet schrecklich darunter. Dazu kommt, dass in den reicheren Teilen der Welt das Bevölkerungswachstum auf weniger als zwei Kinder pro Paar gesunken ist, während in den Ländern der Dritten Welt die Bevölkerung aufgrund der wirtschaftlichen Not explodiert. Das ist bizarr.

Das Ganze wird von diesem merkwürdigen System, in dem wir uns befinden, angetrieben; und solange das nicht angeglichen ist, wird es so weitergehen. Damit das angegangen werden kann, muss es meinem Gefühl nach einen riesigen Wandel geben in der Art, wie wir funktionieren. Wir können es versuchen, aber solange die Dinge aus einer dualistischen Perspektive betrachtet werden, wird es niemals wirklich funktionieren. Es wird immer ein von oben verordnetes System sein und nicht wirklich bewusst aus dem Herzen heraus gelebt. Das ist es, was meiner Ansicht nach geschehen muss, wenn wir es als Spezies überleben wollen.

Siehst du irgendwelche Anzeichen dafür, dass sich da etwas bewegt? Natürlich geschieht das bei einer kleinen Gruppe von Leuten, aber...

Innerhalb einer kleinen Gruppe von Leuten geschieht das. In unseren Retreats, innerhalb kurzer Zeitspannen, ist das Feld, das dabei entsteht, so tief, so lebensverändernd und großartig, dass ich weiß, dass es auch massenhaft geschehen könnte, wenn wir die Medien und alle verfügbaren Ressourcen darauf ausrichten würden. Dann könnte Veränderung sehr, sehr schnell geschehen.

Wir sehen kleine Dinge, zum Beispiel holte Oprah Winfrey Eckhart Tolle und Byron Katie und all diese anderen großartigen Menschen in ihre Fernsehshow, und Millionen Menschen interessierten sich dafür und schauten zu. Ich würde sagen, es gibt ein steigendes Interesse. Es ist eine seltsame Zeit, denn paradoxerweise realisieren Leute unglaubliche Projekte, ohne dass wir etwas davon mitbekommen. Wenn du nicht direkt danach suchst, hörst du nichts davon.

Massenmedien und Korruption sind auf absurde Ausmaße angewachsen. Wie kann man in all dem einen Sinn für Humor bewahren und sehen, dass all das Funktionsweisen des Bewusstseins sind? Wie können wir damit Frieden in uns finden, während wir dieses Unbehagen spüren? Wie können wir damit sein, es einladen... und Frieden finden?

So wie die Länder der Dritten Welt sich entwickeln – insbesondere China und Indien mit ihren riesigen Bevölkerungszahlen – geraten die begrenzten Ressourcen des Planeten unter Druck. Die Verschmutzung lebenswichtiger natürlicher Ressourcen und menschlicher Energien ist alltäglich geworden. Was kann man dagegen tun?

Unsere technologischen Kapazitäten entwickeln sich in einem enormen Tempo, und sie scheinen von einem Finanzsystem angetrieben, das auf die Umwelt keine Rücksicht nimmt.

Aber auch hier sieht man einige Unternehmen, die wahrhaftig anfangen, sich damit auseinanderzusetzen, und alle anderen, die mit ihnen zusammenarbeiten, fangen dann auch an, ökologisch bewusster zu werden. Große Unternehmen sind in einer hervorragenden Position, um etwas zu bewegen. Das finanzielle Überleben von vielen anderen hängt davon ab, die Kriterien der großen Unternehmen erfüllen zu können. Es gibt eine Reihe von Unternehmen, die die Notwendigkeit erkennen, eine andere unternehmerische Denkweise zu entwickeln. Unsere momentanen Funktionsweisen sind sehr kurzsichtig, und die großen Industrien, die petrochemischen Industrien, haben sehr viel Macht. Die Politik ist nicht gerade sauber, um es gelinde auszudrücken.

Die Erde hin zu freundlichen Produkten zu bewegen, wie erneuerbare Energien, und uns durch nachhaltige Landwirtschaft zu ernähren und wirklich in Harmonie mit dem Planeten zu leben. Ich denke, es gibt andere Möglichkeiten, als in diesen riesigen Städten zu leben. Es gibt eine ganze Reihe von Alternativen, die noch nicht auf der Karte verzeichnet sind und die auf jeden Fall einen riesigen Unterschied ausmachen könnten, wie unsere Zukunft aussieht. Es ist im Interesse aller. Ich meine, buchstäblich aller, denn so wird niemand überleben. Oder vielleicht ein paar Kakerlaken. (Lachen)

Das Gaia-Prinzip von James Lovelock betrachtet den gesamten Planeten als einen lebenden Organismus. Welche Verantwortung hat der Mensch gegenüber diesem Organismus?

Schau, die Schwierigkeit liegt darin, wie wir dieses Wort „Verantwortung" hören. Wenn wir es durch den Verstand hören, klingt es wie eine Last oder wie etwas Schweres. Es gibt Menschen, die es lieben, Gärten anzulegen, die die Natur studieren und anfangen, alles im Einklang mit den Naturgesetzen zu arrangieren. Meinem Gefühl nach würden sie bei dem, was sie da tun, eher von einer Liebesaffäre als von Verantwortung sprechen. Wie eine Mutter, die ihr Kind liebt und den verschiedenen Entwicklungsphasen und der

Qualität der gegenseitigen Zuwendung ihre volle Aufmerksamkeit schenkt. Es ist eher eine Liebesaffäre als eine Verantwortung. Ich würde es eher in dem Kontext sehen, dass, sowie sich etwas öffnet, wir erkennen, wer wir sind und was tatsächlich vor sich geht. Dieser unglaubliche Tanz von nichts zu etwas, dieser Nährboden, der sich als all das manifestiert und ein Tanz der Liebe ist – es ist eher so eine Sichtweise, als etwas Schweres.

Und empfindest du diese Vorstellung vom Planeten als Organismus als inspirierend?

Die Welt der Quanten zeigt, dass, wenn wir Atome untersuchen, eigentlich nichts da ist – und dass du, wenn du nach Teilchen suchst, Teilchen findest, und wenn du nach Wellen suchst, Wellen findest. Es ist wie dieser unglaubliche Tanz der Intelligenz. Ich weiß nicht wirklich, wie ich es nennen soll. Du nennst es „lebender Organismus", aber es stellt sich die Frage: Was ist Leben?

Möchtest du über diese Frage sprechen? (lacht)

Ja, aber wir können nicht wirklich darüber sprechen. Es ist eine schöne Frage. (lacht)

Wir fügen eine leere Seite ein. (Lachen)

Man kann es nur wissen, man kann nicht darüber sprechen.

Ja.

Wenn ich hier sitze, spüre ich, wie angenehm es für mich ist, einfach die Seele baumeln zu lassen, die verschiedenen Geräusche zu hören, die Gefühle, die sie auslösen und die Reaktionen, die daraufhin geschehen. Es gibt nichts zu beweisen, keinen Standpunkt, der ernst genommen werden muss; es ist einfach in Ordnung und wir erforschen. Nichts muss verteidigt werden.

*Die traditionellen Religionen mit ihren Glaubensvorstellungen und
ihrer Moral berühren unsere innere Sehnsucht nicht mehr, trotzdem
suchen die Menschen nach einem Sinn in ihrem Leben. Wo können
sie ihn finden?*

Für mich ist es ziemlich einfach geworden. Ich habe neulich
über die drei traditionellen Annäherungen an die Wahrheit oder
Spiritualität nachgedacht – den Weg der *Jnana* oder Weisheit,
den Weg der *Bhakti* oder Liebe und den Weg des Dienens. Das
sind die drei großen Pfade. Für mich kommen sie alle in der
Erkenntnis zusammen, dass es Gewahrsein gibt – das ist Weisheit.
Im Gewahrsein, in DEM, erscheint die Erfahrung des Jetzt – das ist
Liebe, dieses Erkennen, dass alles Liebe ist. Und dann zu erkennen,
dass unsere Aufmerksamkeit das ist, was unsere Verkörperung oder
die Art, wie wir leben, bestimmt; und dass, wenn eine bestimmte
Qualität der Aufmerksamkeit stattfindet, diese jeden nährt. Hörst
du Musik mit Wertschätzung, spielt der Musiker besser. Bist du
auf eine schöne Weise mit einem Kind zusammen, wird das Kind
auf schöne Weise heranwachsen. Und es ist eine Freude für beide,
eine Freude für alle – das ist Dienen. Aber es ist nicht eine *Idee* des
Dienens. Wenn du in das Haus von jemandem kommst, der seine
Pflanzen oder Tiere liebt, kannst du das spüren. Wir können das
Dienen nennen, aber es ist kein Dienen in der Art, dass da jemand
ist, der dient. Es ist die wahrhaftige Verkörperung des Dienens. Für
mich ist das der Ort, an dem sich die drei treffen.

*Findest du, dass die traditionellen Religionen heute eher irrelevant
werden?*

Das würde ich sagen, ja. (lacht)

Ich dachte mir, dass du das sagen würdest. (Lachen)

Glaube ist etwas, das als wahr angenommen wird. Er ist eine
Annahme, die für wahr gehalten wird und die sehr stark emotional

eingebunden ist, sodass wir bereit sind, dafür zu töten oder zu sterben. Und das ist nicht nur religiös, wir haben viele andere Überzeugungen, zum Beispiel kulturelle Überzeugungen, für die wir bereit sind zu töten oder zu sterben. Sie basieren nicht einmal auf etwas Wahrem, sie basieren nur auf einer Annahme.

Im Nahen Osten geschieht gerade etwas Interessantes, weil sich einige sehr fanatische muslimische Länder plötzlich öffnen.

Dieser Wandel wird nicht von den extremen Muslimen angeführt, sondern von sehr gemäßigten, normalen Menschen, die sagen: „Hey, uns reichts! Wir wollen für Ordnung sorgen, damit wir unser Leben genießen können." Ich finde das ist ein sehr interessanter Moment. In gewisser Weise funktionieren die extremen muslimischen Glaubenssysteme dort nicht.

Die Mehrheit der Menschen möchte ein anständiges Leben führen, könnte man sagen. Sie möchten ein schönes Leben leben. Es ist immer eine kleine Minderheit gewesen, die die meisten Schwierigkeiten verursacht hat – und die Bevölkerung macht mit, weil sie irgendwie Angst hat und nicht weiß, wie sie sich einmischen oder was sie tun soll, oder weil sie verwirrt ist. Aber es ist eindeutig ein Ausdruck von etwas anderem als Liebe. Es basiert auf Angst und auf Hass, und normale Menschen wollen nicht in diesen Extremismus hineingezogen werden. Aber jetzt sehen wir, dass etwas anderes geschieht, denn die Leute sagen: „Genug!" Das ist etwas Bedeutendes, das ist wirklich enorm. Denn wenn genügend Menschen einfach nein sagen, dann war's das, dann ist es vorbei.

Es scheint auch ein Thema zu sein, für das die sozialen Medien tatsächlich viele Menschen mobilisieren konnten.

Ja, das ist erstaunlich. Wir sehen Anzeichen dafür, dass sich etwas ändern kann. Wenn ich mir anschaue, wie viel sich gerade in den letzten zehn Jahren im Bewusstsein der Menschen verändert hat, dann ist das enorm. Stell dir vor, die Menschen würden wirklich dort forschen, wo es notwendig ist... was dann auf diesem Planeten geschehen könnte, wäre umwerfend.

Wie könnten die Menschen dazu beitragen, in einer Welt der Einheit und des Einsseins zu leben, anstatt in einer Welt der Trennung?

Durch Erforschung, würde ich sagen, und zum Teil hat das mit unserer Sprache zu tun, einem sehr nützlichen Werkzeug. Wir sprechen über einen Baum oder über eine Person, als ob es ein Objekt wäre. Das hat unser Denken enorm beeinflusst, und zwar schon von klein auf, bevor es überhaupt eine Unterscheidung gab. Wir sprechen über eine Person und glauben zu wissen, wer sie ist; als wäre sie etwas Unveränderliches. Aber wenn wir sehr genau hinsehen, können wir sehen, dass uns diese Etikettierung tatsächlich in Richtung „Subjekt-Objekt" ausrichtet. Wenn wir das erforschen, können wir erkennen, dass es eine Angewohnheit geworden ist, und das bringt tatsächlich viele wirklich schmerzhafte Konsequenzen mit sich. Es tun sich noch andere Möglichkeiten auf, wenn wir beginnen, das zu untersuchen und genau hinzuschauen.

Weil wir es gewohnt sind, zu objektivieren, fokussieren sich unsere Augen in einer Weise, dass wir nach außen auf Objekte schauen und versuchen, die visuelle Information aufzunehmen. Aber wenn du ein Baby oder ein Tier beobachtest, kannst du sehen, dass ihre Augen meist wie Öffnungen sind und das Licht einfach hineingeht. Sie sind nicht auf die gleiche Weise fokussiert. Wenn wir es versuchen, können die meisten von uns mit der Vorstellung spielen, unsere Augen wären Öffnungen und das Licht käme einfach in sie hinein. Das verändert den Fokus, er wird diffuser, und anstatt nach außen zu gehen, um die Information zu bekommen, beginnst du die Informationen von innen abzurufen. Für die meisten Menschen, die sich darin versuchen, bringt das noch eine weitere Veränderung mit sich, sie verlieren sofort das Gefühl, begrenzt zu sein – es entsteht ein völlig anderes Realitätsgefühl. Das ist ein einfaches Spiel, aber sobald du es ausprobiert hast, erkennst du: „Moment mal, die Art, wie ich die Welt durch die Gewohnheit des Fokussierens gesehen habe, ist nicht zwangsläufig die Art, wie die Welt ist." Und, ja, irgendwann einmal werden wir andere Gewohnheiten annehmen – indem wir erkennen, dass unsere alten Gewohnheiten begrenzt sind und von einem Realitätsgefühl aus funktionieren, das nicht wahr ist.

Die Menschen sind einer Informationsflut ausgesetzt, die zu einem Gefühl der Hilflosigkeit führt: „Ich komme damit nicht zurecht..." Wie soll man mit diesen Informationen umgehen?

Wovon wir hier im Grunde reden, ist Überforderung, und diese Überforderung ist der Moment, in dem Stress entsteht – denn wir fühlen uns schon jetzt überfordert, da wir jetzt schon das Gefühl haben, dass die Zeit nicht ausreicht. Dann wird alles zu viel. Wenn du damit beginnst, dein Körpergewebe in Einklang mit der Perspektive des Gewahrseins zu bringen, ist eines der Geschenke, dass da dieses unbestimmte Gefühl ist, dass alles in dir geschieht – und dann gibt es keine Überforderung und keinen Widerstand. Überforderung rührt immer von einem gewissen Grad an Widerstand her. Es fühlt sich an wie „Jetzt werde ich damit bombardiert," aber die Information des Absoluten ist tatsächlich: „Genau hier, genau jetzt," und sie ist sehr sanft.

Was mich eigentlich interessiert, ist die Fähigkeit zu unterscheiden: Wann kommt etwas in unser Bewusstsein, das eher dem Pfad unserer Interessen folgt und nicht von einem Gefühl des „Ich muss" herrührt, was immer zu einem Gefühl der Überforderung führt. Für mich hängt also alles davon ab, wie unser Gewebe organisiert ist. Ist es so organisiert, dass es diese Weiträumigkeit, dieses Gewahrsein, diese Liebe verkörpert, dann darf die Information da sein und kann empfangen werden. Dann findet Unterscheidung statt – und alles geht Hand in Hand. Aber in dem Moment, in dem das System müde ist, fühlt sich ohnehin alles zu viel an.

Kannst du dich zu der Gewalt äußern, der junge Menschen durch Computerspiele und Medien ausgesetzt sind, und zu den Auswirkungen, die dies auf die Gesellschaft hat?

Was war zuerst da, das Huhn oder das Ei? Wenn die Nervensysteme der Menschen nicht das bekommen, was sie brauchen, suchen sie nach irgendwelchen Mitteln, um sich abzulenken. So werden alle Ablenkungen zu Mitteln, um nicht zu bemerken, was eigentlich vor sich geht. Weil die Menschen nicht damit umgehen können, werden sie zu einer Überlebensstrategie des Nervensystems. Und damit es interessant bleibt, muss es immer extremer werden. Das ist die Richtung, in die wir uns damit bewegen, alles wird intensiver und extremer, nur um die Leute bei der Stange zu halten.

Ja, natürlich hat es eine Wirkung, aber es scheint mir keineswegs die wichtigste, die eigentliche Ursache zu sein. Es ist nur eine der Manifestationen, die derzeit stattfinden. Aber eine Menge Leute, die das erkennen, fangen bewusst an, den Zugang dazu einzuschränken; ganz gewiss dann, wenn sie Kinder großziehen – zumindest, bis die Kinder etwas älter und ihre Unterscheidungen etwas vernünftiger sind. Es gibt eine Menge Studien, die zeigen, dass die Wirkung der Medien, insbesondere die des Fernsehens, die Art und Weise verändert, in der sich das Gehirn strukturiert. Das hat große Auswirkungen. Und als wäre das nicht genug, kommt noch hinzu, dass es einen Zustand der Getrenntheit verstärkt – besonders bei kleinen Kindern, bevor sie die Fähigkeit entwickeln, Realitäten zu überprüfen oder Unterscheidungen zu treffen.

Du hast fünf Kinder. Hast du diese Situation persönlich erlebt?

Ja. Bei meinem ersten Kind hatte ich diese Informationen noch nicht, aber bei den anderen vier haben wir die Menge des Fernsehens auf jeden Fall bedacht und abgewogen, auch die Inhalte. Wenn etwas zu heftig war, hatten die Kinder Alpträume, und das war nicht das, was ich mit den Kindern machen wollte (lacht)... sie zum Ausflippen zu bringen...

Aus der Vergangenheit kennen wir Beispiele von Naturvölkern, den nordamerikanischen Natives und den Aboriginals, die wunderbar in Harmonie mit dem natürlichen Ökosystem des Planeten lebten. Könnten sie ein Vorbild für die moderne Menschheit sein?

Das ist ein heikles Thema, denn einige indigene Naturvölker lebten in Harmonie mit ihrer Umgebung und andere nicht. Es gibt da eine große Vielfalt. Diejenigen, die überlebt haben, haben offensichtlich in Harmonie mit der Umwelt gelebt, sonst hätte es nicht so gut funktioniert. Andere Naturvölker Stämme waren sehr kriegerisch.

Aber du lebst zum Beispiel schon seit mehreren Jahren in Australien.

Ja, und unter den Aboriginals gibt es Hunderte von Naturvölkern und Hunderte von unterschiedlichen Wegen. Einige waren sehr im Einklang und andere, vermute ich, waren nicht so im Einklang. Zweifelsohne gibt es Weisheiten, die man von den indigenen Naturvölkern lernen kann. Ich habe gerade gesehen, dass vor Kurzem ein Naturvolk im Amazonasgebiet entdeckt wurde, das keinen Begriff von Zeit hat. In ihrer Sprache gibt es dafür kein Wort. Interessant, oder?

Also, ja, es gibt eine Weisheit, die man lernen sollte. Wenn wir in uns selbst ruhen und uns in den Moment einfühlen, dass wir das Thema, das notwendig ist angehen können, um auf diesem Planeten auf eine schöne Weise zu leben. Und ich habe das Gefühl, dass manche indigene Naturvölker das wahrhaftig lebten und es also einen Weg gab, im Einklang zu sein. Aber es gab auch eine Menge an Aberglauben und anderen seltsamen Dingen, auf die wir wahrscheinlich verzichten können.

Könnte der technologische Fortschritt eine Lösung zur Rettung des Planeten sein? Oder ist das die Wurzel der Krise?

Das ist eine wichtige Frage, denn die technologischen Fortschritte, die gemacht wurden, haben eine große Veränderung gebracht, was auf der Welt möglich ist. Ich habe erst kürzlich herausgefunden, dass zum Beispiel bei Mobiltelefonen ein bestimmtes Element benötigt wird, das, glaube ich, aus dem Kongo stammt. Dafür werden Kinder mit Waffengewalt zur Sklavenarbeit in die Minen gezwungen – das ist wirklich schrecklich! Wir sind zwar an diese Technologie gewöhnt, aber uns ist nicht immer klar, woher sie kommt und was tatsächlich der Preis dafür ist. Aber mit einem differenzierten Blick auf das, wie wir mit all dem umgehen, könnte Technologie extrem nützlich sein, uns in dieser Zeit zu unterstützen. Es gibt einige fantastische Innovationen in der Landwirtschaft und auch in anderen Bereichen, die das Leben wirklich viel einfacher und nachhaltiger machen. Aber es muss auf eine Weise geschehen, die menschenfreundlich und planetenfreundlich ist.

Wenn die Menschen ihren Verstand wirklich darauf ausrichten würden, könnten sie tatsächlich funktionierende Wege finden, mit all dem zurecht zu kommen. Aber oft gibt es wirtschaftliche und andere Überlegungen, die den Faktor Glück und den Preis für den Planeten nicht mit einrechnen. Es scheint, als könnten wir, wenn all diese Dinge in die Gleichung mit einbezogen werden, ein anderes, wirklich praktikables Leitbild haben.

Könntest du zusammenfassen, wie du die gegenwärtige Krise und die wesentliche Lösung siehst?

Die gegenwärtige Krise beruht auf der falschen Wahrnehmung, die Welt als Objekt zu betrachten und sich selbst als von ihr getrennt zu empfinden, getrennt von allem und jedem. Und aus dieser Perspektive heraus, ist unsere Art zu funktionieren schmerzhaft, für uns selbst und ebenso für alle um uns herum. Solange wir durch diesen Filter schauen, können wir all die richtigen Standpunkte vertreten, aber unsere Fähigkeit, sie wirklich zu leben, wird sehr begrenzt sein.

Es muss eine grundlegende Verschiebung in der Ausrichtung unserer Aufmerksamkeit geschehen, damit wir im wahrsten Sinne des Wortes leben können und zwar nicht mit der Idee,

Liebe zu sein, sondern in der gefühlten Wahrnehmung, dass sie tatsächlich die Realität ist. Dann wird alles auf eine ganz andere Art funktionieren. Das ist mein Wunsch für alle Wesen auf diesem Planeten, und wer weiß, gegenwärtig scheint es viele Menschen zu geben, die allmählich erkennen, dass wir nicht die einzigen in diesem Universum sind. Mögen alle Wesen aus jeder Dimension und jedem Universum in Frieden und Liebe leben, und mögen wir das alle in unserer Lebenszeit verwirklichen.

Es wird deutlich, dass du alle Fragen auf deinen Ausgangspunkt zurückgeführt hast – dass vieles davon abhängt, wie wir die Dinge sehen.

Ja.

Wenn wir die richtige Sichtweise einnehmen, wird es eine sanfte, organische, fließende, natürliche Entwicklung oder Öffnung geben.
Das führt zu der Erkenntnis zurück, dass wir Menschen unsere Aufmerksamkeit wieder auf unsere eigenen unbewussten Mechanismen richten müssen, um zu sehen, dass all das in uns geschieht.

Ja, es geschieht alles von innen heraus. Ich würde sagen, es ist entscheidend, zu erkennen, dass es nicht für uns persönlich ist. Wir sind der Gipfelpunkt allen Lebens, das vor uns gewesen ist, und jetzt erlangen wir die Fähigkeit, einige dieser unbewussten Mechanismen in Frieden zu bringen. Am besten geht das, wenn uns bewusst ist, dass es nicht für uns persönlich ist, dass es nichts über uns aussagt. Dass es einfach eine schöne Möglichkeit ist, die Dinge, sobald sie in uns auftauchen, zu erforschen und mit ihnen in Frieden zu kommen. In dem Moment, in dem man es persönlich nimmt, setzt automatisch der Impuls ein, etwas verändern zu wollen, es beheben zu wollen, Schuld, Anklage, Scham. All das verdunkelt unseren Blick auf unsere unbewussten Mechanismen. Also ist es sehr wichtig zu erkennen, dass all das –

diese Subjekt-Objekt-Konditionierung, diese Angewohnheiten der Ausrichtung – Konditionierungen sind.

Wenn du anfängst, nach dem Ursprung dieser Konditionierungen zu suchen, kannst du die Rolle erkennen, die deine Eltern und deren Eltern und so weiter dabei spielten. Den Anfang kannst du nicht wirklich finden. Aber jetzt kommt es ins Bewusstsein, und so können wir jetzt handeln. Die Schwierigkeit mit dieser Konditionierung besteht darin, dass sie ein Gefühl von „Ich" erzeugt. Es fühlt sich so persönlich an, und es fühlt sich wirklich so an, als ob ich es bin. Das ist das Schöne an dieser Erforschung von „Wer bin ich?" dass man zu erkennen beginnt: „Moment mal, tatsächlich ist das nicht wahr!" Doch wir können diese Erkenntnis haben, und dann, im nächsten Augenblick, wird etwas in uns getriggert – und es fühlt sich so persönlich an, wie: „Da bin ich wieder!" (lacht) Und wenn etwas getriggert wird, sind wir nicht mehr an Frieden und Liebe interessiert. Wer gibt in diesem Moment einen Penny dafür? (lacht) Aber im nächsten Moment beruhigt es sich wieder und wir beginnen zu begreifen: „Oh, ich bedaure alles, was gesagt wurde. Ich wollte das so nicht."

Ich danke dir vielmals. Sehr schön...

Und ich danke dir. Danke, dass du deine Liebe in all diese Projekte einbringst. Und ja, es ist schön, dass dieses Interesse wieder in dir aufgetaucht ist und du es jetzt umsetzt.

Etwas später stellte ich Papaji eine weitere Frage, und
dieses Mal hatte ich etwas von mir geschrieben, aber
er fragte mich: „Hast du das in einem Buch gelesen?"

In dem Moment, als er mich herausforderte, schlossen
sich meine Augen, etwas stark Energetisches geschah,
und als ich in mich hineinblickte, war alles vollkommen
weiß.

Da war nichts, da waren keine Gedanken, da war kein
Ich. Es war einfach alles ganz weiß. Da war gar nichts
mehr.

John David

John David ist der Interviewer und Herausgeber dieses Buches. Er liebt es, Menschen zu ermutigen, ihrer inneren Sehnsucht nach Wahrheit und Freiheit zu folgen. Er liebt es, spirituell inspirierende Menschen auf der ganzen Welt über ihr Leben und ihre Lehre zu befragen, damit ihre Lebenswege viele andere ermutigen.

Die Open Sky House Gemeinschaft, die in der Nähe von Köln um ihn herum entstanden ist, ist ein faszinierendes und seltenes Experiment, das eine Möglichkeit aufzeigt, anders zu leben, als es unsere Gesellschaft vorgibt. Ein Leben in Liebe, Frieden und Stille, in dem wir uns gegenseitig unterstützen, uns im Alltag immer wieder auf das Selbst zu fokussieren.

Im Folgenden wird John David von Indira, seiner langjährigen Assistentin, interviewt.

Ich erinnere mich, dass ich eines Tages aus dem Fenster in den Garten schaute und eine große Eule auf einem Baum sitzen sah. Das ist meine erste Erinnerung, damals war ich vier Jahre alt. Einundsiebzig Jahre später erinnere ich mich immer noch sehr genau an dieses Bild, daher glaube ich, dass es mich zutiefst berührt hat. Man könnte sagen, dass dies meine erste spirituelle Erfahrung war.

Ich wurde 1944 geboren, ziemlich genau am Ende des zweiten Weltkriegs. Meine Mutter war einundzwanzig Jahre alt und die Fotos zeigen sie als gutaussehende Frau. In meiner Erinnerung ist sie zart und auf sanfte Weise emotional. Nach meiner Geburt ging mein Vater zurück nach Deutschland. Es war Krieg und er war Arzt in der britischen Armee. Meine Mutter blieb mit mir allein zurück, und wir lebten damals in einem kleinen Häuschen an einem riesigen Sandstrand in Nordwales. Dieser Ort war ausgewählt worden, weil er sehr sicher war und auch, weil mein Großvater und seine Frau von dort aus gut mit dem Bus zu erreichen waren.

Wenn ich auf meine Kindheit zurückblicke, schwingt auch Angst mit. Meine Mutter verlor ihren ersten Mann, als sein Schiff im Krieg torpediert wurde. Sie war siebzehn Jahre alt. Dann ging mein Vater nach Deutschland und ließ sie mit einem neugeborenen Baby allein. Wahrscheinlich lebte sie voller Angst, die sich auf mich übertragen hat.

Auf Fotos und nach dem, was meine Eltern mir erzählten, war ich ein sehr glückliches Baby. Die Fotos zeigen mich mit süßen blonden Locken, und es wurde erzählte, dass ich vor Freude so ausgelassen lachte, bis ich von der Bank fiel. Nach drei Jahren kam mein Bruder. Leider haben meine Eltern es nicht geschafft, uns gut aneinander zu gewöhnen, so dass ich, als ich älter wurde, eifersüchtig auf ihn war. Dann kam eine Schwester und viele Jahre später, als ich schon ein Teenager war, wurde noch ein Bruder geboren. Wir waren also vier Geschwister.

Meine Mutter war immer mit uns zu Hause, und sie war meinem Vater eine sehr gute Lebensgefährtin. Mein Vater war Arzt, Psychiater, und sein Leben war darauf ausgerichtet, Pionierarbeit auf dem Gebiet der Psychiatrie zu leisten. Er hat ständig etwas geschrieben. Er veröffentlichte dreißig oder vierzig Bücher, reiste um die Welt und hielt Vorträge. Er war ein vielbeschäftigter Mann, der auch ein Familienleben führte und so viel Zeit wie möglich zu Hause verbrachte. Mittags kam er oft nach Hause, so dass wir gemeinsam zu Mittag essen konnten, und abends arbeitete er oben in seinem Arbeitszimmer – er war da, aber etwas abseits.

Andere Kinder wollten immer zum Spielen zu uns nach Hause kommen. Meine Mutter war sehr gastfreundlich und herzlich. Sie verteilte Süßigkeiten und Ingwerbier und lud andere Kinder gerne zum Abendessen ein, so dass unser Haus ein sehr beliebter Ort war. Ich habe meine Kindheit als allgemein glücklich in Erinnerung.

Mein Vater war Waliser, und ich habe seine aufbrausende Art geerbt. Meine Mutter animierte uns zum Spielen, mein Vater dazu, Hausaufgaben zu machen. Es gab diesbezüglich einen Konflikt zwischen ihnen, was gut für mich war. Wenn ich zu viel spielte, flippte mein Vater manchmal aus und konnte ziemlich wütend werden, aber im Grunde war er ein sehr ruhiger, gütiger und liebevoller Papa.

Als ich Teenager war, zogen wir von unserem Haus am Rande einer Stadt in ein sehr freundliches kleines Dorf, in dem meine Eltern ein schönes altes Haus mit einem großen Garten gekauft hatten. Ich erinnere mich daran, dass ich mit meinem Vater sehr oft abends nach den BBC-Nachrichten über die Welt sprach und über alle Themen, die mich damals interessierten. Wir redeten bis zwei Uhr morgens, bis meine Mutter mit ihren Lockenwicklern herunterkam und sagte: „Wollt ihr nicht ins Bett gehen?" Ich hatte ein gutes Verhältnis zu meinem Vater, und er war definitiv ein weiser Mann. Ich bin mir sicher, dass ich von seiner Weisheit sehr profitiert habe. Später haben wir unsere schöne Verbindung verloren. Er war mit meinem Lebensstil nicht einverstanden. Wenn ich daran zurückdenke, war es für meine Eltern bestimmt nicht einfach, als ich irgendwann zuhause mit einem langen Bart auftauchte, in orangefarbener Kleidung, mit Holzperlen um den Hals und fünfzig Bildern von Osho.

Das klingt alles ziemlich unbeschwert. War deine Schulzeit ebenso glücklich?

Bei meiner Schulbildung waren meine Eltern nicht sehr weise. Am Anfang schickten sie mich in die Dorfschule, was bedeutete, dass ich und einige andere Kinder aus der Mittelschicht in ein Taxi gesetzt und zur Dorfschule für Landarbeiter gefahren wurden. Denen gefiel das Bild dieser schicken Kinder, die in einem Taxi ankamen, nicht besonders. Das war keine so glückliche Situation. Als meinen Eltern das klar wurde, schickten sie mich auf eine andere Schule, und ich erinnere mich daran, dass ich mit einem Freund übers Land zur Schule radelte. Die beste Erinnerung, die ich habe, ist, dass es eine gemischte Schule war, die Hälfte der Kinder waren also Mädchen – was für mich etwas schöner war. Durch meine gute Beziehung zu meiner Mutter hatte ich bereits ein positives Bild von Mädchen, und das hat sich in der Tat durch mein ganzes Leben gezogen. Ich habe mehr Zeit mit Mädchen als mit Jungen verbracht.

Ich blieb an dieser Schule, bis ich etwa elf Jahre alt war – dann gibt es in England eine spezielle Prüfung. Die Cleveren gehen in die Cleveren-Schule und die nicht so Cleveren in die Schule für Ausgemusterte. Leider hatte ich kein großes Interesse daran, lesen, schreiben oder rechnen zu lernen, aber das waren die wichtigsten Bestandteile dieser Prüfung. Ich bestand zwar den Intelligenz-Teil, aber den wichtigen Teil bestand ich nicht. Nachdem ich Comics für mich entdeckt hatte, so wird erzählt, habe ich mir das Lesen in wenigen Wochen selbst beigebracht. Im Grunde genommen hatte ich an schulischen Dingen überhaupt kein Interesse.

Meine Eltern wussten nicht wirklich, was sie mit mir machen sollten, und so schickten sie mich auf eine traditionelle englische Schule, die eigentlich eine Privatschule war. Es gab Internats- und Tagesschüler; ich war Tagesschüler, und jeden Tag fuhr mein Vater meinen Bruder und mich zur Schule. Es war die beste Schule der Stadt, aber leider war sie für mich völlig ungeeignet.

Ich erinnere mich, dass das Einzige, was mich interessierte, das Arbeiten mit Holz war. Obwohl ich nicht schnell rennen konnte und nicht in der Kricket- oder Rugby-Mannschaft war, habe ich am Ende doch den größten Pokal der Schule für den Bau eines kleinen Segelboots gewonnen. Ich war auch die Nummer eins bei den Schützen der Schule, dafür habe ich auch ein wenig Anerkennung bekommen. Natürlich waren Schießen und Holzarbeiten keine wichtigen Aktivitäten in der Schule, und so war ich während meiner gesamten Schulzeit ständig ein Versager. Soweit ich mich erinnere, war für mich das Beste an der Schule die Sahnebrötchen im Schulkiosk.

Es sah ganz danach aus, als würde ich bei den Abschluss-prüfungen durchfallen, aber glücklicherweise gab es einen Lehrer, der sich für mich interessierte, und ich nahm das an. Wie durch ein Wunder habe ich dann doch genügend von diesen Prüfungen bestanden, so dass ich an der Universität studieren konnte, was alle Erwartungen übertraf.

Hat dir die Zeit an der Universität mehr Spaß gemacht?

Ja, ich habe an einer Ingenieurschule in London studiert, um Bauingenieur und Statiker zu werden. Ein Bauingenieur plant Brücken, Dämme und Erdarbeiten, und ein Statiker entwirft das Gerüst von Gebäuden. Ich wurde staatlich geprüfter Bauingenieur und staatlich geprüfter Statiker. In meinem letzten Jahr an der Universität schrieb ich einen absolut brillanten Brief an ein namhaftes Designbüro in London, das das Opernhaus von Sydney und das Centre Pompidou in Paris entworfen hatte – zwei berühmte Gebäude – und sie boten mir eine Stelle an.

Ich erinnere mich an meinen ersten Tag, an dem ich mit den für mich neuen Jungs zusammensaß, die alle von Oxford oder Cambridge kamen – den beiden berühmten Universitäten in England – während ich von der „Fritzchen-Müller-Universität" kam. Das schüchterte mich sehr ein, aber sie mochten mich, und ich mochte die Arbeit und so habe ich mich sehr gut gemacht. Bei den jährlichen Gehaltsgesprächen bekam ich immer eine Gehaltserhöhung, aber oft ging ich zu diesen Gesprächen und dachte: „Vielleicht ist es jetzt genug. Vielleicht sollte ich kündigen." Es wurde mir immer klarer, dass ich nicht wirklich gerne Ingenieur war, und bei den Treffen des Instituts für Ingenieure fühlte ich mich wie ein Fisch in der Wüste.

Nach und nach dämmerte mir, dass dies nicht wirklich mein Schicksal sein konnte, aber ich wusste nicht, was mein Schicksal war. Jedes Jahr, wenn sie mir eine Gehaltserhöhung gaben, sagte ich: „Vielen Dank" – und machte ein weiteres Jahr weiter. Schließlich konnte ich nicht mehr und entschied mich, wieder zu studieren und Architekt zu werden. Vor der letzten Gehaltsbesprechung war ich mittags in die Kneipe gegangen, hatte ein paar Whiskys getrunken und hatte ihnen dann verkündet: „Ich kündige", was emotional sehr, sehr schwer für mich war.

Lustigerweise hatte die Existenz eine kleine Tücke arrangiert. Ich hatte einen sehr alten Volkswagen Käfer mit Sonnendach, den ich sehr liebte, und ich ließ ihn in einer Werkstatt warten, deren Besitzer einen roten Porsche mit schwarzen Ledersitzen hatte, den er mir verkaufen wollte. Ich stand vor der Wahl: Arbeite ich weiter und kaufe den Porsche oder kündige ich und kaufe den Porsche nicht? Das war keine leichte Entscheidung.

Letztendlich habe ich gekündigt und eine berühmte internationale Architekturschule in London besucht. Dort traf ich interessante Lehrer und Freunde und fühlte mich jeden Tag himmlisch frei. Ich war total begeistert und absolut glücklich mit meinem Leben. Meine Eltern waren natürlich sehr froh über die Aussicht, dass ich Architekt und Ingenieur sein würde, und alles sah danach aus, dass ich ein sehr verantwortungsvolles Mitglied der bürgerlichen Gesellschaft werden würde. So lief mit meiner Familie alles sehr gut.

Ich war zu diesem Zeitpunkt etwa siebenundzwanzig Jahre alt und spürte zunehmend eine starke innere Unzufriedenheit. Ich habe nicht wirklich verstanden, was das war. Ich war nicht unglücklich – ich hatte meinen Volkswagen, eine schöne Wohnung, gelegentlich eine Freundin, und ich hatte durch die Arbeit in diesem Unternehmen etwas Geld. Oberflächlich betrachtet war ich also glücklich. Aber auf einer tieferen Ebene fühlte ich mich isoliert und unzufrieden. Ich hatte eine Krise, und ich wusste nicht wirklich, was ich dagegen tun sollte. Ich kannte niemanden, der mir helfen konnte noch wusste ich, welche Hilfe ich brauchte, aber in den nächsten ein, zwei Jahren wurde dieses Gefühl immer stärker. Zu dieser Zeit traf ich an der neuen Hochschule ein paar japanische Architekturstudenten, und sie luden mich ein, in den Sommerferien für drei, vier Monate nach Japan zu kommen. Dies schien mir eine großartige Idee zu sein, denn es wäre etwas vollkommen Neues, eine völlig andere Kultur und ein neues Abenteuer.

Ich organisierte mir einen Ferienjob in einem Architekturbüro in Tokio und wollte abends Englischunterricht an einer Sprachschule geben. Man stellte mir eine traditionelle Ein-Zimmer-Wohnung zur Verfügung, die tagsüber mein Wohnzimmer war und in der ich abends mein Bett und mein Bettzeug aus dem Schrank nahm und es zum Schlafzimmer umbaute. Die Toilette war ein Loch im Boden und gegessen wurde mit Stäbchen – und so begann ich, Kulturen zu vergleichen. Nachdem ich drei oder vier Monate gearbeitet hatte, machte ich eine Reise durch Japan, danach sollte es zurück nach England gehen.

Auf der Reise wurde mir klar, dass ich nicht zurückgehen wollte. Japan war von den äußeren Bedingungen eine Herausforderung, und innerlich wurde ich mit der völlig anderen Kultur, in der ich jetzt lebte, konfrontiert. Es interessierte mich, diese Kultur besser zu verstehen. Damals hatte ich bereits getöpfert, ich interessierte mich für die Teezeremonie, studierte Shiatsu und interessierte mich für Zen und für das Noh-Theater; all dies zusätzlich zum Studium der traditionellen und modernen Architektur. Es gab viele Zenklöster und -tempel, und während ich durch Japan reiste, entwickelte ich auch ein spirituelles Interesse.

Letztendlich entschied ich mich, nicht zurückzugehen und noch ein Jahr zu bleiben. Der Chef meines Architekturbüros gehörte der Universität in Tokio an und vermittelte mich als Forschungsstudenten. Wenn man an der Universität Tokio eingeschrieben ist, ist man in Japan wie ein Gott. Wenn man sagt, dass man ein Todai-Student ist, stehen einem alle Türen offen. Das war ein großes Glück, und so konnte ich noch weitere drei Jahre bleiben, weil der Professor jedes Jahr einen Brief schrieb, mit dem ich das Visum verlängern konnte.

Mein längerer Aufenthalt ermöglichte es mir, alle berühmten Architekten Japans zu treffen und ihre Bauten zu besichtigen. Ich habe zu dieser Zeit unendlich viele interessante Menschen getroffen, sogar drei Architekten, die Jahre später einen Preis – ähnlich dem Nobelpreis – für ihre Arbeit erhielten.

Gleichzeitig machte ich damals einen sehr starken inneren Prozess durch. Bevor ich nach Japan kam, hatte eine tiefe Selbstreflexion über mich und meinen Platz in der Welt begonnen. Diese vertiefte sich durch die Frage nach der Natur des Lebens selbst. Die extremen kulturellen Unterschiede und die Tatsache, dass ich allein im Zentrum einer riesigen Stadt lebte, verstärkten all meine Fragen noch.

Ich traf auch eine Frau. Nun, ich habe einige Frauen kennengelernt, aber eine ganz besonders. Yoshiko wurde meine Frau, und wir verbrachten zwölf Jahre miteinander. Sie hat mich die Stille gelehrt. Sie war meine Zen-Meisterin. Sie kam aus der Innenstadt von Tokio und war eine Art Einzelgängerin – eine ganz besondere Frau. Ich nahm sie mit nach England, um sie meinen Freunden und meiner Familie vorzustellen, weil wir heiraten wollten. Das lief alles sehr gut, alle mochten sie sehr. Sie sprach kein Englisch, ich kein Japanisch, und so hatten wir eine interessante Art der Kommunikation durch Stille.

Dann kamen wir auf die Idee, eine kleine Hochzeitsreise nach Paris zu machen und danach nach Tokio zurückzufliegen. Das war der Plan, doch dann griff das Schicksal ein und veränderte mein Leben von Grund auf. Im Jahr zuvor war ich von Tokio nach Kyoto gefahren, um einen deutschen Architekturprofessor vom MIT in Amerika zu treffen. Er wollte mit mir über japanische Architektur sprechen.

Als ich ankam, stand an der Bushaltestelle ein Mann, der Pfeife rauchte und orangefarbene Kleidung trug. Er hatte eine Holzperlenkette um den Hals, mit einem Foto, das wie Karl Marx aussah, sich dann aber als *Bhagwan* Shree Rajneesh herausstellte. An diesem Abend sprachen wir nicht über Architektur, sondern über alle möglichen spirituellen Dinge. Er war mit seiner japanischen Frau dort, die ebenfalls in orange gekleidet war, sie hatten auch eine junge Chinesin eingeladen. Wir vier saßen also die ganze Nacht zusammen und sprachen über *Chakren* (Energiezentren), Meditation und spirituelle Meister, was mich vermutlich interessiert haben muss.

Am nächsten Nachmittag, als ich gehen wollte, spielten sie mir eine kleine Audioaufnahme von *Bhagwan* (Osho) vor. Sie waren voller Begeisterung und sagten: „Weißt du, du bist absolut bereit dafür. Dies ist dein nächster Schritt. Du musst ihn besuchen." Und während ich zuhörte, dachte ich: „Er hat eine schreckliche Art, Englisch zu sprechen, und ich habe null Interesse, er interessiert mich überhaupt nicht." Ich erinnere mich, dass ich damals einen gestutzten Bart hatte und einen weißen Anzug und eine goldgerahmte Brille trug. Ich war eine seltsame, bürgerliche, verlorene Seele.

Da du nicht wirklich Interesse hattest, wie hast du Osho denn dann kennengelernt?

Der „Zufall" kam plötzlich ins Spiel. Als Yoshiko und ich in Paris zum Flughafen kamen, um nach Tokio zurückzufliegen, gab es eine Durchsage, dass das Flugzeug Verspätung habe. Sie steckten uns für die Nacht in ein Hotel, und am nächsten Morgen bekamen wir ein neues Ticket – von Air India. Es sollte ein Zwischenstopp in Delhi eingelegt werden, und als wir uns Delhi näherten, hörte ich mich zu Yoshiko sagen: „Vielleicht steigen wir einfach aus und machen hier einen kurzen Urlaub." Das haben wir dann getan. Damals konnte man einfach auf seinen Koffer zeigen und aus dem Flugzeug aussteigen. Damals gab es noch keine Probleme mit der Sicherheit.

Am nächsten Tag ging ich zum Reisebüro, um unseren Flug nach Tokio zu organisieren, und als wir uns unterhielten, sagte der Mann zu mir: „Wissen Sie, dies ist kein Economy-Ticket. Mit diesem Ticket können Sie umsonst durch ganz Indien fliegen." Das war eine unglaubliche Nachricht, und ich sagte zu Yoshiko: „Warum verbringen wir nicht gleich hier unsere Flitterwochen? Wir könnten drei Wochen bleiben und etwas später nach Tokio zurückkehren."

Wir reisten durch Indien zu allen touristischen Attraktionen und hatten eine wunderbare Zeit. Schließlich kamen wir nach Bombay, und ich erinnerte mich, dass der Rajneesh Ashram nicht weit entfernt war und dass mein deutscher Freund, der Professor, dort sein könnte. Es waren nur ein paar Stunden mit dem Zug und so beschlossen wir, ihn zu besuchen.

Ich erinnere mich, dass ich nach ein paar Tagen im Ashram eine enorme Veränderung spürte. Nach all den Jahren, in denen ich verwirrt und desorientiert und im Grunde genommen sehr unglücklich gewesen war, ohne die geringste Ahnung, was ich mit meinem Leben anfangen sollte – fühlte ich mich plötzlich sehr glücklich. Die Atmosphäre berührte mich tief. In seinen morgendlichen Diskursen sprach *Bhagwan* über verschiedene spirituelle Traditionen oder unterschiedliche spirituelle Meister – Dinge, mit denen ich noch nie zuvor zu tun gehabt hatte; ich fand das alles sehr interessant. Er war sehr charismatisch und saß in einem weißen Gewand auf einer einfachen Bühne. Er erzählte ein paar Witze und einige hundert Menschen saßen vor ihm. Ich fand das Ganze sehr schön und konnte spüren, dass die Menschen, die mir im Alltag im Ashram begegneten, sehr offenherzig waren.

Ich meditierte zum ersten Mal. Ich sollte eine Stunde lang die Augen geschlossen halten, und ich erinnere mich, dass ich dort saß und dachte: „Was mache ich denn hier? Das ist eine solche Zeitverschwendung! Es gibt so viele Dinge, die ich in dieser Stunde erledigen könnte." Ich war damals sehr verkopft. Drei Wochen lief ich im Ashram umher und fragte: „Warum? Kannst du mir dies und das erklären?" Ich nahm an einem Workshop teil, der mir einen Vorgeschmack darauf gab, das Leben auf eine andere Art und Weise zu begreifen. Yoshiko war zu dieser Zeit eine sehr gute Stütze, weil sie eine natürliche Stille hatte, so dass es für sie wahrscheinlich leichter war als für mich.

Wir beschlossen, nach Japan zurückzugehen, ein Jahr lang hart zu arbeiten, zu heiraten und zurückzukommen. Das haben wir im Grunde genommen dann auch getan. Ich arbeitete die ganze Zeit und verdiente Geld mit Englischunterricht, Yoshiko machte mit ihrer Arbeit weiter und wir heirateten. Ihr Vater gab ihr die gleiche Summe wie die, die ich einbrachte.

Wir planten, über Indien zurück nach England zu reisen und als Ehepaar zu leben. Wir kauften alle möglichen schönen japanischen Dinge für unser Leben in England, packten etwa zwanzig große hölzerne Teekisten und schickten sie nach England in die Garage meines Bruders – wo sie dann fünfundzwanzig Jahre lang stehen blieben! Nach einem Jahr im Ashram verliebte Yoshiko sich in jemand anderen und wollte weggehen und mit ihm in Europa zusammen sein. Ich sagte: „Für mich ist das in Ordnung, wir bleiben Freunde. Geh und amüsiere dich!" Ich war in Osho verliebt, also war es völlig in Ordnung für mich da zu bleiben.

Etwa sechs Monate nachdem Yoshiko gegangen war, flog Osho plötzlich nach Amerika. Eines Tages kamen wir in den Ashram und erhielten die Nachricht, dass er weggegangen war und der Ashram geschlossen würde. Da war ich damit konfrontiert nach England zurück zu gehen. Yoshiko und ich trafen uns wieder und begannen in London ein neues gemeinsames Leben. In der Zwischenzeit ging Osho nach Oregon und gründete eine große Gemeinschaft. Das war das erste Mal, dass er mich verließ.

In London konnte ich meine Wohnung zurückbekommen, aber wir mussten einen Weg finden, um Geld zu verdienen. Yoshiko war, was Kleidung betraf, absolut brillant. So gingen wir früh am Morgen auf einen Straßenmarkt, wo sie alle Second-Hand-Kleidungs-Stände durchforstete und alles raussuchte, was aus Seide, Wolle, Kaschmir oder Leinen war – alles, was besonders war – wir brachten es nach Hause, wuschen es, bügelten es, und ich verkaufte es in der folgenden Woche an unserem eigenen Marktstand. Das hat uns ein Einkommen verschafft.

Dann hatte Yoshiko eine brillante Idee: „Warum verkaufen wir nicht Seidenkimonos?" Sie hatte einen Freund in Japan, der uns Kimonos schicken konnte. Wir begannen mit einem Kimonoständer, aber nach einiger Zeit wurde uns klar, dass ein Straßenmarkt nicht der richtige Ort war, um Seidenkimonos zu verkaufen. Also gingen wir auf Antiquitätenmessen und in die besseren Hotels.

Yoshiko hatte noch eine weitere brillante Idee. Die Arbeiterinnen auf dem Land in Japan trugen früher kleine Schlabberhosen und Jacken, die man falten konnte. Wir konnten sie über den Freund, der uns die Kimonos schickte, beschaffen. Sie wurden aus natürlichem, indigo-gefärbtem Stoff hergestellt, wobei jedes Stück von Hand gefärbt wurde, wodurch wunderschöne, einzigartige blau-weiße Muster entstanden. Nie haben wir das gleiche Muster zwei Mal gesehen.

Ich erinnere mich, dass wir damit eines Nachmittags in das Einkaufsbüro einer sehr berühmten Boutique gingen. Die Besitzerin, Maureen, sagte, sie würde alles, was ihr gefällt auf einen Stapel legen. Sie nahm alles aus unserem Koffer heraus und legte es auf den Stapel. Es war ein sehr starker Augenblick, denn sie liebte das Zeug einfach. Ehe wir uns versahen, stellte sie es im Schaufenster ihrer Boutique aus, und kurz darauf war es in den Modemagazinen zu sehen. Fast über Nacht hatten wir ein heißes Geschäft. Es war japanischer Abfall, aber mit Hilfe von Maureen haben wir ihn zu einem der stärksten Mode-Statements jenes Sommers gemacht. Nachdem wir London erobert hatten, gingen wir nach Paris, Mailand und Amsterdam. Wir reisten mit dem Auto durch ganz Europa und verkauften an die besten Boutiquen. Das Geschäft lief so unglaublich gut, dass wir kaum Zeit hatten zu schlafen.

Schließlich stellten wir das Geschäft ein und besuchten Osho in Oregon. Als es Zeit wurde, nach London zurückzukehren, beschloss ich, länger zu bleiben, aber Yoshiko wollte zurückgehen. Also haben wir uns wieder getrennt. Ich durchlebte in der Gemeinschaft einige Abenteuer und intensive Augenblicke. Ich war inzwischen recht gut im Meditieren und es wurde sehr zu meinem Fokus. Ich hatte etwa sechs Monate innerhalb der Gemeinschaft gearbeitet, als Osho uns plötzlich verließ. Er wurde verhaftet und musste die USA verlassen.

Die Community brach zusammen, und ich erinnere mich, dass ich in einen gelben Schulbus stieg und die Küste entlang durch Oregon nach Kalifornien fuhr. Wir landeten in einer kleinen Stadt namens Laguna Beach, südlich von Los Angeles. Es war eine sehr reiche kleine Stadt mit vielen Hollywood-Leuten. Plötzlich kamen Horden von Flüchtlingen aus dieser Community dort an, alle in orange. Wir mieteten diese wahnsinnigen Villen, teilten, was wir hatten und überlebten zusammen. Ich fand ein möbliertes Haus an einer Klippe mit Blick auf den Strand und das blaue Meer; es war voller Sonnenschein, und ich fand Leute, die es mit mir teilten. Zu diesem Zeitpunkt beschloss Yoshiko, mich zu besuchen, und unsere Partnerschaft, unsere Liebesbeziehung ging wieder weiter. Zweimal hatten wir uns getrennt, und zweimal kamen wir wieder zusammen.

Hattest du in deiner Zeit mit Osho, als du viel meditiert und innere Arbeit gemacht hast, auch einen Einblick oder einen Satori *(Erwachens) Moment?*

Mein erster sehr starker spiritueller Moment geschah während eines Familienurlaubs, als ich etwa zehn Jahre alt war. Wir waren in Südfrankreich, in der Nähe von Arles in der Camargue. Die Gegend war bekannt wegen ihre wilden weißen Pferde. Mein Vater hielt an, damit wir aussteigen und die Pferde sehen konnten. Als ich ausstieg, erlebte ich plötzlich einen Moment voll blendendem Licht, ein innerer Schock – ich konnte dafür nicht wirklich spirituelle Worte finden, weil ich dafür zu jung war. Aber es ist auf jeden Fall etwas passiert, und es hatte mit der Schönheit zu tun, der Sonne, den Pferden, der Landschaft und vielleicht mit dem Aussteigen aus dem Auto. Wenn ich zurückblicke, glaube ich, dass mein Verstand stehenblieb und ich einen besonderen Moment hatte. Ich glaube, das war mein erstes *Satori*.

Während der Zeit, in der ich in dieser kleinen Stadt in Kalifornien lebte, nahm ich an einer einmonatigen Hypnotherapie-Ausbildung teil. Der Hypnotherapeut war einer der wichtigsten Osho-Therapeuten gewesen, und wir hatten eine gute persönliche Verbindung. Nach einer Woche hatten wir einen freien Tag und gingen alle an den Strand. Dort geschah etwas mit mir, und am nächsten Tag fühlte ich mich nicht danach, in den Workshop zurückzukehren. Stattdessen saß ich an dem kleinen Bach, der durch das Gelände floss. Ich erinnere mich an Sonnenschein, umherschwebende Libellen, Schmetterlinge und das Gefühl einer unglaublichen Ekstase. Eine unglaublich große Ekstase und viel Schönheit. Ich glaube nicht, dass mein Verstand funktionierte. Ich war in einem sehr leeren Raum; vielleicht war es ein *Satori*, ich weiß es nicht. Ich habe nur gelacht. Es war sehr friedlich, sehr leer und still, und ich fühlte mich sehr präsent in der Schönheit der Natur – die Sonne auf dem Bach, die Schmetterlinge, alles war wunderschön. Ich habe nie wirklich hearusgefunden, ob es ein *Satori*-Moment oder eine stressbedingte Reaktion auf den Workshop war.

Warst du noch mit deiner japanischen Frau zusammen? Konntest du den spirituellen Weg mit ihr teilen?

Osho war nun wieder in Indien, in Puna, und alle begannen wieder nach Indien zurückzukehren, um bei ihm zu sein. Yoshiko und ich beschlossen, gemeinsam zurück nach London zu gehen, und ich hatte den Plan, danach zu Osho zu gehen. Yoshiko wollte in London bleiben und ihre Arbeit als Modedesignerin fortsetzen, und so beschlossen wir, uns zu trennen. Das war sehr heftig für mich, weil ich sie voll und ganz liebte. Wir waren unglaublich tiefe Freunde, und sie hatte einen wundervollen Charakter und ein wunderbares Herz. Sie war zart und stilvoll und sie kochte großartiges japanisches Essen. Kein Mann bei klarem Verstand würde so eine Frau jemals verlassen.

Aber ich konnte nicht bei ihr bleiben. Ich wollte, dass sie mitkommt, aber wenn sie nicht mitkam, musste ich dennoch gehen. In unserer letzten gemeinsamen Nacht lag sie im Bett und schlief. Ich saß auf einem Stuhl und machte eine sehr schöne Zeichnung – ich habe sie immer noch – von zwei oder drei Muscheln. Das war ein Symbol dafür, wie ich sie sah. Ich ging nach Indien und sie blieb in London, und das war das Ende unserer gemeinsamen Beziehung. Wir waren zwölf Jahre zusammen gewesen. Jetzt, viele Jahre später, sind wir immer noch Freunde, die Verbindung ist nie wirklich abgebrochen, aber sie hat eine Wahl getroffen und ich eine andere.

Du hattest eine schöne Verbindung zu deiner Familie. Hat sich das fortgesetzt?

Als ich dreißig war, ging ich zu Osho und ich bekam Briefe von meiner Mutter, in denen stand: „Was machst du dort? In der Sonne sitzen und nichts tun? Was machst du mit deinem Leben?" Sie konnten das nicht verstehen. Für mich war das etwas überraschend, denn meine Eltern hatten mich im Grunde genommen zu einem außergewöhnlichen Typen erzogen. Meine Mutter hatte Spiel und Kreativität gefördert. Mein Vater hatte andere Dinge gefördert, Unabhängigkeit zum Beispiel.

Als ich achtzehn Jahre alt wurde, sagte er zu mir: „Du kommst dieses Jahr nicht mit in den Familienurlaub. Zieh alleine los!" Und ich: „Was?! Ich kann beim Familienurlaub nicht dabei sein?" Er warf mich aus dem Nest. So trampte ich ein oder zwei Monate durch

Europa und hatte eine herrliche Zeit, aber ich war absolut nicht darauf vorbereitet gewesen, nicht beim Familienurlaub dabei zu sein.

Er war ein sehr kluger Mann, aber als ich mit einem langen Bart und orangefarbener Kleidung auftauchte, begann unsere Verbindung nicht mehr so gut zu funktionieren. Nach und nach trennte uns immer mehr. Damals war das schwer für mich, weil ich zu beiden und zu meinen Brüdern und meiner Schwester eine sehr liebevolle, emotionale Verbindung hatte. Aber bei meiner Entscheidung, konnte ich keine Kompromisse eingehen, und so bekam die emotionale Bindung zu meiner Familie allmählich Risse, bis sie schließlich zerbrach. Meine Brüder und meine Schwester heirateten und bekamen Kinder. Ich vergaß, Weihnachtskarten und Geburtstagskarten zu schicken. Das gefiel ihnen nicht und es wurde schwierig.

Weil du deine Sehnsucht nach Wahrheit nicht verleugnen wolltest, hast du deine japanische Frau und deine Familie verlassen, obwohl du sie sehr geliebt hast. Wie ging es dann weiter?

Als Osho Amerika verließ und nach Indien zurückkehrte, verließ ich Yoshiko und kehrte ebenfalls zurück. Ich begann mit Tibetan Pulsing, einer energetischen Körperarbeit. Ich hatte den Mann, der das entwickelt hatte, in Kalifornien kennengelernt. Wir hatten eine gute Verbindung und er machte immer Witze darüber, dass er und ich und noch ein anderer Kerl in einem früheren Leben gemeinsam Piraten gewesen waren. Ich fühlte mich in dieser Gruppe immer sehr willkommen. Nach und nach wurde sie zur größten Gruppe in Oshos Ashram, und ich wurde einer der Assistenten. Ich traf eine russische Frau, die an der Moskauer Universität Psychologie studierte. Sie wollte, dass ich diesen Mann an die Universität einlade, um einen Workshop zu geben. Als ich ihm ihre Einladung gab, sagte er: „Nein, geh du!"

Das war ein ziemlicher Schock, weil ich mich nicht bereit dazu fühlte. Deswegen arrangierte ich es so, dass ein anderer Assistent, ein Amerikaner, der Psychiater gewesen war, mit mir kam. Er sollte den Workshop leiten und ich wäre der Assistent. Mein Selbstvertrauen war immer noch nicht sehr groß, aber ich erhielt mein Visum und mein Ticket, und in letzter Minute kam er nicht mit.

Ich traf meine Freundin in Moskau, und dann stellte ich fest, dass sie nichts mit der Universität ausgemacht hatte. Ich hatte ziemliche Anstrengungen unternommen, um dorthin zu gelangen, und es war nichts organisiert. Später fand ich heraus, dass dies typisch ist in Russland. Sie erzählte mir, dass sie als Übersetzerin zu einem Meditationscamp in den Bergen im Süden Russlands eingeladen war. Es gab eine Gruppe aus Deutschland und eine Gruppe Russen. Wenn ich wollte, könnte ich mit ihr gehen. Ich sah, dass ich nicht wirklich eine Wahl hatte; ich war dort und jetzt war es so.

Wir fuhren mit dem Zug durch ganz Russland und die Ukraine und landeten in Sotschi, schliefen in dieser Nacht im Bahnhof und trafen am Morgen die Gruppen. Große Armeehubschrauber brachten uns zu einem Campingplatz neben einem Gletscher hoch oben in den Bergen. Die Studenten kamen aus Deutschland und Russland, es war eine Art kultureller Austausch.

Ich war dieser Extra-Typ, der schon einige Jahre meditiert hatte und der glaubte: „Ich weiß eine Menge über all das." Nach kurzer Zeit war ich mit dem Lehrplan nicht einverstanden; also verlegte ich mein Zelt ein Stück weiter flussaufwärts. Damit brachte ich meine russische Freundin in eine schwierige Situation. Was wollten wir am Ende der Gruppe tun? Ich hatte keine Ahnung, was passieren würde.

Auch hier griff das Schicksal ein. Jemand hatte für einen Mann, der in einer nahegelegenen Stadt lebte, einen Brief von Osho mit einem neuen Namen mitgebracht. Wir hatten keine Ahnung, wo er in der Stadt lebte, aber am Ende des Camps machten sich zwei oder drei von uns auf den Weg, um diesen Brief zu überbringen. Die Existenz übernahm das Ruder, denn als wir in der Stadt ankamen, gingen wir auf einer Straße entlang und trafen den Mann, den wir suchten! Er war sehr gerührt, dass wir ihm den Brief brachten. Als wir erklärten, dass wir die Idee hatten, einen Workshop anzubieten, sagte er: „Kein Problem, ich kann alles arrangieren." Das war mein erster Workshop. Wir machten Osho-Meditationen, ich zeigte ihnen Tibetan Pulsing und wir verbrachten Zeit miteinander. Wir hatten ein sehr gutes Wochenende.

Ich reiste weiter mit einer kleinen Gruppe von Leuten, die mir näher standen. Es war zu der Zeit, in der es in der Sowjetunion eine starke Lebensmittelknappheit gab. Die Geschäfte waren leer. Wir kauften unsere Lebensmittel auf privaten Märkten, und ich erinnere mich, dass ein junger Mann immer den Champagner trug. Sie hatten sehr guten, billigen Champagner. Wir lebten von Champagner und Kartoffeln.

Fast jedes Wochenende wurde ich in eine andere Stadt eingeladen. Freitags hatten wir einen Einführungsabend, dann einen zweitägigen Workshop und am Montag einen Austausch über das, was am Wochenende passiert war. Dann stieg ich in einen Zug und fuhr in eine andere Stadt. Das habe ich sechs Monate lang gemacht, etwa achtzehn Wochenenden, in der ganzen Sowjetunion. Ich stellte fest, dass ich allmählich wie ein spiritueller Lehrer handelte. Die Leute stellten Fragen und irgendwie hatte ich Antworten. Ich wusste nie, woher die Antworten kamen, es waren nicht meine Antworten, sie kamen durch mich hindurch. Wir haben viel meditiert; ich befand mich in einem sehr angenehmen ruhigen Zustand. Es kamen sehr herzliche, offene Menschen. Es stellte sich heraus, dass es in der Sowjetunion einen inoffiziellen spirituellen Untergrund gab, in dem man spirituelle Bücher kopierte und weitergab – und wir schlossen uns diesem Netzwerk an.

War das, bevor du Papaji getroffen hast?

Ja, das war kurz bevor ich Papaji traf. Als ich nach Puna zurückkam, war der Therapeut, der mir gesagt hatte, ich solle nach Moskau gehen, sehr sauer. Man hatte ihm Geschichten erzählt, was dort passiert war. Angeblich hatte ich ungeheuerliche Dinge getan. Ich war von ihm etwas enttäuscht, weil ich dachte, ich hätte eine wunderbare Arbeit geleistet. Ich hatte das Gefühl, dass er ein bisschen eifersüchtig war. Ich hatte seine Arbeit gemacht und war von seinem Assistenten fast zu einem Guru geworden. Vielleicht war das ein bisschen bedrohlich.

Dann starb Osho. Das war das dritte Mal, dass Osho mich verließ, und dieses Mal war es endgültig. Ich blieb noch ein oder zwei Jahre im Ashram. Ich hatte das Gefühl, dass ich durch meine jahrelange Meditation viel erreicht hatte. Was in der Sowjetunion geschehen war, schien zu bestätigen, dass ich an die Tür der Erleuchtung geklopft hatte. Also war ich eigentlich ganz zufrieden.

Dann kamen Leute von ihrem Besuch bei Papaji in Lucknow zurück nach Puna, und ich nahm bei ihnen etwas Besonderes war. Sie wirkten extrem strahlend und offen und hatten eine sehr fröhliche Herzensenergie. Ein enger Freund kam zurück und versuchte, mir das „Ich" zu erklären. Er sagte immer wieder: „Das ist ganz einfach, kannst du das nicht sehen? Kannst du das nicht sehen? Siehst du nicht, wie sehr du dich mit der Vorstellung identifizierst, jemand zu sein? Siehst du das nicht?" Ich konnte es überhaupt nicht sehen. Ich war fünfzehn Jahre bei Osho gewesen, und natürlich hatte ich eine Transformation durchgemacht, und sicher war ich sehr ruhig geworden und hatte eine gute innere Achtsamkeit entwickelt. Die Workshops hatten mir geholfen, Kindheitsthemen zu verstehen, meine Psychologie zu verstehen, aber ich habe nie verstanden, dass das „Ich" nicht real ist. Es war nie eine Frage gewesen.

Mein aus Lucknow zurückgekehrter Freund versuchte, mir zu zeigen, dass das „Ich" eine Illusion ist. Ich konnte es nicht verstehen, hatte aber das Gefühl, dass ich, wenn ich Papaji treffen würde, vielleicht direkt von ihm verstehen könnte, was mein Freund immer wieder als sehr einfach beschrieb. Später konnte ich sagen: „Nun ja, es ist sehr einfach, wenn man es versteht." Ich glaube nach so vielen Jahren war ich bereit für einen anderen Schritt.

Wie war dein erstes Treffen mit Papaji?

Das ist eine sehr schöne Geschichte. Ich kam in Lucknow mit meiner russischen Freundin an, mit der ich seit zwei Jahren – seit meiner Zeit in Moskau – zusammen war. Wir übernachteten in einem Hotel, mieteten am nächsten Tag eine Fahrrad-Rikscha und baten darum, zu Papajis Haus gebracht zu werden. Wir wussten nicht genau, wo es war, aber wir kannten den Namen der Gegend: Indira Nagar. Der Mann sagte: „Ja, ja", und er sah aus, als hätte er es verstanden, also nahmen wir in der Rikscha Platz. Es war sehr heiß. Er fuhr die Hauptstraße entlang zu Indira Nagar. Er fuhr die Straßen auf und ab und hielt nach dem Haus Ausschau, aber wir kannten die Adresse nicht genau. Wir schwitzten, dieser arme Mann schwitzte, und ich machte mir wirklich Sorgen um ihn. Ich erinnere mich, dass ich plötzlich „Stopp!" rief. Ich stieg aus der Rikscha aus, und mein Blick fiel auf den Torpfosten des Hauses vor uns auf dem „Poonja" stand. Das war der Familienname von Papaji.

Ich sah auf, und da war er und kam auf das Tor zu. Ich ging auch auf das Tor zu, und wir trafen uns dort, gerade so, als ob alles vom Göttlichen geplant worden wäre. Wahrscheinlich war es so! Ich war geschockt, und er fing an, ganz alltägliche Dinge zu fragen wie: „Wo ist dein Gepäck? Wo übernachtest du?" Meine Gedanken waren: „Ich habe Gott getroffen und er sorgt sich um mein Gepäck!" So sind wir uns begegnet.

Sehr schön. Was geschah dann?

Ein paar Tage später war Buddhas Geburtstag und jemand sagte zu mir: „Wenn du willst, kannst du zu Papajis Haus kommen." Das war auch ein Schock, denn während meiner fünfzehn Jahre bei Osho war ein Treffen mit ihm nie in Frage gekommen. Er war weit weg von allen. Als wir zu Papajis Haus kamen, waren vielleicht zehn Leute in seinem kleinen Wohnzimmer, und er saß auf einer kleinen Plattform. Diese Leute schienen ihn sehr gut zu kennen und unterhielten sich leise miteinander. Vielleicht gab es einige spirituelle Fragen, aber ich glaube, es war eher ein gemeinsames Tratschen über Leute: Ist Fred angekommen? Wann reist so und so ab? Diese Art von Gesprächen. Es war eine sehr schöne Energie. Ich war vollkommen davon berührt, dort zu sitzen – nachdem

Osho immer so weit weg gewesen war, saß ich plötzlich mit Papaji in einem Zimmer.

Da ich Engländer bin, dachte ich nach einer Weile: „Oh, es ist bald Mittag, vielleicht sollten wir gehen, wir sind nicht zum Mittagessen eingeladen." In diesem Moment stand Papaji auf, und als er den Raum verließ, ging er an mir vorbei und legte seine Hand auf meine Schulter. Das war so schön, weil ich sofort das Gefühl hatte, dass er mir sagt, dass ich zum Mittagessen bleiben kann. Es war der Beginn einer tiefen Verbindung.

Hat sich diese tiefe Verbindung fortgesetzt?

In meiner Anfangszeit war ich sehr offen und sehr glücklich, ihm zu begegnen. Und dann wurde mir irgendwann klar, dass es eigentlich sehr gefährlich war, ihn zu treffen. Es war, als würde ich in die Höhle des Löwen gehen, und vielleicht sollte ich es nicht so eilig haben, denn er könnte mir einfach den Kopf abbeißen. Ich wurde ein wenig vorsichtig.

Damals schrieb man, um mit ihm im *Satsang* vorne zu sitzen, seine Frage in einem Brief. Ich habe in meinen ersten drei Wochen drei Fragen geschrieben. In meinem ersten Brief schrieb ich über eine Geschichte von Rabindranath Tagore, dem Nobelpreisträger und Dichter. Es ging um einen Suchenden, der Gottes Haus fand, aber wieder wegging, damit er den Lebensstil eines Suchenden fortsetzen konnte. Papaji gefiel diese Geschichte, und es gab ihm den Einstieg, meine Priorität, ein Finder werden zu wollen, in Frage zu stellen.

In Oshos Ashram wurde viel über Blockaden gesprochen. Man ging zu Workshops, um seine Blockaden loszuwerden; mit Blockaden waren Strukturen des Verstandes gemeint. In meinem zweiten Brief fragte ich ihn dazu, und ich hielt es für eine sehr kluge Frage: „Kannst du mir sagen, wie ich meine Blockaden loswerden kann?" Papaji gab mir eine brillante Antwort. Er brachte mich in diesem Moment fast um, als er sagte: „Zeige mir deine Blockaden!" In dem Moment erkannte ich, dass ich gar nicht wusste, wovon ich sprach. Es gab gar keine Blockaden. Was sind das für Blockaden, von denen ich spreche? Das war ein schockierender energetischer Moment, als ob er das ganze Fundament von meinem Haus durcheinander gerüttelt hätte, aber in diesem Moment brach es nicht zusammen.

Etwas später stellte ich ihm eine weitere Frage, und dieses Mal hatte ich etwas von mir geschrieben, aber er fragte mich: „Hast du das in einem Buch gelesen?" In dem Moment, als er mich herausforderte, schlossen sich meine Augen, etwas stark Energetisches geschah, und als ich in mich hineinblickte, war alles vollkommen weiß. Da war nichts, da waren keine Gedanken, da war kein Ich. Es war einfach alles ganz weiß. Da war gar nichts mehr. Ich stellte auch fest, dass ich meine Augen nicht öffnen konnte. Er hatte etwas getan, oder seine Energie hatte etwas getan, was sehr kraftvoll war. Ich saß auf dem Boden, und er saß auf dem Podest, der Rest der Leute saß drum herum. Nach einiger Zeit stellte er mir eine einfache Frage wie: „Wo kommst du her? Aus welchem Land?" Dann schaffte ich es, meine Augen zu öffnen und ich fühlte mich völlig betrunken. Weißt du, wie es ist, wenn man unerwartet aus dem Schlaf geholt wird? Man fühlt sich sehr desorientiert. Dann sagte er: „Komm und setz dich zu mir." Er zog mich hoch und setzte mich neben sich auf sein Podest, es waren vielleicht hundert Menschen vor uns. Ich glaube, ich konnte nicht richtig sitzen, ich war total weg, also legte er seinen Arm um mich, ein enormes Gefühl der Fürsorge. Meine Augen schlossen sich, und ich nahm eine winzige Feder wahr, die in einem riesigen Raum spiralförmig nach unten segelte.

Er hat wahrscheinlich gescherzt und mit mir gesprochen, und ich weiß nicht, ob ich ihm geantwortet habe. Nach einiger Zeit bat er meine Freundin, mich abzuholen, und sie brachte mich wieder dorthin, wo ich gesessen hatte. Papaji unterbrach das Treffen und bat einige Leute, *Bhajans* (Lieder der Hingabe) zu singen, wie bei einer Feier. Später, am Ende des *Satsangs*, rief er mich wieder nach vorne, und ich erinnere mich, dass er zu mir sagte: „Aahhh, du brauchst morgen nicht zu kommen...?" Aber ich habe das nicht wirklich registriert. Und dann verließ er den Raum und alle gingen raus. Ich wurde wie ein Sack Kartoffeln auf dem Boden liegen gelassen. Meine Freundin und ein paar Freunde kamen zu mir; sie hielten meine Hände und Füße. Jemand brachte mir Chai in einem Glas, und ich erinnere mich, dass ich das Glas in der Hand hielt und es ansah und völlig fasziniert war von der Oberfläche des Chais. Ich habe mich in diesem Moment im Chai verloren. Es gab noch einen weiteren Moment, in dem es plötzlich einen Blitz gab, und ich spürte eine unbeschreibliche Liebe. Es war wie eine riesige Energieexplosion.

Was geschah dann?

Er hatte etwas sehr Kraftvolles entfacht. Jeden Tag waren da diese sehr intensiven Energiephänomene, die ich überhaupt nicht verstand. Ich erinnere mich, dass ich damals wie ein Außerirdischer aussah. Ich hatte riesige offene Augen, und alles war ein bisschen unwirklich, sehr still, sehr leer. Papaji hatte einen engen indischen Freund, und alle paar Tage schickte er diesen Mann vorbei, um nachzusehen, ob es mir gut ging. Ich erinnere mich an das sehr schöne Gefühl, dass er sich um mich kümmerte.

Nachdem ich eine Woche lang zu den *Satsangs* gegangen war, schrieb ich ihm einen Bericht über das, was vor sich ging. Ich saß vor ihm und er fing an, über Schlangen zu sprechen. Wenn in Indien ein Haus gebaut wird, lassen sie in Bodennähe einige Ziegelsteine aus, damit die Schlangen heraus können. Es war eine Geschichte über Zweifel, aber ich konnte überhaupt nicht verstehen, wovon er sprach. Er sagte immer wieder, dass er keine Schlangen im Haus zulassen würde. Für mich war es ein kompletter Hokuspokus. Ich fühlte mich wie in Flammen, aber auf eine sehr stille, ruhige Art und Weise. Dies hielt mindestens einen Monat lang ziemlich intensiv an. Es fühlte sich an, als drehte sich in meinem Inneren eine Waschmaschine. Alles war ein bisschen unwirklich, ein bisschen seltsam.

Während eines Mittagessens saß ich mit meiner russischen Freundin Jaya zusammen, als plötzlich ein Energiestrahl von mir auf sie überging. Sie wurde sehr anders und sah plötzlich auch wie eine Außerirdische aus, mit diesen großen Augen, wie ich sie hatte.

Ich war so besorgt, dass ich sie zu Papajis Haus brachte. Wir waren wie ein außerirdisches Paar und er sagte so etwas wie: „Oh, es ist in Ordnung. Bring sie morgen mit zum *Satsang*." Ihr Name bedeutete Sieg, und am nächsten Tag, als ich sie zum *Satsang* mitnahm, gab er ihr einen neuen Namen: Vijaya – der größte Sieg. Das war sehr schön, aber zu diesem Zeitpunkt hatte unsere Beziehung zu bröckeln angefangen, und bald darauf ging sie nach Puna zurück.

Ich hatte vorübergehend ein Haus gemietet. Ich wohnte dort mit einem wunderschönen, jungen italienischen Mädchen, das Vijayas Freundin gewesen war. Es war sehr heiß, so dass es natürlich war, dass wir nackt im Haus waren. Ich fühlte mich sehr zu ihr hingezogen – sie war sehr schön und tief mit ihrem Wesen verbunden – aber wir hatten keinen Sex. Ich stellte fest, dass ich nicht sexuell sein konnte; meine sexuelle Energie war komplett verschwunden. Ich war mit dieser Frau auf sehr liebevolle Weise befreundet. Wir haben uns auf eine andere intime Art angefreundet, wir schliefen nackt zusammen, ohne, dass etwas Sexuelles passierte. Vielleicht war es das erste Mal in meinem Leben, dass ich wirklich eine andere Art von Beziehung entdeckte, bei der Sex nicht dazu gehörte. Ich entdeckte auch, dass Frauen diese Art von sexloser Energie eigentlich lieber mochten. Ich hatte zwei Jahre lang keinen Sex. Es war keine Entscheidung, der Penis funktionierte einfach nicht. Die starke Energie war oben in meinem Kopf.

Das muss eine sehr intensive Zeit in deinem Leben gewesen sein?

Ja, ich war zwei Jahre mit Vijaya zusammen gewesen, nachdem wir uns in Russland getroffen hatten. Wir hatten eine tiefe Verbindung miteinander, aber jetzt hatte ich den starken Wunsch, allein zu sein. Ich fühlte mich sehr erfüllt und gleichzeitig gab es da Energien, die in mir wirbelten, die ich nicht verstand. Ich hatte nicht das Gefühl, von Papaji weggehen zu wollen.

Ich musste nach Puna gehen, um die Sachen zu holen, die wir dort gelassen hatten. Bevor ich abreiste, traf ich Papaji und er sagte zu mir: „Wenn du deine Sachen holst, geh zum Ramana Ashram."

Und ich sagte: „Ja, ich hatte auch schon überlegt, ein paar andere Ashrams zu besuchen."

„Nein, nein, nein... geh zum Ramana Ashram!"

So ging ich zum Ramana Ashram und kam dann nach Lucknow zurück. Papaji hatte vorgeschlagen, dass ich ein Gästehaus betreiben solle. Zu der Zeit übernachteten die meisten Leute in Hotels, aber mit den wachsenden Besucherzahlen kam die Idee auf, dass Leute, die länger bleiben wollten, ein Gästehaus betreiben und ein kleines Einkommen erzielen könnten, um sich selbst zu versorgen. Ich mietete ein sehr schönes, neues Haus, in dem noch niemand vorher gewohnt hatte; und so betrieb ich fast viereinhalb Jahre lang ein Gästehaus.

Ich dachte, es ginge darum, Geld zu verdienen, um bei Papaji bleiben zu können, aber nach einiger Zeit verwickelte ich mich in die Geschichten der Gäste, und nach und nach wurde mir klar, dass ich in einer Art Labor lebte, und jeder Gast brachte eine Aufgabe für mich mit. Dieses Experiment zeigte mir viele Strukturen meines Verstandes auf. Es war eine sehr interessante Zeit, weil die Identifikation mit dem „Ich" durchtrennt worden war, so dass zwar viele Dinge passierten, es aber keinen gab, der sich besonders emotional damit beschäftigte. Es war sehr leicht, die unterschiedlichen Aspekte zu beobachten. Ein Gast kam zum Beispiel an und legte erst einmal eine Stunde lang seine gesamte Kleidung ordentlich in den Schrank. Ein anderer Gast kam an, schmiss seinen Koffer einfach in die Mitte des Zimmers und verschwand stundenlang. Ich beurteilte die Menschen und was sie taten, und das gab mir eine großartige Möglichkeit zu verstehen, was in mir vor ging.

Einiges davon hatte ich natürlich schon in Puna gelernt, als ich dort an Workshops teilgenommen hatte, aber das hier war anders, weil ich keine Identifikation mit einem persönlichen „Ich" mehr hatte. Es war fast so, als würde ich jemand anderem zuschauen. Ich erlebte mit den Gästen die unterschiedlichsten Abenteuer und habe sehr viel darüber gelernt, wie ich funktioniere.

Ich hatte einen Koch, der jeden Abend für etwa fünfzehn, vielleicht zwanzig Gäste das Abendessen vorbereitete. So war ich jeden Abend Gastgeber und hatte die Gelegenheit mit einigen sehr interessanten Leuten zu sprechen, die in das Gästehaus kamen.

Hattest du während dieser Zeit nähere Begegnungen mit Papaji?

Es gibt ein paar Geschichten, die ich erzählen könnte. Irgendwann hatte ich die Idee, dass wir uns, wenn Papaji den Körper verlassen würde, besonders um sein veröffentlichtes Material – seine Videoaufnahmen usw. – kümmern sollten. Ich hatte damals eine kleine Buchhandlung mit den Büchern von Papaji und Ramana Maharshi, und ich warb für die Idee einer Stiftung und schlug vor, dass wir auch Bücher von einigen anderen spirituellen Menschen mit einbeziehen sollten. Jedenfalls war ich bei ihm zu Hause und zeigte ihm ein Buch nach dem anderen, aber er zeigte keinerlei Interesse. Das war seine Art, nein zu sagen. Aber dann sagte er plötzlich zu mir: „Kannst du deine Katze mitbringen?" Er hatte gehört, dass ich eine Katze hatte. Ich sagte: „Papaji, warum soll ich meine Katze mitbringen? Sie hat nur ein Auge."

„Nein, nein, nein... bring morgen deine Katze mit, bring deine Katze! Wir haben viele Mäuse im Haus, wir brauchen eine Katze." Am nächsten Tag steckte ich mittags die Katze in einen Sack und brachte sie zu ihm. Er lud mich in sein Schlafzimmer ein. Er saß auf einem Stuhl, ich saß auf dem Boden, wir ließen die Katze aus dem Sack, und sie lief durch das Zimmer. Dann fing er an, mit mir zu reden, und allmählich dämmerte mir, dass er die Katze und ich die Maus war. Er wollte mir damit sagen, ich solle die Idee mit der Stiftung fallen lassen. Wie er das gemacht hat, weiß ich nicht mehr, aber irgendwie hat er die Katze benutzt, um mir klarzumachen, dass ich die Idee fallen lassen sollte. Er behielt die Katze einige Tage lang bei sich. Ich weiß nicht, ob etwas mit den Mäusen passiert ist.

Ich war fünf Jahre lang bei Papaji in Lucknow, also kann ich eine ganze Reihe von Geschichten erzählen. Eine weitere sehr schöne Geschichte war, dass ich mich dazu entschlossen hatte, ein Buch zu machen, weil es dort viele Leute gab, die einen *Satori-*

Moment hatten. Papaji lud sie dann immer am nächsten Morgen ein: „Okay, sprich mit uns über die Wahrheit." Niemand konnte das; alle waren einfach nur still. Während ich im Publikum saß, fragte ich mich, wie es wohl wäre, wenn ich sie alleine, ohne Publikum, interviewen würde; wahrscheinlich könnte ich sie zum Reden bringen. Ich wollte Papaji fragen, ob das in Ordnung wäre und ob ihm diese Idee gefiel. Viele Jahre später wurde dieses Buch unter dem Titel „Papaji – Kraft der Gnade" veröffentlicht, und das war der Anfang vom Open Sky Press Verlag. Ich hatte einen Termin in seinem Haus, und ich erinnere mich noch, dass wir gemeinsam auf einer Bank in einem kleinen Flur saßen. Wieder fühlte ich mich wie die Maus mit der Katze. Ich war ziemlich heiß darauf, das Buch zu machen und versuchte, meine Idee zu erklären. Wieder einmal zeigte er null Interesse.

Plötzlich nahm er ein Stück Papier und begann, einen Bucheinband zu zeichnen: „Day by Day with Papaji", und er schrieb John David darunter. Da war klar, dass er wollte, dass ich dieses Buch über ihn mache. Das Original „Day by Day with Bhagavan" war im Grunde ein *Satsang*-Tagebuch von jemandem, der sich an das erinnerte, was Ramana gesagt hatte. Einerseits zeigte er kein Interesse an meinem Buch, doch dann lud er mich plötzlich ein, sein Buch zu schreiben. Aber er sagte mir nicht, wie ich es machen sollte.

Später teilte der Organisator des *Satsangs* mir mit, dass ich ganz nah bei Papaji sitzen könnte, zu seiner Linken, sodass ich alle Leute sehen könnte, die zu ihm kamen und mit ihm sprechen wollten. Am Ende des *Satsangs* bekam ich dann alle Briefe, die ihm an diesem Tag geschrieben worden waren. Das war unglaublich, denn so konnte ich den ganzen *Satsang* sehr nah mitbekommen, bekam am Ende alle Briefe – und natürlich hätte ich auch alle Tonbänder haben können – und sollte daraus ein Buch machen.

Viele Monate lang saß ich auf diesem besonderen Platz, und irgendwann fiel mir auf, dass ich mich in einer Ausbildung befand. Es war sehr schön, den Gesichtsausdruck der Menschen zu beobachten, wenn er mit ihnen sprach. Direkt vor mir sah ich diese

Satori-Momente hervorbrechen. Das geschah alles sehr unerwartet und war aus meiner Bitte entstanden, dass er den Segen für mein Buchprojekt geben möge.

Solche Dinge passierten damals, und ich fühlte mich immer sehr mit ihm verbunden, jedoch habe ich nie wirklich viel Zeit in seinem Haus verbracht. Es gab eine Gruppe, die ging jeden Abend zum Abendessen hin. Ich hatte nicht das Bedürfnis hinzugehen, weil ich mich immer sehr verbunden fühlte, und ich war jeden Abend Gastgeber in meinem Gästehaus. Nach und nach kommunizierten wir immer mehr energetisch. Botschaften, die offensichtlich von ihm stammten, kamen auf energetische Art zu mir. Das hat sich in den letzten fünfundzwanzig Jahren weiter fortgesetzt.

Es ist wie ein göttlicher Fax-Dienst. Nicht immer direkt von ihm, manchmal auch von der „Organisation", für die er arbeitet! Das vielleicht stärkste erreichte mich an dem Wochenende, an dem er starb. Ich empfing Botschaften, die mich dazu veranlassten, *Satsang* zu geben. Und es scheint, dass er bei der Entstehung dieses Buches die Regie geführt hat und die Personen auswählte, die ich interviewt habe.

Wie ist Ramana denn in dein Leben gekommen? Kam das durch deinen Besuch im Ramana Ashram?

Nein, er trat in mein Leben, als ich noch bei Osho war. Ich hatte einige alte Räumlichkeiten in einem Maharajapalast gemietet, und als ich in einem der Zimmer einen großen Müllhaufen wegräumte, fand ich ein Bild eines Mannes, der fast nackt war, wunderschöne Augen hatte und nur ein Lendentuch trug. Ich fand das Foto sehr schön und stellte es hinter den Schrank, weil ich nicht wusste, wer es war. Aber schrittweise kam es hinter dem Schrank hervor, bekam einen neuen Rahmen und wurde an die Wand gehängt. Jemand sagte mir, es sei Ramana Maharshi, ein berühmter indischer Heiliger, und nach und nach fand ich heraus, dass er lehrte: „Wer bin ich?" Ich war nur wenig interessiert. Als ich dann zu Papaji ging, hatte er ein großes Bild von Ramana Maharshi an der Wand hinter sich, und immer, wenn er in den Raum kam, machte er „Namaste" zu diesem Bild und sagte zu uns: „Ich bin nur ein Kanal für Ramana Maharshi."

Als ich zu Ramanas Ashram ging, wurde die Verbindung stärker. Später, als Papaji seinen Körper verlassen hatte und ich nach Indien zurückkam, wurde die Verbindung sogar noch stärker. Im Januar bin ich mit meinen Schülern zu meinem zwanzigsten Retreat zum Arunachala in Tiruvannamalai gefahren, in die Nähe des Ashrams von Ramana Maharshi. Auf diese Weise stelle ich jedes Jahr wieder eine tiefe Verbindung zu ihm her.

Warst du in Lucknow, als Papaji seinen Körper verließ?

Nein. Etwa zwei Jahre bevor er seinen Körper verließ, nahm ich eine innere Stimme wahr, es war wie eine Botschaft, die mir sagte: „Chello, chello!" Das bedeutet: „Geh weg, geh weg!" Ich habe mich ein ganzes Jahr lang dagegen gewehrt. Ich wollte nicht weggehen; ich konnte nicht, weil ich mich so verbunden fühlte. Es gab keinen Ort für mich, wo ich hingehen konnte.

Schließlich musste ich das Haus aufgeben, das ich in Lucknow gemietet hatte. Ich musste weggehen, und so ging ich nach Australien, ein Land, das ich nicht kannte. Nach vielen Abenteuern landete ich in Sydney, wo ich Geld verdienen musste. Da ich inzwischen Reiki-Meister geworden war, fing ich an, Reiki zu unterrichten, und so hatte ich auch die Möglichkeit, Meditation zu unterrichten. Nach einiger Zeit fand ich zwei weitere Heilzentren und auch ABC, die australischen Fernseh- und Radiosender. Das gab mir genug für den Lebensunterhalt, und so ging es einige Jahre lang weiter. Jeden Monat hielt ich an einem Wochenende ein Reiki-Retreat in Pearl Beach, einem schönen kleinen Feriendorf außerhalb von Sydney.

An einem dieser Wochenenden ging ich mittags allein spazieren. Ich schaute auf ein Straßenschild, Crystal Avenue, und mich erreichte eine innere Botschaft. Es war wie eine intensive Faxnachricht, die durchkam und etwas sagte wie: „Du hast eine

Arbeit zu erledigen..." Ich war ein wenig überrascht und das ganze Wochenende ging es mit unterschiedlichen Botschaften weiter. Ich beachtete sie nicht weiter, bis etwa drei Wochen später eine Freundin zu Besuch kam. Sie brachte mir in einem kleinen Glasfläschchen etwas von Papajis Asche mit, damit ich sie um meinen Hals tragen konnte. Bis dahin hatte ich noch nicht gewusst, dass er seinen Körper verlassen hatte, und als wir auf das Datum seines Todes schauten, wurde mir klar, dass es genau der Moment gewesen war, an dem ich diese Nachrichten erhalten hatte.

Da habe ich die Botschaften ernst genommen. Ich machte gerade Urlaub an der Küste in der Nähe des Wohnorts von Isaac Shapiro. Also ging ich zu ihm nach Hause und sagte: „Hör mal, ich habe diese seltsamen Nachrichten bekommen. Es scheint, dass ich sie ernst nehmen sollte. Ich unterrichte Meditation, Reiki... Was sollte ich deiner Meinung nach mit diesen Botschaften tun? Was für eine Arbeit soll ich tun?" Dann sprach er über *Satsang*. Er bot bereits seit einigen Jahren *Satsang*-Treffen an und er sagte: „Warum lädst du nicht ein paar deiner Schüler ein und beginnst eine andere Art von Treffen?" So habe ich es dann gemacht.

Du hast also in Sydney mit Satsang *begonnen?*

Wir begannen bei jemandem im Wohnzimmer, und im darauffolgenden Monat konnte ich die Hälfte eines Gebäudes mitten in Sydney nutzen. Ich hatte etwa vierzig Schüler, die zu meinen *Satsangs* kamen. Es war ganz unglaublich – ein Energie-Phänomen war da im Gange. Dann hatte mein Vater, der in England lebte, seinen achtzigsten Geburtstag. Ich beschloss, für drei Wochen nach England zu reisen, aber ich wusste nicht, was ich mit dieser Situation machen sollte, die gerade soviel Energie hatte.

Ich wollte die Leute nicht ohne etwas lassen, solange so viel Energie da war. Deshalb bat ich jemanden, den ich aus Lucknow kannte, die Gruppe während meiner Abwesenheit zu leiten. Als ich zurückkam, hatte er die Hälfte meiner Schüler davon überzeugt, dass er ein viel besserer Lehrer wäre als ich. Das war mal wieder eine ziemlich schwierige Situation für mich. Ich lehrte weiter und wahrscheinlich kamen einige neue Leute – ich weiß nicht mehr, was wirklich geschah, aber irgendwann bekam ich dann die Nachricht Australien zu verlassen.

Ich nutzte diese Gelegenheit und lud einige Schüler ein, mit mir durch Indien zu reisen, und dann beschloss ich, länger in Indien zu bleiben. Ich beschloss, ein persönliches Jahresretreat in der Nähe von Ramanas Ashram abzuhalten. Ich mietete mir eine schöne Wohnung und lebte für mich allein, sehr ruhig, ging in den Ashram und saß in Stille.

In diesem stillen Zustand erinnerte ich mich an eine Botschaft, die ich eines morgens erhalten hatte, als ich zehn Jahre zuvor in Lucknow gelebt hatte. Die Botschaft lautete, dass ich die indischen Meister filmen sollte, bevor sie sterben. Ich war kein Filmemacher, ich wusste nicht, wen ich filmen sollte, also hatte ich zehn Jahre lang erst einmal gar nichts getan. In diesem Jahr in Indien wurde das Projekt wieder aktiviert.

Ich machte eine Liste mit zwölf Fragen und beschloss, dass ich jedem Meister dieselben zwölf Fragen stellen würde. Nach einigen Jahren hatte ich sechzehn Interviews zusammen und gab ein Buch mit dem Titel „Facetten des Erwachens – Indische Meister" heraus. Jeder Meister zeigte seine Facette dessen, wie man Erleuchtung oder Erwachen erlangen kann. Ich habe jedes Interview gefilmt und wir haben daraus auch einen Film gemacht. So entstanden ein Film und ein Buch. Die Interviews haben einige Jahre gedauert, es war eine wunderschöne Zeit, weil jede Begegnung sehr energetisch war. Viele der Meister wurden zu Freunden, Kollegen oder zu einer Inspiration. Wir hatten eine sehr tiefe Verbindung. Jedes Jahr, wenn ich mein Retreat in Tiruvannamalai abhielt, besuchte ich sie. Ich verfrachtete alle Teilnehmer in einen Bus, und wir begaben uns auf eine spirituelle Reise durch Indien über Hunderte von Kilometern, um die Meister und einige ihrer Ashrams zu besuchen. Der starken Energie dieser Meister zu begegnen, ihren Lehren zuzuhören und mit ihnen zu sprechen, war für die Leute überwältigend. Dieses Projekt hat dann dazu geführt, dasselbe Projekt mit europäischen Meistern zu machen.

Das ist ein großer Segen in meinem Leben gewesen, denn durch die Interviews habe ich mit dreißig oder vierzig Meistern sehr innige und tiefe Begegnungen gehabt. Mit den meisten habe ich immer noch eine schöne Verbindung. Diese Projekte waren etwas, das mich zutiefst berührte und mich bei meinen *Satsangs* und in meinem Leben unterstützte.

Wie bist du denn schließlich nach Europa zurückgekommen?

Ja, das war interessant... wieder das Schicksal, das sich wie so viele Male in meinem Leben entfaltete. Ich war siebzehn Jahre lang im Ausland gewesen und wusste nicht, wohin ich gehen sollte. Meine Eltern hatten kein Interesse daran, dass ich sie besuchte, und es gab nichts, was mich nach England zog. Während meines Aufenthalts in Tiruvannamalai traf ich eine Französin. Oft haben Frauen in meinem Leben eine Rolle für den nächsten Schritt gespielt. Sie sagte: „Oh, ich habe einen sehr netten Freund in Deutschland, einen alternativen Arzt. Er lebt in Wolfenbüttel, einer kleinen Stadt im Norden Deutschlands. Du kannst in seinem Haus wohnen. Ich bin sicher, er würde sich sehr freuen, wenn du bei ihm wohnst...“ Also ging ich dorthin, und wir begannen, *Satsang* in seinem Haus anzubieten – und wieder einmal war mein Schicksal besiegelt.

Ich kam dort an mit einem großen Koffer, fünftausend Euro Schulden und ohne Zukunft. Zu diesem Zeitpunkt wusste ich nicht, was ich machen sollte. Aber am Tag bevor ich Indien verließ, traf ich jemanden auf der Straße, der in Leipzig lebte. Ich sagte ihm, dass ich nach Deutschland kommen würde, und er sagte: „Oh, dann melde dich bei mir; ich werde einen *Satsang* für dich organisieren.“

Von Leipzig aus wurde ich nach Dresden eingeladen, von Dresden in eine andere Stadt, und etwa acht Monate lang reiste ich nonstop von Stadt zu Stadt. Zu dieser Zeit gab es großes Interesse an *Satsang*. Spirituelle Zeitschriften hatten Artikel über Papaji veröffentlicht, und das Interesse an dem Wort „*Satsang*“ war groß. Es gab viele Lehrer, die durch Deutschland reisten, und ich habe mich oft gefragt, warum ich dort war. Aber wie dem auch sei, ich traf

Menschen, die keine spirituelle Verbindung zu einem bestimmten Lehrer zu haben schienen, und ich hatte eine wunderbare Zeit.

Jedes Jahr gab es in Baden-Baden ein großes spirituelles Festival, das Rainbow Spirit Festival. Es war mein erstes Jahr dort und ich war völlig unbekannt, also bekam ich einen ziemlich kleinen Raum. Es war sehr heiß, und ich erinnere mich, dass der Raum total voll war. Menschentrauben saßen bis in den Korridor hinaus. Am Ende des *Satsangs* sah ich wegen der Hitze und der Energie ziemlich erschöpft aus. Ein Mann mit einem Bart, der wie ein Sufi-Meister aussah, kam auf mich zu und lud mich auf seinen Bauernhof ein.

Er sagte: „Du siehst aus, als könntest du eine Pause gebrauchen. Komm doch für ein paar Tage auf meinen Hof in den Schwarzwald." Nach dem Festival fuhren wir also zu seinem Hof. Er war ein Osho-*Sannyasin* und hatte einen großen Meditationsraum in einem dieser großen alten Bauernhäuser gebaut. Es war ein Pferdehof, und er kümmerte sich um die Pferde anderer Leute. Im Erdgeschoss waren die Stallungen und im ersten Stock hatte er einen Meditationsraum eingerichtet. Es gab noch andere Ebenen innerhalb des weitläufigen alten Bauernhauses und neuere Anbauten, zum Beispiel einen Schlafsaal. Er lud uns ein, den Meditationsraum zu nutzen und ich sagte: „Das ist sehr nett, aber ich weiß nicht so recht. Wir haben für den Sommer eigentlich schon ein Haus gemietet für unser Retreat. Vielleicht können wir stattdessen das Retreat ja hier auf deinem Hof machen."

„Oh, ja, ja", sagte er. Ich sagte ihm, er solle sich keine Sorgen machen, es würden nur etwa zwanzig Leute kommen, weil ich nicht sehr bekannt sei. In den zwei Wochen des Retreats kamen dann fünfzig Leute. Es war sehr energetisch, und dann gab es einen Augenblick, in dem die Leute mich fragten: „Warum fragst du ihn nicht, ob wir hier leben könnten? Wir könnten eine Gemeinschaft gründen." Daran hatte ich gar nicht gedacht, aber als ich es ihm vorschlug, sagte er: „Sicher, ja mach das!"

Was ich zu dem Zeitpunkt noch nicht wusste, war, dass er sich in eine meiner Assistentinnen verliebt hatte, und so war er überglücklich, dass wir bei ihm leben würden. Etwa fünfundzwanzig Teilnehmer sagten, dass sie daran interessiert seien, zu kommen. Also setzten wir ein Datum fest, und innerhalb weniger Wochen lebten wir dort mit etwa zwanzig Leuten. Es gab auch ein paar Kinder und mit den schönen Pferden und dem schönen Hof wurde es zu einem sehr dynamischen Gemeinschaftsort. Als Gegenleistung halfen wir ihm, die Ställe zu reinigen und kümmerten uns um die Pferde. Er wurde einer meiner Schüler, und die Community blieb zwei Jahre dort.

In der Zwischenzeit reiste ich durch Deutschland und Europa und gab jeden Abend in einer anderen Stadt *Satsang*. Dann fuhr ich zurück zum Bauernhof, um dort *Satsang*-Wochenenden zu geben.

Hat deine Frau aus Australien dich unterstützt?

Ja. Nachdem ich ein paar Jahre in Australien gewesen war, traf ich Kali Devi. Sie war Australierin und wunderbar praktisch, und sie war mir während der Zeit dort eine große Hilfe. Sie hatte ein offenes Herz und war eine reife und bewusste Frau. Sie arbeitete als Waldorflehrerin und hatte eine Tochter im Teenageralter. Als ich mich entschieden hatte, nach Europa zurückzugehen, konnte sie nicht mitkommen, da sie mit ihrer Tochter vereinbart hatte, dass sie erst nach dem Schulabschluss gehen würde. Also ging ich alleine nach Europa, und sie kam etwas später nach. Sie wurde die Organisatorin der Gemeinschaft und behielt diese Rolle eine Zeit lang. Dann sagte sie: „John David, ich habe genug von dir, und ich habe genug von der Gemeinschaft. Ich gehe zurück nach Australien." Sie hatte einen Sohn und eine Tochter, und sie wollte ein anderes Leben führen. Sie ging, kurz nachdem wir in unser heutiges Haus in Hitdorf umgezogen waren. Wir sind weiterhin verbunden geblieben, haben uns einige Male in Indien getroffen, und sie hat alle meine Bücher editiert, auch dieses.

Seit vierzehn Jahren leben wir jetzt in Hitdorf, in einem Herrenhaus aus dem 17. Jahrhundert. Es ist ein schöner alter Ort am Ufer des Rheins. Ein Yachthafen liegt vor unserer Haustür und auf dem Rhein fahren Schiffe auf und ab. Im Laufe des Zusammenlebens sind wir zu einer wirklich schönen Gruppe geworden, die sehr mit Papaji, mit Ramana Maharshi und untereinander verbunden ist. Über die Jahre ist jeder hier zu einer sehr tiefen inneren Stille gelangt. Jeder, der in die Gemeinschaft kommt, spürt, dass es hier viel Liebe gibt, ein Energiefeld, das gemeinsam über viele Jahre entstanden ist. Diese hohe Energie führt dazu, dass regelmäßig *Satori*-Momente geschehen. Zur Zeit gibt es zwei Community-Mitglieder, die in ihrem *Satori* verankert sind. In der Gemeinschaft haben schon über hundert Menschen gelebt, manche bleiben für einige Jahre, andere sind schon fast die ganze Zeit hier.

Wir arbeiten sehr hart, um unseren Unterhalt zu erwirtschaften. Wir betreiben ein Gästehaus, ein Seminarhaus und ein Massagestudio. Wir haben auch eine Kunstgalerie, die uns zwar nicht viel Geld einbringt, aber in die wir viel Energie stecken, weil wir alles Schöne lieben und gerne Ausstellungen mit schönen Bildern und Kunstwerken machen. Wir haben achtundzwanzig Bücher in vier Sprachen veröffentlicht und acht Filme zum Thema Wahrheit gedreht. Ein großer Teil der Energie, die in den Verlag fließt, kommt von der Gemeinschaft, obwohl er unternehmerisch gesehen nur seine Kosten decken kann.

War Kunst schon immer ein wichtiger Teil deines Lebens?

Ja. Ich habe ja schon erzählt, dass mir Holzarbeiten in der Schule Spaß gemacht haben, aber ein anderer Bereich war die Kunst. Ich war immer ganz gut im Zeichnen und habe mich auch als Maler versucht. Aus diesem Interesse heraus haben wir die Kunstgalerie entwickelt. Wir haben regelmäßig Ausstellungen „Kunst aus der inneren Stille". Und auch hier verdienen wir nicht viel Geld, aber wir decken unsere Kosten. Das bedeutet auch, dass der gesamte Wohnbereich der Gemeinschaft alle vier Monate quasi eine neue Tapete bekommt.

Du lehrst ja zum großen Teil durch die Gemeinschaft.

Ich gebe jede Woche *Satsang*, der live über das Internet übertragen wird, und da spreche ich intensiver mit den Leuten. Aber ich würde sagen, dass das Lehren in unserer Gemeinschaft durch die tägliche Arbeit und das Zusammenleben stattfindet. Das ist eine sehr intensive Lehre, die vierundzwanzig Stunden am Tag stattfindet.

Ich denke, letztendlich lehrt dich das Leben. Nichts ist vom Leben getrennt. Als ich meine spirituelle Arbeit begann, hatte ich zunächst die Vorstellung, dass ich, wenn ich bestimmte Dinge verstehen würde, spirituell werden würde. Und auch, dass ich vielleicht erleuchtet werden würde, wenn ich bestimmte Dinge täte, wie kein Fleisch essen, Tofu essen oder auf eine bestimmte Weise zu meditieren. Mittlerweile habe ich eine andere Sichtweise. Jetzt geht es mehr darum, den Moment zu leben. Es ist nicht so einfach, den Moment zu leben, weil wir viele Überzeugungen und Unmengen an Ideen haben, je nachdem, wie wir in unserer Familie aufgewachsen sind, in welchem Land, in welcher Kultur. Wir haben jede Menge Vorstellungen, die durch unseren Verstand wirbeln, und deshalb leben wir in einem Film, einem Film mit all unseren Ideen und Glaubenssätzen, Konzepten und so weiter. Das trennt uns vom Augenblick.

In dieser Gemeinschaft mache ich die Menschen darauf aufmerksam, wenn sie in ihrem Film gefangen sind. Ich erinnere sie daran, einfach nur präsent zu sein und sich nicht hineinziehen zu lassen. Tu das, was dir die Existenz als nächsten Schritt zeigt, oder dir der nächste Moment deines Lebens zeigt. Es gibt nichts Besonderes, nichts Besonderes, das sich Erleuchtung nennt. Nichts dergleichen wird geschehen. Du bist bereits erleuchtet, wenn du es so nennen willst. Das Problem ist, dass so viel zwischen deiner wahren Natur – der Erleuchtung – und der Art und Weise liegt, wie du dein Leben lebst.

Die Energie in der Gemeinschaft ist eine enorme Unterstützung, um auf das Selbst fokussiert zu bleiben. In der Gesellschaft erhält man viel Unterstützung in anderen Richtungen – sich wie jemand Besonderes zu verhalten, jemand zu sein – und das macht es sehr schwer, mit seiner wahren

Natur verbunden zu bleiben. In dieser Gemeinschaft wird man unterstützt, ein Niemand zu werden und einfach von Augenblick zu Augenblick zu leben, aus einem Raum der Stille heraus.

Neben den zwanzig Menschen, die in der Gemeinschaft leben, gibt es weitere zwanzig oder dreißig, die uns regelmäßig besuchen. Ich nenne sie meine *Sangha*-Gruppe. Das sind Leute, die hier nicht leben wollen oder können, aber sie kommen gerne regelmäßig hierher und profitieren davon, in Gemeinschaft zu sein. Ich gebe Retreats, zu denen Gäste kommen und auch Leute, die ich nicht kenne, tauchen plötzlich auf. So gibt es verschiedene Möglichkeiten, Menschen zu begegnen und mit ihnen zu arbeiten. Ich reise regelmäßig nach Kiew in die Ukraine, wo wir ein Hotel und ein Retreat-Zentrum inmitten von wilder, wunderschöner Natur haben. Und ich reise nach Denia in Spanien, wo wir eine wunderbare Villa in einem Palmengarten haben, mit einem großen Koiteich und einem Swimmingpool.

Ich bringe Menschen gerne in Kontakt mit Ramana Maharshis Frage „Wer bin ich?" und ich bringe die Menschen gerne dazu, ihr Herz zu öffnen. Mit unserer Band singen wir Mantren, die helfen das Herz zu öffnen. Gäste sind natürlich auch eingeladen, als Helfer im Haus zu arbeiten, um die Gemeinschaft als Spiegel zu erfahren und dies als Lehre im Alltag zu erleben.

Wenn du in der Küche arbeitest, wird jemand sagen: „Wir sollten das da kochen," und dann sagt ein anderer: „Nein, ich will das da kochen." Dann geschieht etwas, und wenn man wirklich achtsam und offen ist, kann man ganz leicht seine eigenen Gedankenmuster erkennen, die Muster, die einen vom offenen Himmel fernhalten.

Das Dienen ist ein wichtiges Element im täglichen Leben der Gemeinschaft. Dienst aneinander und an der Gemeinschaft und an allen, die an der Wahrheit interessiert sind. Das Gemeinschaftsleben ist seit fünfzehn Jahren nahezu konfliktfrei, was ziemlich ungewöhnlich ist. Dienen, Geben ohne unmittelbare persönliche Gegenleistung, öffnet das Herz.

Ich möchte noch eine letzte Sache erwähnen. Ich bin jetzt

fünfundsiebzig Jahre alt und sehe, dass ich in den Herbst meines Lebens komme. Vor etwa neun Jahren führte mich das Schicksal in die Ukraine, nach Charkow, der alten Hauptstadt Russlands. Ich wurde dort eingeladen, *Satsang* zu geben, und am zweiten Abend lud ich die Leute ein, mit mir zu sprechen. Eine junge Frau erzählte mir, dass mein Treffen die gleiche Energie habe wie ihr Zuhause. Ich fand das etwas ungewöhnlich. Später, als eine Gruppe von Leuten mich in ein Café mitnahm, erfuhr ich, dass ihr Stiefvater ein russischer *Satsang*-Lehrer gewesen war.

Als Jugendliche hatte sie mit ihrer Mutter meinen Film „Facetten des Erwachens" gesehen. Sie war also in einer Familie aufgewachsen, in der es ein großes spirituelles Interesse gab. Ich war sogar ihrem Stiefvater in Russland begegnet; wir hatten zwei Jahre vorher zusammen Tee getrunken. Tragischerweise hatten er und ihre Mutter giftige Pilze gegessen, und so durchlebte diese junge Frau die schreckliche Tragödie, beide Eltern zu verlieren. Deshalb hatten Freunde zu ihr gesagt: „Geh zu diesem *Satsang*! Dort wird gute Energie sein, das wird dir guttun." Also kam sie zu diesem Treffen, und wir hatten direkt eine sehr enge Verbindung miteinander. Nach kurzer Zeit besuchte sie unsere Gemeinschaft in Deutschland und zog schließlich hierher, um mit uns zu leben.

Nachdem wir vier oder fünf Jahre zusammen waren, beschlossen wir, Kinder zu bekommen. Und jetzt, im reifen Alter von fünfundsiebzig Jahren bin ich Vater von zwei wunderschönen vierjährigen Mädchen, Naomi und Amelia. Ja! Sie sind meine letzten Lehrer. Jetzt muss ich sie baden und ins Bett bringen. Es ist ein wunderbares Geschenk, mein Alter mit diesen kleinen Mädchen zu verbringen, und zwischen uns ist eine tiefe Liebe. Ich hoffe, sie sind jetzt nicht schon zu müde für eine Gute-Nacht-Geschichte.

Mooji

Ich bin leer und mein Leben drückt sich durch eben diese Leere aus. Ich plane meine Tage nicht. Wenn ich das täte, müsste ich mit Kreide schreiben, denn ich folge nicht den äußeren Erscheinungen.

Meine Tage entfalten sich vollkommen spontan, durch Intuition oder innere Führung. Sie fließen einfach dahin.

Mooji

Gottes Segen für unser Zusammenkommen, dass durch Gott in die Wege geleitet wurde, so dass unsere Interaktion, unsere gemeinsame Zeit, die Früchte unserer gemeinsamen Präsenz, ein Genuss sein werden für diejenigen, die damit in Berührung kommen, auf welche Art auch immer die Gnade das vorsieht.

Segne dieses gesamte Projekt. Segne John und Turiya in ihrer Arbeit und segne uns in Monte Sahaja, bei dem was wir tun. Gott segne diejenigen, die hier sind und diejenigen, die später kommen und die Früchte dieser Arbeit ernten werden. Danke, Halleluja, Amen.

Ich sitze mit Mooji in Monte Sahaja, seiner sehr beeindruckenden Gemeinschaft in Portugal, mitten auf dem Land. Ich habe hier einen wunderbaren Tag verbracht, und wir werden jetzt für das Projekt „Gesichter der Freiheit" miteinander sprechen. Wir trafen uns vor dreiundzwanzig Jahren in Lucknow, und vor etwa zehn Jahren trafen wir uns am Arunachala in Südindien wieder. Wir sind uns in der Tat mehrmals begegnet. Heute hatten wir schon mehrere Situationen miteinander, und es ist sehr schön, dass wir jetzt hier zusammensitzen.

Ich danke dir.

Ich war heute in eurem Shiva-Tempel und habe dort ein Foto von deiner Mutter und deinem Vaters gesehen. Und wie ich hörte, bist du in Jamaika geboren. Vielleicht fangen wir in Jamaika an?

Ja, ich bin in Jamaika geboren, in einem Ort namens Port Antonio, der Punkt in Jamaika, der Kuba am nächsten liegt, auf dem Seeweg etwa neunzig Meilen entfernt. Ich wurde 1954 geboren, als Sohn meines Vaters Enos Moo-Young, eines Hakka-Chinesen, und meiner

Mutter Euphemia Bartlett, die von den Maroons in Jamaika stammt. Als ich aufwuchs, hatte ich keine wirkliche Erinnerung an meine Mutter, denn sie verließ Jamaika, als ich noch ein kleines Kind war – etwa ein Jahr alt. Jamaika war eine englische Kolonie, und damals, nach dem Krieg, lud England dazu ein, beim Wiederaufbau des Landes zu helfen. Man bot Krankenschwestern, Tischlern und anderen Arbeitern an, nach Großbritannien zu kommen.

Bevor meine Mutter abreiste, holte sie eine ihrer jüngeren Cousinen, eine Frau namens Eunice, aus einem abgelegenen Dorf in den Blue Mountains, um mich zusammen mit meinem Vater im Haus seiner Familie zu versorgen. Für meinen Vater war es die größte Freude, sich um mich zu kümmern. Ich war sein erstes Kind, und ich wuchs in seiner zärtlichen, liebevollen Fürsorge auf, und mit meiner Tante Eunice. Sie war es, die ich in dieser Rolle der Mutter kannte. Sie kümmerte sich um mich, als wäre ich ihr eigenes Kind. 1962 starb mein Vater plötzlich an einer Lungenentzündung, ich war acht Jahre alt. Das war eine niederschmetternde Erfahrung für mich.

Nachdem mein Vater gestorben war, übernahm mein Onkel George die Verantwortung für meine Erziehung. Onkel George, meine Tante Mable und mein Vater lebten alle zusammen mit ihren jeweiligen Familien in einem langen, großen Haus. Jede Familie hatte ihren eigenen Bereich, und am Ende des Hauses lebte eine alte Dame namens Tante Krishie. Ich habe nie erfahren, woher sie kam, aber sie schien älter als das Haus selbst zu sein. Irgendwie lebten wir alle einigermaßen glücklich zusammen.

Onkel George war ein sehr fleißiger, religiöser Mann, der das Gefühl hatte, dass mein Vater mich mit zu viel Zuneigung verwöhnt hatte und, dass ich mehr Disziplin bräuchte. Das war eine echte Veränderung im Vergleich zu der überbordenden Liebe meines Vaters. Aber durch meinen Onkel George entwickelte ich eine Affinität zu Bibelgeschichten und eine tiefe Verbindung zu Jesus Christus. Meine Cousine Joan und ich mussten jeden Morgen früh aufstehen und mit ihm auf seinem Bett unter dem Moskitonetz sitzen, um die Bibel zu lesen.

Als ich etwa fünfzehn Jahre alt war, begann meine Mutter mir zu schreiben. Ich hatte nie viel über sie nachgedacht, aber ihre Briefe öffneten mein Herz für die Möglichkeit, sie irgendwann einmal zu sehen.

Bald nach diesen Briefen kam meine Mutter nach Jamaika, um einen Weg zu finden, mich mit nach England zu nehmen und dort mit ihr zu leben. Plötzlich war mein Leben voller Verheißungen. 1969, als ich sechzehn Jahre alt war, reisten wir zusammen nach Großbritannien. Als wir in Heathrow landeten, wurde mir die Einreise verweigert, und ich wurde über viele Stunden am Flughafen festgehalten. Niemand sagte mir etwas, und ich wusste nicht, was da vor sich ging.

Willkommen in England.

Ich wurde an einen Ort gebracht, der wie ein Gefängnis aussah und wurde in eine Zelle gesteckt. Ich machte überhaupt kein Aufhebens darum. Ich verbrachte die Nacht dort, und am Morgen gab es Frühstück, ein paar Rühreier auf Toast und etwas Tee. Unterwegs, beim Spazierengehen, hob ich einen kleinen Stein auf. Sie brachten mich zum Flughafen zurück, und ich saß dort ziemlich lange allein. Plötzlich kam eine Frau und rief meinen Namen: „Anthony!" Sie hatte eine sanfte, süße Stimme, die mir direkt ins Herz ging. Sie war die erste Person, die ich seit meiner Ankunft in England getroffen hatte, die mir so etwas wie Wärme entgegenbrachte. Sie erklärte mir, dass mein Reisepass nicht den notwendigen Einreisestempel enthielt, und mir deswegen die Einreise verweigert wurde. Sie schenkte mir einige ermutigende Worte, und plötzlich fühlte sich alles, was geschehen war, wie ein Traum an.

Ich wurde in ein Flugzeug zurück nach Jamaika gesetzt. Und nach sechs oder sieben Monaten ging ich nach Kingston und bekam den richtigen Stempel. Das war eine sehr gute Erfahrung für mich, denn seitdem hielt ich es nie mehr für selbstverständlich, dass die Dinge so geschehen würden, wie ich es erwartete – ich habe nie das Gefühl entwickelt, ein Anrecht auf irgendetwas zu haben.

Als ich nach England zurückkehrte, traf ich zum ersten Mal meine in England geborenen Brüder und Schwestern. Sie waren sehr warmherzig, und die ganze Erfahrung war wunderbar. Wir fuhren von Heathrow nach Brixton, wo meine Mutter lebte. Zu meiner Überraschung war es ein sehr schäbiger Ort. Obwohl meine Mutter ihr Bestes tat, war das Haus im Vergleich zu unserem in Jamaika ziemlich heruntergekommen.

Meine Mutter gehörte – damals und für den Rest ihres Lebens – der Freikirche der Siebenten-Tags-Adventisten an. Diese Gemeinschaft war sehr wesentlich für mein Ankommen in England, denn sie waren sehr warmherzig, nahmen mich einfach auf und umgaben mich mit dieser reinen Liebe. Wir hatten viele Freunde in der Kirche, und es war eine sehr schöne Zeit. Ansonsten war es ziemlich anders und in gewisser Weise befremdlich, da ich diese Kälte nicht gewohnt war. In Jamaika verbringt man viel Zeit draußen und man ist freier und offener. In England war das nicht so.

Gab es irgendwelche rassistischen Vorurteile? Vielleicht warst du durch deine Familie davor geschützt.

Ich wurde von ihnen nicht überbehütet. Wir lebten in der Hauptstraße in Brixton Hill, eine halbe Meile vom Stadtzentrum entfernt. Ich habe überhaupt keine Vorurteile erlebt. Um mir etwas Taschengeld zu verdienen, habe ich vor der Schule Zeitungen ausgetragen. Die Kirche druckte auch ihre eigenen Zeitschriften: „Our Times" und „Awake". Meine Brüder und ich fuhren manchmal mit der U-Bahn weit in die Außenbezirke Londons. Wir klopften an Türen und fragten die Leute, ob sie eine Zeitschrift kaufen wollten. So verdienten wir uns ein recht gutes Taschengeld.

Es waren die siebziger Jahre, und in London war damals alles am Swingen...

Nun, in meinem Stadtteil swingte es nicht wirklich. (lacht) Aber wir hatten unsere eigene Kultur, wir hatten Brixton Market. Brixton in

London war sehr afrokaribisch, also war es reich an Düften und Musik, die man in Jamaika findet. Die Geschäfte waren wie in Jamaika, nur viel opulenter: Lebensmittel von überall her, indische Kultur und so weiter. Es war eine bedeutsame Zeit für die Musik und die Politik, da sich so viele Migranten im Großbritannien niederließen.

Du bist auch mit Kunst in Berührung gekommen?

Ja, in Jamaika habe ich mich ein wenig mit Kunst beschäftigt, aber zu diesem Zeitpunkt war sie nicht so wichtig für mich. In der Schule in Jamaika war ich ein aktiver Sportler und war eher an Fußball, Leichtathletik und Tischtennis interessiert; an vielen körperlichen Aktivitäten.

Was hast du gemacht, als du nach England gekommen bist?

Ich ging zur Schule, zur Kennington School für Jungen am Stadtrand von Brixton, und später ging ich aufs Southwark College in Waterloo. Ich studierte Kunst, englische Sprache und Humanbiologie. Ich studierte auch Kampfkunst und wurde schließlich Wado Ryu Karatelehrer. Ich war ein sehr guter Tischtennisspieler und habe einige Jahre lang an Wettkämpfen teilgenommen. Das Leben bekam wirklich viele Facetten, da ich noch während meines Studiums mein erstes Kind, einen Sohn, bekam. Später kamen ein weiterer Sohn und eine Tochter hinzu.

Hast du die Familie durch Kunst ernährt?

Bevor ich eine eigene Familie hatte, machte ich einen Sommerjob in der Grafikabteilung des Ölkonzerns Shell. Ich retuschierte alte Filmnegative und andere Arbeiten dieser Art. Für das Weihnachtsfest machten alle Abteilungen Weihnachtskarten, und ich machte Karikaturen von allen Leuten in meiner Abteilung. Allen gefielen diese Karten und einige der Chefs von Shell riefen mich daraufhin an: „Dürfen wir fragen, wie lange Sie für diese Karikaturen brauchen?" Man erklärte mir, dass einige der Führungskräfte manchmal in andere Länder umziehen mussten, die Firma verließen oder in den Ruhestand gingen, und sie fanden, dass eine persönliche Karikatur ein sehr gutes Abschiedsgeschenk wäre. Also begann ich, von zu Hause aus Karikaturen zu zeichnen. Ich rahmte sie ein und präsentierte sie den Führungskräften. Das hat mir viel Spaß gemacht.

Eines Tages war ich im Londoner West End, Charing Cross Road, in der National Portrait Gallery. Als ich dort ankam, sah ich einige Künstler, die auf der Straße arbeiteten und Porträts zeichneten. Als ich sie mir ansah, dachte ich: „Das könnte ich auch." Ich suchte nach einer Beschäftigung und wollte nicht irgendwo in einem Gebäude arbeiten, in dem ich mich gefangen fühlte. Es schien, als würden sie draußen im Freien, mitten im West End, ein sehr attraktives Leben führen.

Ich übte an meinem Bruder und seinen Freunden, um zu sehen, ob ich in einer halben Stunde ein Porträt machen konnte. Als ich ein paar gemacht hatte, hatte ich das Gefühl, dass ich gut genug war, um es zu versuchen. Also stellten meine beiden Brüder und ich die Staffelei und die Musterporträts vor der National Portrait Gallery in der Nähe des Leicester Square auf. Ich erinnere mich an das erste Porträt, das ich gemacht habe; es war ein fantastisches Gefühl für mich, dass ich damit Geld – ein gutes Auskommen – verdienen konnte. (lacht) Ich habe das viele Jahre lang gemacht.

Aber weißt du, ich streife gerade nur ein paar Dinge. Es gibt viele andere Sachen – ich würde sagen, sehr wichtige Dinge – die meine Wahrnehmung vom Leben auf tiefgreifende Weise verändert haben und die Richtung meines Lebens vollkommen veränderten.

1985, zu der Zeit als ich auf der Straße arbeitete und Porträts zeichnete, geschah etwas Gravierendes. An einem Sonntagmorgen war ich zu Hause. Meine Mutter rief sehr früh an und erzählte mir, dass meine Schwester gerade von der Polizei angeschossen worden war. Es klang einfach seltsam und völlig surreal. Wir sprangen sofort ins Auto und fuhren zum Haus meiner Schwester. Als wir dort ankamen, war alles sehr ruhig. Ich sah nur einen Polizisten draußen stehen, der erste Hinweis darauf, dass es kein Traum war!

Der Polizist ließ uns hineingehen, nachdem ich ihm gesagt hatte, wer ich war. Alles schien sehr merkwürdig. Eine Polizistin spielte mit Cherrys Kindern. Ich fragte meine Nichte: „Was ist passiert?" Und sie sagte: „Die Polizei hat Mum angeschossen und sie ins Krankenhaus gebracht." Die Polizei war in das Haus eingebrochen, um den ältesten Sohn meiner Schwester zu suchen. Cherry war mit den kleineren Kindern im Bett gewesen und hatte geschlafen, als sie einen Tumult hörte. Also stand sie auf, um zu sehen, was los war, und die Polizei, die bereits im Haus war, schoss auf sie.

Wir gingen sofort ins Krankenhaus, um meine Schwester zu sehen. Sie war sehr still, aber bei Bewusstsein. Der Arzt sagte, es gäbe zwei Wunden, eine in der Mitte der Brust und eine im Rücken. Später fanden wir heraus, dass es nur eine Kugel gewesen war, und die hatte ihre Wirbelsäule durchdrungen. Als Folge davon war sie von den Achselhöhlen bis zu den Zehen gelähmt.

Es war ein sehr schwerer Moment. Meine Brüder und Schwestern und Cherrys ältere Kinder waren dabei. Wir fuhren zurück zum Haus und fragten uns, was wir tun sollten, denn das war sicherlich etwas, über das die Zeitung informiert werden musste. Wir waren nur einfache Leute, wir wussten nicht, was wir tun sollten. Aber als wir in die Straße einbogen, in der sie lebte, fühlte sich die Szenerie erneut sehr surreal an. Diesmal war der Ort voller Menschen, Fotografen und Polizei. Wir stiegen aus dem Auto aus und viele Reporter eilten herbei; zunächst zu meiner Mutter, um ihr Fragen zu stellen. Sie fühlte sich von all dem überwältigt, konnte nicht sprechen und begann zu weinen. Meine Schwester, meine Nichte, alle fingen an zu weinen, denn als sie die Polizei und die Reporter sahen, traf sie die Wirkung des Geschehens mit voller Wucht.

So sprachen die Reporter schließlich mit mir, und ich stellte fest, dass ich sehr klar und ruhig antworten konnte. Also wählten sie mich aus, und ich wurde automatisch zum Sprecher der Familie. Die BBC Nachrichtensprecher standen jeden Tag vor meinem Haus. Es war eine sehr, sehr harte Zeit in Brixton und in London im Allgemeinen, denn es war die Zeit, als es viele rassistische Vorfälle zwischen der Polizei und der afrokaribischen Bevölkerung gab. Es gab zahlreiche ähnliche Ereignisse, und für viele Menschen war es dieser Vorfall, der das Fass zum Überlaufen brachte. Ich erinnere mich, dass an demselben Tag, als ich zu Hause war, einige Leute vorbeikamen. Sie erzählten mir, wie angespannt die Atmosphäre in Brixton war. So dick, dass man die Luft mit einem Messer durchschneiden konnte. Ich dachte: „Oh nein, das darf doch nicht sein," und ging in die Stadt, um zu sehen, ob wir etwas dagegen unternehmen könnten, denn zehn Jahre zuvor hatte es Unruhen gegeben, und es sah nicht gut aus.

Hattest du das Gefühl, dass sich daraus ein Aufstand entwickeln könnte?

Das Gefühl war stark da, denn es war kein isolierter Vorfall; ähnliche Dinge geschahen im ganzen Land. Es war eine Zeit der Kontroll- und Durchsuchungsgesetze, vor allem in London, wo die Polizei dich einfach überall und ohne jeden Grund anhalten konnte. Das passierte vielen afrokaribischen Männern, vor allem jamaikanischen Männern. In der Gemeinde bauten sich eine Menge Ressentiments gegen die Polizei auf, und das war ein weiterer Auslöser.

Ich ging nach Brixton und sah tausende von Menschen auf der Straße. Ganz unterschiedliche Menschen, vorwiegend karibische, aber auch englische, viele junge Leute. Ich ging zur Polizeiwache und bat einen der Beamten: „Bitte lassen Sie mich mit diesen Leuten sprechen. Ich kann – wir können – das in kurzer Zeit beruhigen." Sie saßen auf Pferden und so weiter, es war das erste Mal, dass ich es so angespannt erlebt hatte, und er sagte: „Dafür ist es zu spät, dafür ist es zu spät." Es hatte noch gar nichts angefangen. Es waren viele Menschen auf der Straße, und als ich ein Stück weiterging, sah ich mit eigenen Augen, wie stark die Spannung wirklich war. Dann schrie plötzlich jemand, dass Cherry Groce gestorben sei.

War das wahr?

Sie behaupteten, sie hätten es in den Nachrichten gehört, dass Cherry Groce gestorben sei. Es war so überzeugend, dass auch ich es glaubte, obwohl ich sie vorher noch gesehen hatte und sie nicht so aussah, als sei ihr Leben bedroht. Alles brach in Flammen aus; es war eine völlig verrückte Zeit in Brixton.

War sie tatsächlich gestorben?

Nein. Von meiner Arbeit als Straßenkünstler wurde ich in eine völlig neue Welt geworfen, in die Welt der Politik. Viele unterschiedliche Gruppen interviewten mich über die Schüsse auf meine Schwester. Ich war sehr ruhig und machte deutlich, dass wir nur darauf warteten, dass der Gerechtigkeit Genüge getan würde, und dass wir auf keinen Fall Interesse an Vergeltung oder Rache hätten. Da wir als Familie sehr würdevoll und respektvoll waren, bekamen wir von allen viel Unterstützung. Das war eine weitere lebensverändernde Erfahrung für mich. Ich habe nie wieder als Straßenkünstler gearbeitet.

Hat sich deine Schwester bis zu einem gewissen Grad erholt, oder blieb sie gelähmt?

Nun, sie blieb gelähmt, bis sie vor einigen Jahren an ihren Verletzungen starb. Während dieser ganzen Zeit – sechsundzwanzig Jahre lang saß sie im Rollstuhl – wurde ihr eine gewisse Entschädigung gezahlt, aber die Polizei wollte bis vor Kurzem nicht zugeben, dass sie sich im Unrecht befand. Nach jahrzehntelangen Ermittlungen über das Fehlverhalten der Polizei, räumten sie schließlich ein, dass ihr Tod in direktem Zusammenhang mit unrechtmäßigem Schusswaffengebrauch stand und entschuldigten sich dann öffentlich.

Lee, Cherrys jüngster Sohn, war erst kürzlich in Monte Sahaja. Er ist ein wunderschöner Mensch. Zum Zeitpunkt der Schießerei war er noch ein Kind, und jetzt trifft er viele Top-Polizisten und ihre Ausbildungseinheiten und spricht darüber, wie Konflikte zwischen der Polizei und der Gemeinde gelöst werden können, und er erzählt, wie es damals in seiner Familie war, damit aufzuwachsen. Das ist in der Tat sehr gut, denn seine Anwesenheit dort bewirkt positive Veränderungen. Auch hier hat die Geschichte unterschiedliche Facetten, aber für mich war das von großer Bedeutung.

Im Zentrum von Brixton steht eine anglikanische Kirche namens St. Matthew. Sie beauftragten mich mit der Herstellung eines Glasfensters – ich machte damals auch Glasmalerei – und ich stellte dafür einen Entwurf her, den sie annahmen. Es ist jetzt immer noch in der Kapelle zu sehen.

Hatte das mit deiner Schwester zu tun?

Ja, ja, denn der Vikar von St. Matthew trat damals in mein Leben. Er kam einfach vorbei und sagte, dass er für unsere Familie ein Freund sein möchte, um uns auf dem Weg zu unterstützen. Einige Schlüsselpersonen traten in unser Leben und haben uns wirklich geholfen, indem sie uns als Teil der Familie begleiteten. Das Fenster wurde in Auftrag gegeben, um an einen Wendepunkt der Beziehungen zwischen Polizei und Gemeinde zu erinnern. Und durch diese Verbindung kam ich mit einer Frau in Kontakt, die eine Galerie eröffnen wollte, aber nicht viel Erfahrung hatte. Wir haben uns sehr gut verstanden und zusammen die Eröffnungsausstellung der Galerie organisiert. Sie hieß „Fünf jamaikanische Künstler".

Du warst auch einer der fünf Künstler?

Ja, meine Gemälde und Zeichnungen wurden in die Ausstellung aufgenommen. Eines Abends kam ich von der Galerie nach Hause, und meine Freundin erzählte mir, dass jemand vorbeigekommen war und sich nach einer der Glasmalereien in unserem Fenster erkundigt hatte. Er hatte entdeckt, dass es sich um ein neu hergestelltes Stück handelte. Er sagte ihr, dass er gerne wiederkommen und mir Hallo sagen würde, da er ebenfalls Glasmaler sei. Als wir uns trafen, sagte er zu mir: „Mein Name ist Michael und ich wohne gleich bei euch um die Ecke. Ich mache auch Glasmalerei." Er erzählte mir, dass sein Haus wie eine Kirche aussieht. Er hatte eine Wohnung im Erdgeschoss, die sie sonntags als Kirche nutzten.

Wir unterhielten uns ein wenig, und er zeigte mir einige seiner Kunstwerke. Er machte auch riesige Kohlezeichnungen, die Szenen aus der Bibel darstellten, und ich fand sie einfach unglaublich. Ich wollte einige seiner Werke in die Ausstellung aufnehmen. Er stimmte zwar zu, war aber nicht sonderlich begeistert. Es fühlte sich an, als ob er mich einfach nur unterstützen wollte, aber die Ausstellung war ein großer Erfolg.

Wir begannen uns regelmäßig zu treffen, und er erzählte mir von seiner Glaubenserfahrung – für mich war das übernatürlich. Ich habe diesen Mann in kurzer Zeit wirklich lieben gelernt. Ich war hungrig auf das, was er mir erzählte, weil so viel Frieden von ihm ausging. Und ich hatte nicht den Eindruck, dass er versuchte mich zu bekehren, er erzählte einfach nur. Wir trafen uns über Monate ungefähr zweimal pro Woche. Und dann, eines Tages, eines Sonntags, hatten wir wieder ein sehr intensives Gespräch über Christus und ein Leben im Dienste Gottes. Als er gerade gehen wollte, fragte ich ihn: „Michael, wenn du das nächste Mal betest, wirst du dann für mich beten?"

Und er sagte: „Ja, ja... aber wir können das jetzt sofort machen."

Also stand ich auf und er legte seine Hand auf meine Stirn und betete ein schönes Gebet. Als er fertig war, betete ich auch: „Bitte hilf mir, Gott. Ich möchte dich in meinem Herzen kennen." Das war's! Ich würde sagen, das war der Beginn meines Lebens, Gott wirklich kennen zu lernen; nicht als Idee, sondern als eine lebendige und direkte Erfahrung.

Wie alt warst du damals?

Das war 1987, zwei Jahre nachdem meine Schwester angeschossen worden war; also war ich etwa dreiunddreißig Jahre alt.

Dieses Gebet führte zu einer sehr intensiven Erfahrung. Als Michael das Haus verließ, befand ich mich in diesem Raum der totalen Stille und in dem schönsten Gefühl, das ich jemals gehabt hatte. Es war vielleicht so sieben Uhr abends, als er ging, und ich wollte gar nicht ins Bett gehen. Ich hatte das Gefühl, wenn ich schlafen würde, würde dieses Gefühl aufhören. Also blieb ich so lange wie möglich auf, denn mir war, als ob mein ganzes Wesen in dieses warme spirituelle Wasser eingehüllt wäre.

Schließlich schlief ich natürlich doch ein, und als ich am Morgen aufwachte, sah ich etwas, das mir wie ein Wunder vorkam. Im Vorhang war ein Spalt, wo das Sonnenlicht durchströmte – es sah aus wie ein Schwert, das in den Raum kam, und ich konnte die vielen kleinen Staubpartikelchen sehen, die in dem zarten Sonnenstrahl schwebten. Ich öffnete das Fenster und es war, als hätte ich die Sonne noch nie zuvor gesehen oder gefühlt. Ich sah sie „innen drin". Ich ging nach draußen spazieren – und das Gefühl war immer noch da. Ich ging in den Park, das Gefühl war immer noch da, ich kam nach Hause, das Gefühl immer noch da. Dieser tiefe, tiefe Frieden. Und er ist nie wieder weggegangen, er ging nie wieder weg.

Das ist sehr schön, denn einerseits zeigt es so etwas wie eine christliche Verbindung, andererseits scheint es aber mit irgendwelchen Lehren nicht wirklich etwas zu tun zu haben.

Ja. Lass mich dazu ein wenig sagen, denn obwohl Michael ein Christ ist und ich mit diesen Erzählungen sehr vertraut bin, da ich mit ihnen aufgewachsen bin, hat er nicht nur Geschichten erzählt. Ich war mit ihnen sehr vertraut, aber es war so viel subtiler als das. Als ob ich etwas von ihm fühlen würde – nicht nur Worte. Und so ging ich danach eine Zeit lang in seine Kirche, und sie war – im Gegensatz zur Kirche der Siebenten-Tags-Adventisten – sehr charismatisch. Aber der Prediger dort hatte einen Stil, mit dem ich mich nicht wohl fühlte. Ich hatte das Gefühl, dass er sehr kraftvoll war, aber er war ein bisschen aggressiv, feindselig gegenüber den Muslimen, als wären sie unsere Feinde.

Das gefiel mir nicht, denn ich war es gewohnt, mit Menschen aus der ganzen Welt zusammen zu sein. Ich ging weiter dorthin, aber von der Mitte des Raumes hatte ich mich zum Rand des Raumes bewegt und dann zur Tür, dann in den Flur (John David lacht), und dann blieb ich weg.

Durch diese Erfahrung mit Michael wurde mir klar, dass Gott in meinem Herzen ist, und das war eine sehr mächtige Offenbarung für mich. Ich begann mit Gott zu sprechen. Er antwortete nicht, aber er war da. Es war, als ob Gott hier drin ist und ich hier drin bin, und wir in diesem Haus leben. Wir leben in diesem Haus. Weißt du, was ich meine?

Das ist eine unglaubliche Geschichte, denn du bist bekannt für deine Verbindung zu Indien, zu Papaji, Ramana Maharshi, und jetzt erzählst du diese christliche Geschichte. Heute war ich in deiner Christuskapelle, und du hast dort sehr schöne christliche Gemälde gemalt. Es ist nicht gerade eine christliche Kapelle, aber es herrscht in ihr eine intensive Energie, die möglicherweise direkt aus dieser Situation mit Michael stammt.

Ja. Weißt du, selbst als ich die Kirche verließ, als ich anfing, mich von der Gruppe zu entfernen, hatte ich nie das Gefühl, mich von Christus zu entfernen. Ich konnte mich nicht von Gott entfernen. Da war so etwas wie reine Energie in mir. Und ich konnte nicht einmal die Lehren loslassen. Ich erinnere mich, dass ich gelegentlich jemanden aus der Gruppe traf, vor allem einen der Leiter und sie fragten: „Warum hast du Christus verlassen?" Ich sagte: „Wovon redest du? Ich kann Christus nicht im Stich lassen." Ich entfernte mich von diesem alten Leben und begann in diesem Energiefeld des tiefen Friedens zu wandeln. Es ging nicht so sehr um Lehren, ich war einfach in diese unbekannte Kraft eingetaucht, von der ich intuitiv wusste, dass sie Gott ist.

Michael gab mir eine neutestamentarische Bibel. Dadurch weiß ich, dass es 1987 war, denn er schrieb das Jahr hinein. Zum ersten Mal las ich das gesamte Neue Testament von Anfang bis

Ende. Es ist die Geschichte der Lehren und des Lebens von Christus und seinen Jüngern. Kurz danach kaufte ich die ganze Bibel. Ich war wissbegierig und las einfach das ganze Ding durch. Ich war es nicht gewohnt zu lesen, ich fühle mich nicht wirklich zu Büchern hingezogen, aber ich fühlte mich angehalten, sie zu lesen.

Dann fing ich an, viele unterschiedliche Menschen zu treffen. Auf dem Markt gab es einen indischen Mann namens Sonny, der indische Räucherstäbchen und Öle verkaufte. Sein Stand zog mich an, und so begann ich Räucherstäbchen für mein Zimmer zu kaufen. Die schwarzen amerikanischen Muslime, die gerade nach England kamen, waren auf dem Markt und verschenkten Bücher; Bücher über den heiligen Propheten Mohammed und den heiligen Koran. Ich fand das sehr großzügig, auch wenn ich etwas Angst davor hatte, eines davon zu nehmen. Dann sah ich einen Titel: „Das Evangelium von Jesus Christus" – Ja, Jesus im Islam, und ich dachte: „Oh, das ist eine Brücke. Das nehme ich."

Als ich anfing es zu lesen, kam eine Menge Angst auf: „Was machst du da? Du gibst deine Verbindung mit Gott auf. Warum siehst du dir diese muslimischen Schriften an?" Auch wenn ich eine Art innere Bedrohung spürte, als ob ich etwas falsch machen und mich in Gefahr begeben könnte, gab es auch diese Faszination, weil ich die Hingabe der Menschen im Islam spüren konnte. Ich nahm dieses Buch und betete sogar, bevor ich es öffnete: „Bitte lass mich keinen Fehler machen. Ich kann nicht von dir getrennt sein."

Ich fühlte mich immer wohler mit dem, was ich las. Ich sah, dass sie nicht gegen Christus und nicht antichristlich waren. Sie erwähnten Christus oft, aber nicht als den biologischen Sohn Gottes. Ich konnte es lesen und ich konnte es auch fühlen.

Ich verspürte eine natürliche Leichtigkeit, weil ich wusste, dass es nur einen Gott gibt, aber dass er auf verschiedene Weise offenbart wurde. Das fühlte sich sehr gut an und etwas begann sich zu öffnen. Während dieser Zeit entdeckte ich den Sikh-Heiligen Guru Nanak; ich entdeckte Ramakrishna und auch Paramahansa Yogananda und sein Buch „Die Autobiographie eines Yogi".

War das die Zeit, als du in die Buchhandlung Watkins gingst?

Ja, vorher war ich in eine christliche Buchhandlung gegangen, weil ich verstehen wollte, was in mir vorging. Ich wollte eine Erklärung für dieses Gefühl, in einem Kokon seliger Gefühle zu sein. Ich fand viele Bücher. „Wow! So viele Leute haben das auch entdeckt." (John David lacht) Ich war es nicht gewohnt, in Buchläden zu gehen. Aber dann, fast ein Jahr später, fand ich Watkins. Damals entdeckte ich Sri Ramana Maharshi; ich glaube, es war das Buch „Nan Yar" („Wer bin ich?"), aber ich habe es nicht gekauft. Ich sah sein Gesicht auf dem Cover. Ich fühlte mich von diesem klassischen Bild von ihm sehr angezogen, von der Ruhe und dem Frieden, das es ausstrahlt.

Ich fing an, es zu lesen, aber ich konnte es nicht aufnehmen. Die Worte klangen für mich sehr mental, und es wirkte wie eine völlige Abkopplung von dem heiteren Gesichtsausdruck Ramanas. Ich war davon überzeugt, dass der Drucker das falsche Cover auf das Buch gemacht hatte, also legte ich es weg und fand „The Gospel of Sri Ramakrishna". Er wurde meine nächste große Entdeckung, und ich konnte mich mit seinen Lehren identifizieren, obwohl ich mit all diesen Hindu-Göttern und -Göttinnen nicht vertraut war.

Aber es reichte aus, um dein Interesse an Indien zu wecken?

Nun, nicht sofort. Besonders diese muslimischen Brüder zogen mich immer noch an. Ihre Energie hatte etwas sehr Sauberes, aber sie war auch manchmal ein bisschen aggressiv. Es war eine seltsame Mischung. Aber ich liebte die Geschichte von Ramakrishna und die Art und Weise, wie Mahendranath Gupta sie geschrieben hatte, der als Unterschrift seines Namens nur ein M schrieb. Er hatte sie so kraftvoll geschrieben, dass es war, als wäre er gerade abwesend und das Buch wäre eben erst entstanden. Es führte mich in Ramakrishnas Herz, und die Faszination, nach Indien zu gehen, war, in seinem Zimmer sitzen zu wollen. Ich bin übrigens nie dort hingekommen, denn stattdessen geriet ich in die Umlaufbahn der Präsenz eines anderen Meisters; Papaji fing mich ein und zog mich zu sich hin.

Ich kam 1993 in Indien an. Die ersten sieben oder acht Tage war ich in Delhi und gewöhnte mich an das Land. Ich wusste nicht, wohin ich in Indien gehen sollte, aber ich sah ein kleines Plakat an der Wand meines Hotels am Connaught Place, das für Busreisen nach Rishikesh warb. Ich hatte den Namen Rishikesh schon einmal gehört, und so überlegte ich, meine Sachen im Hotel zu lassen und nur eine kleine Tasche mit Wechselkleidung mit zu nehmen und übers Wochenende nach Rishikesh zu fahren, um zu sehen, wie es dort aussieht. Ich nahm den Bus nach Rishikesh und holte meine Sachen sechs Monate lang nicht ab. (lacht)

Ich war noch nicht lange in Rishikesh, als ein Auto in meiner Nähe hielt, als ich in Laxman Jhula den Ganges heraufkam. Ein indischer Freund war bei mir. Die Leute im Auto fragten nach dem Weg, also ging er hinüber, um mit ihnen zu sprechen. Das war ungewöhnlich, weil es damals dort nicht viele Autos gab. Sie unterhielten sich mit meinem Freund, und dann schaute mich der Mann auf dem Rücksitz an und sagte:

„Hey!"

„Meinst du mich?"

Er sagte: „Ja. Hey du, erinnerst du dich nicht mehr? Ich kenne dich, ich kenne dich!" Eine amerikanische Stimme, aber ich wusste, dass ich ihn nicht kannte. Ich sagte: „Nein, nein, tut mir leid, du kennst mich nicht."

Dann lehnte sich die Frau neben ihm hinaus und sagte: „Hallo! Erinnerst du dich nicht an uns? Weißt du, wir haben uns bei so und so getroffen."

Ich sagte: „Nein, nein, nein, wir sind uns nicht begegnet," weil ich wusste, dass wir uns noch nie begegnet waren – es musste jemand sein, der wie ich aussieht. Der Taxifahrer, ein Inder, sagte: „Ich kenne dich!" Und dann fingen wir alle an zu lachen. „Wow, du hast hier einen Zwillingsbruder," und solche Sachen. Wir lachten, und ich sagte: „Nein, nein, ich bin gerade erst angekommen."

Als ich in mein Hotel kam, waren dieselben Leute dort. Sie sagten: „Wir essen gleich, komm doch bitte mit." Also schloss ich mich ihnen an, und sie erzählten mir von Papaji. „Unser Meister ist

Sri Poonjaji, und er ist früher oft hierhergekommen. Wir sind nur übers Wochenende hier." Sie zeigten mir ein Buch, „Wach auf, du bist frei", und ich sah zum ersten Mal ein Bild von Papaji. Ich habe aber nichts Besonderes gespürt.

Ich war nur höflich: „Oh, er ist sehr nett," und so etwas. (John David lacht) Aber dann kamen sie am nächsten Tag, als sie gerade gehen wollten und baten mich: „Bitte komm mit uns. Wir haben das Gefühl, dass du Papaji wirklich kennenlernen musst." Und ich sagte: „Ähm, weißt du... irgendwann einmal..." Aber ich hatte nicht vor hinzugehen, sagte jedoch: „Du kannst mir deine Kontaktdaten geben. Ich komme nach."

Unmittelbar nach ihrer Abreise dachte ich: „Was habe ich getan? Ich hätte doch mit ihnen gehen sollen," denn als sie weg waren, wurde es in Rishikesh sehr öde. Die ganze Begeisterung war einfach verschwunden. Ich blieb noch zwei Tage dort, dann fuhr ich nach Haridwar und nahm einen Zug nach Varanasi. Nach zehn Tagen am Ganges stand ich eines Tages auf und fühlte: „Ich muss Papaji besuchen." Also nahm ich sofort einen Zug nach Lucknow, und so kam ich zu Papaji.

Das war 1993. Die Begegnung mit Papaji war ein großer Moment. Er war in Persona beeindruckender als auf dem Bild. Ich habe noch nie einen so großen Inder kennengelernt. Als ich bei ihm saß, wusste ich, dass er etwas Besonderes war, weil seine Präsenz für mich so fesselnd war.

Wenn man damals mit ihm Kontakt aufnehmen oder mit ihm sprechen wollte, schrieb man ihm einen Brief. Hast du das jemals versucht?

Oh ja, aber es hat etwas gedauert. Ich besuchte eine ganze Weile den *Satsang* (Treffen in Wahrheit), saß dort, hörte ihm zu und saugte seine Präsenz und seine Lehren auf. Schon bevor ich Papaji traf, war mein Herz voller Liebe und Frieden. Ich sprach mit niemandem darüber, aber nachdem ich Papaji wenige Wochen lang getroffen hatte, erlebte ich eine große Weite – einen leeren Raum.

Ich liebte das Gefühl der Weite, wenn ich mit ihm zusammen war, und schließlich fasste ich genug Mut, um ihm einen Brief zu schreiben. Ich brauchte eine Weile, um die richtigen Worte zu finden. Eines Morgens ging ich zum *Satsang Bhavan* (Satsanghalle) und gab den Brief ab. In diesem Moment fühlte ich: „Oh, das ist der Anfang vom Ende, jetzt hast du wirklich ein Problem. Du musst sofort weglaufen, sonst wirst du heute vernichtet." Das war kein angenehmes Gefühl, und ich setzte mich so weit wie möglich nach hinten.

Ich schaute immer wieder auf den Stapel von Briefen und hoffte und betete, dass dies einer der Tage sei, an denen er es nicht schaffte, sie alle anzuschauen. Jeder Brief war sehr, sehr lang, und ich dachte: „Ja! Ich wünsche mir, er wäre länger, damit mehr Zeit vergeht!" Und dann rief er mich. Er nahm meinen Brief und rief: „Tony!" Ich stand auf und die Anspannung fiel weg. Aber es fühlte sich im Inneren wie ein Vakuum an. Ich ging, ging durch dieses große Menschenmeer nach vorne. Als ich mich ihm näherte, rief er: „Tony ist doch ein Mädchenname, oder?"

Das war kein guter Anfang. Ich setzte mich vor ihn hin, und als er meinen Brief vorlas, hatte ich das Gefühl, dass er sich über mich lustig machte. Wir haben einen Film von diesem Treffen. Als er sprach, kam Wut in mir hoch, aber niemand konnte sie im Außen sehen. Es war, als ob ich ihn nicht hören wollte, oder so etwas in der Art, in mir kam ein starker Widerstand auf. Dann konnte ich ihn nicht mehr hören. Meine Ohren begannen wie eine Sirene in meinem Kopf zu klingeln. Ich konnte gerade noch sehen, wie sich seine Lippen bewegten. Ich war in einer fremden Welt, aber was ich hörte, was durchkam, war, dass er sagte: „Weißt du, wenn du die Wahrheit entdecken willst, musst du verschwinden. Du musst verschwinden, denn es kann nicht Gott und dich geben. Du musst verschwinden."

Ich dachte: „Mit wem spricht er? Warum redet er so?" Und mir war das alles sehr peinlich, meine Gefühle im Inneren waren völlig übertrieben. Ich konnte es nicht abwarten zu gehen. Ich wollte überhaupt nicht in diesem Raum sein, ich konnte das Ende des *Satsangs* kaum erwarten. Als es endlich vorbei war, wollte ich mit niemandem sprechen. Ich machte mich auf den Weg nach draußen, und jemand sagte zu mir: „Er hat dich wirklich zerhackt," oder so ähnlich. Das hat mich echt total genervt. Ich ging nach Hause und sagte: „Ich verschwinde von hier. Ich hätte schon vor langer Zeit gehen sollen. Das ist nicht Lucknow, das ist Bad-Lucknow" und solche Sachen. Ich kochte, wie ein Vulkan. (lacht)

Ich erinnere mich, dass ich zurückging und anfing, meine Sachen zu packen, aber es war ein heißer Tag und drinnen war mir noch heißer. Ich sagte: „Okay, ich muss raus," also ging ich nach Indira Nagar und setzte mich unter einen Baum. Ich konnte diesen Lärm und die Hitze einfach nicht aus meinem System herausbekommen. Von 1987 bis 1993 war ich in Frieden gewesen, das waren sechs Jahre. Aber an diesem Tag gab es keinen Frieden. Als ich dort saß, kam die Frau, die sich nach mir zu Papaji gesetzt hatte und sprach mich an. Da dachte ich: „Okay, okay, ich gehe nach Hause, ich packe zu Ende und verschwinde. Ich nehme einen Zug. Ich weiß zwar nicht, wo ich hingehe, aber überall ist es besser als hier."

Ich fing an zu laufen und zu laufen, und ich muss etwa zwanzig Meter weit gekommen sein, als plötzlich etwas „Pfff..." machte, aber es gab keinen Ton. Der nächste Moment kam einfach nicht, als wäre ich verschwunden. Verschwunden – das heißt, ich konnte nicht herausfinden, wer ich war; ich konnte keinen Kontext finden, auf den ich mich als meine Existenz beziehen konnte. Ich konnte mich an keine Familie erinnern, ich konnte mich nicht daran erinnern, ein Kind oder diese Person zu sein. Ich konnte mich an gar nichts von „mir" erinnern. Ich erinnere mich, dass ich meine Hände ansah. Natürlich, „ich" war da, mein Körper war da, aber die übliche Identität von mir als „jemand" war nicht da. Ich dachte: „Aber da ist niemand in meinen Händen; es ist niemand hier." Ich schaute auf die Rikschas und den Verkehr, und sie bewegten sich wie in Zeitlupe, aber es gab keinen Ton. Da war nur diese Stille. Ich war völlig leer. Hier war nichts. Kein Hinweis auf ein persönliches Ich. Ich war sehr präsent, zum ersten Mal – aber nicht persönlich. Nur dieser grenzenlose Raum.

In dieser Unendlichkeit erschien ein Bild von Papaji. Er war so groß wie der Himmel. In diesem Moment wurde mir klar, dass ich meinen Meister getroffen hatte. Ich hatte Papaji kennengelernt. Mir wurde klar, dass ich vorher eine gewisse Angst vor ihm hatte, weil er in der Lage war, mich zu töten, was er dann tatsächlich auf höchst unerwartete Weise tat. Mir wurde klar, dass ich ihm vorher nicht begegnet war. Es war so mächtig, und ich hatte einfach das Gefühl, dass ich ihm zu Füßen liegen musste.

Ich wollte zu seinem Haus gehen, und ich rannte, rannte, rannte... wie ein kleines Kind, das seinem Vater entgegenrennt. Und was ist dann passiert? Ich weiß es nicht. Ich fand mich in meinem Haus wieder. Ich erkannte alles wieder, ich wusste, wo ich lebte und alles andere, aber in diesem Körper war nur Leere. Es ist komisch, denn es fühlte sich wie ein gefühlloses Gefühl an.

Dann kam langsam eine Vorstellung von „mir selbst" zurück. Einige kleine Tendenzen des Verstandes kehrten zurück, aber nie mehr so, wie es vorher gewesen war. Ich bin natürlich nicht weggegangen. Ich ging zurück zum *Satsang* und blieb bis Weihnachten.

Hattest du noch eine Begegnung wie diese? Hast du einen weiteren Brief geschrieben oder warst du einfach nur zufrieden, dort zu sein?

Nein, ich war an einem herrlichen Ort der Glückseligkeit. Ich kannte diese Art von Glückseligkeit aus meiner Zeit vor Indien, die Freude, Liebe und Stille. Das war alles immer noch da, aber diese weite Leere war neu für mich – dieses Gefühl einer unpersönlichen, unendlichen Weite. Ich konnte es nicht in Worte fassen, aber ich blieb bis Weihnachten bei Papaji. Eines Morgens gab er mir nach dem *Satsang* eine gelbe Rose und sagte: „Du bist sehr schön." Das hatte ich nicht erwartet. Denn eigentlich hatte ich gehofft, dass er mich eines Tages rufen und irgendwie „anerkennen" würde, sowas wie: „Du bist derjenige, auf den ich warte!" (Lachen) Aber das geschah nicht. Ein *Sangha*- (Schülerkreis um einen Lehrer) Freund kam später zu mir und sagte, es sei sehr bedeutsam, dass der Meister mir diese Rose gegeben hatte. Und dann lud mein Freund mich zum Abendessen in sein Haus ein. Ich gehe wirklich nicht gerne zu Leuten nach Hause, aber er bestand darauf, dass ich nicht zu mir nach Hause gehe: „Nein, nein. Du musst kommen." Er gab mir seine Adresse, und so kam ich zu dir, John, da sind wir uns das erste Mal begegnet.

Bist du danach abgereist und nach London zurückgegangen, oder bist du zu Ramakrishna gereist?

Ich sagte zu Papaji, dass ich den Ramana Ashram besuchen möchte, und er erwiderte: „Ja, geh dorthin und dann komm zurück." Auf dem Weg dorthin blieb ich einige Tage in Mahabalipuram. Es liegt am Meer und ist sehr angenehm und sehr ruhig, aber ich vermisste das schmutzige, schwere, heiße und stickige Lucknow. Es hatte einfach dieses Papaji-Parfüm. Dann fuhr ich nach Tiruvannamalai, und ich gewöhnte mich schnell daran dort zu sein. Es fühlte sich für mich ein bisschen wie zu Hause in Jamaika an.

Die Blue Mountains.

Ja, dort war eine andere Art der Stille. Überall sonst fühlte es sich etwas rau an, aber in Tiruvannamalai fühlte es sich an, als ob man die Zeit vier- oder fünfhundert Jahre zurückgedreht hatte. Ich sah nur Tonerde, und sie hinterließ einen starken Eindruck in meinem Herzen. Ich fühlte mich dort sehr zu Hause. Der Sri Ramana Maharshi Ashram hat eine besondere Qualität – ein sehr, sehr starkes Gefühl der Ehrfurcht. Das hat mich sehr schnell erreicht.

Wie kam es denn dann dazu, dass du angefangen hast, deine Erkenntnis zu teilen?

Ich reiste nach Tirupati, dem berühmten Tempel in Südindien. Ich erinnere mich, dass ich auf dem Weg dorthin an einem Busbahnhof saß und auf den Bus wartete. Im Sonnenschein sah ich einen Vater, der mit seinem kleinen Jungen spielte. Der Vater hob den

Jungen hoch, und ich sah sehr deutlich, dass da niemand war. Es gab niemanden in diesen Körpern, es gab keinen Vater in diesem Körper und es gab keinen Sohn in diesem Körper. Da war nur Bewusstsein, das spielte und durch Formen handelte. Ich empfand es als eine immerwährende Lektion des Sehens, nicht nur als eine vorübergehende Erfahrung. In diesem Zustand, sehr, sehr tief in meinem Herzen, war es wie eine Offenbarung dessen, wie von nun an alles wahrgenommen werden würde.

Als ich nach Tiruvannamalai zurückkam, hatte ich wieder dieses starke Empfinden, nach Lucknow zurückzukehren. Ich konnte nicht erklären, warum es sich so stark anfühlte. Also nahm ich einen Zug nach Lucknow, und zum ersten Mal, seit ich in Indien war, waren die Dinge nicht im Fluss. Ich konnte keine Unterkunft finden, es war sehr heiß, ich bekam Durchfall, es war nicht gut. Dann ging ich zum *Satsang* mit Papaji.

Am Ende des *Satsangs* ging Papaji immer in einen kleinen Raum. Nach einem *Satsang* klopfte ich an die Tür. Ich wusste nicht, warum ich klopfte, aber jemand öffnete und ich sagte: „Ich muss Papaji sehen." Ich wusste nicht, wer diese Worte sprach, weil ich nicht vorhatte Papaji zu sehen. Ich ging direkt zu ihm und legte meinen Kopf auf seine Füße. Ich sagte: „Papaji, was immer auch geschehen wird, kann ich es dir jetzt zu Füßen legen?" Ich blieb vielleicht noch eine Viertelstunde länger dort, und dann ging er weg.

Damals gab es keine E-Mails, sondern nur Fax, und ein Mann kam zum *Satsang Bhavan* mit einer kleinen Tafel, auf der die Namen der Personen standen, die ein Fax bekommen hatten. An diesem Tag sah ich meinen Namen auf der Tafel. Ich wusste, dass es etwas Wichtiges war. Ich öffnete es und hatte eine Nachricht von einer Freundin in London, die lautete: „Bitte rufe dringend zu Hause an." Ich ging zur Telefonzelle und rief sie sofort an. Sie sagte mir: „Es tut mir sehr leid, dir das sagen zu müssen, Jason ist gerade gestorben."

Einen Monat später wäre sein dreiundzwanzigster Geburtstag gewesen. Sie sagte mir, er sei am Samstag mit seiner Freundin ausgegangen und sie verabredeten sich für den nächsten Tag. Als er nicht kam, rief seine Freundin Jasons Großmutter an, und als sie nach oben in sein Zimmer ging, fand sie ihn tot auf. Er war im Schlaf an einer viralen Lungenentzündung erstickt. Ich wusste, dass ich gehen musste. Ich ging zu Papaji, aber er hatte keine Zeit, mich zu sehen. Ich traf schnell alle Vorkehrungen und kehrte nach London zurück, um meinen Sohn zu beerdigen.

Hast du nach dieser Situation mit deiner Familie deine Erkenntnis mit Freunden geteilt?

Als ich wieder zurück in London war, wusste ich nicht, womit ich meinen Lebensunterhalt verdienen wollte. Aber ich wusste, dass ich für niemanden mehr arbeiten wollte. Ich hatte einige Freunde, die Räucherstäbchen herstellten und auf dem Markt verkauften. Ich liebe Räucherstäbchen und beschloss, das Gleiche zu versuchen. Es war eine sehr, sehr große Sache für mich, denn bevor ich nach Indien ging, unterrichtete ich an unserem örtlichen Brixton College. Fast jeder in der Stadt kannte mich, so dass ich ein gewisses Unbehagen empfand, vielleicht jemandem auf der Straße zu begegnen. Aber ich packte die Möglichkeit beim Schopf. Ich hatte eine kleine handbetriebene Singer-Nähmaschine und nähte für die Räucherstäbchen Säckchen aus rotem Samt. Ich fing an, diese zusammengerollten Sprüche herzustellen, die ich „Gedanken für den Tag" nannte. Ich schrieb darauf Aphorismen von großen Meistern und andere inspirierende Sprüche. Ich schrieb sie auf ein Blatt Papier, schnitt sie aus und rollte sie auf einem Zahnstocher auf. Ich besorgte mir ein paar Trinkhalme – damals bekam ich sie von McDonald's – zerschnitt sie und steckte die kleinen Rollen in die Trinkhalme.

Ich produzierte Tausende davon, ging über den Brixton Market, läutete meine Glocke und rief: „Räucherstäbchen, Räucherstäbchen!" Die Leute kauften bei mir Räucherstäbchen oder nahmen einen „Gedanken für den Tag" mit. Das war der Anfang, und es wurde sehr beliebt, die Hand in den Beutel zu stecken und einen „Gedanken" herauszuholen.

Schau, so sahen sie aus. (Zeigt ein Beispiel) Zunächst schrieb ich sie mit der Hand und dann fing ich an, sie zu fotokopieren. Später tippten wir sie dann ab. So wie diesen hier, ein Spruch von Nisargadatta Maharaj:

Ich bin vor dem Verstand. Ich bin kein Gedanke im Verstand.
Der Verstand entsteht durch mich. Ich entstehe nicht durch den Verstand.
Und da Zeit und Raum im Verstand entstehen,
bin ich jenseits von Zeit und Raum.
Ewig und allgegenwärtig.

Ziemlich starker Tobak, ja.

Ja. Nun, am Anfang war es nicht so stark. Es war persönlicher, und die Leute konnten sich damit identifizieren. Zuerst ging es nur darum, Frieden zu erleben und das Leben nicht zu ernst zu nehmen. Ich mache sie jetzt immer noch, für die *Sangha* in Monte Sahaja. Die für die *Sangha* sind viel stärker und direkter. Aber selbst in diesen frühen Tagen, als ich noch Räucherstäbchen auf der Straße verkaufte, fragten mich die Leute manchmal nach der Bedeutung eines bestimmten Gedankens, und ich habe mich mit ihnen darüber unterhalten. Viele Leute kamen auf diese Weise auf mich zu.

Ich fing an, ernsthaftere Leute zu treffen, die Fragen über das Bewusstsein und das Leben stellten, aber dann versank ich in eine so tiefe Stille, dass ich nicht mehr reden wollte. Ich wusste nicht, worüber ich sprechen sollte. Da war einfach diese unbeschreibliche Leere – was sollte ich sagen? Und so saß ich mit den Leuten, die mich besuchten, immer nur zusammen. Eines Tages kam eine meiner Kundinnen sehr aufgeregt zu mir. Ich sagte: „Aahhh, Teresa, was ist denn los?" Sie sagte: „Bitte, du musst mir helfen. Kannst du mir zeigen, wo ich hingehen kann, um meinen Verstand abzuschalten?" Ich sagte zu ihr: „Ich weiß nicht, wohin ich dich schicken könnte, aber vielleicht können wir eine Tasse Tee zusammen trinken."

Sie kam zu mir nach Hause. Als sie anfing mir zu erzählen, was bei ihr geschah, hörte ich ihr auf eine energetische Weise zu und hielt nicht mehr so sehr an jedem Wort fest, das sie sprach. Dann sagte etwas in mir einfach nur „Stopp", und ich bat sie, bis zu einem bestimmten Punkt, den sie angesprochen hatte, zurückzugehen: „Sag mir, was meinst du, wenn du hier ‚ich' sagst? Konzentriere dich einfach darauf, was dieses ‚Ich' ist, das du als dich selbst bezeichnest." Sie schloss die Augen und versuchte, meinen Worten zu folgen... irgendwie verstummte ihr Verstand – und blieb vier Stunden lang so.

Wir kochten sogar zusammen und aßen gemeinsam zu Abend, und als alle fertig waren, war sie immer noch in diesem Zustand. Von da an begann sie, andere Leute mitzubringen. Und so begann der *Satsang*, in meinem kleinen Zimmer in London. Zuerst saß ich nur mit den Leuten zusammen, ohne zu reden. Eine andere Frau aus London war zu Papaji gereist, um ihn zu treffen. Aber als sie in Lucknow ankam, erfuhr sie, dass er gerade gestorben war. Sie war untröstlich, und als sie nach Hause kam, erzählte ihr jemand von mir. Also fing sie an, mich zu besuchen und brachte einige Leute mit und diese brachten dann weitere mit.

Sie fingen an, mir Fragen über das Bewusstsein und über die Natur des Selbst zu stellen und darüber, wie man den Verstand transzendiert, so etwas in dieser Art – und ich wusste nicht, was ich sagen sollte. Ich wusste nicht, wie ich über das Bewusstsein sprechen sollte. Also betete ich zu Gott: „Du bringst Leute zu mir, die Fragen stellen, und ich weiß nicht, wie ich sie beantworten soll. Du musst sie beantworten." Nach diesem Gebet stellte ich fest, dass die Antwort auf jede Frage, die sie mir stellten, spontan in meinem Sein aufstieg. Ich konnte die Antwort einfach sehen und erleben, und ich stellte fest, dass ich nicht nur die mir gestellten Fragen beantwortete, sondern auch spüren konnte, wo sich der Fragende im Verhältnis zum universellen Selbst befand.

Als wir uns 2010 in Tiruvannamalai zu unserem Dialog für mein Buch „Europäische Meister" trafen, hast du bereits öffentliche Satsangs gegeben, aber es sollten noch viel mehr Leute kommen.

Es kam eine Frau aus Irland zu mir, es war eine sehr schöne Begegnung. Sie hatte in Irland eine Gruppe, die sich jede Woche in Stille traf, aber sie wollte gerne jemanden haben, mit dem sie reden konnte. So lud sie mich zu einem Besuch ein. Bis dahin wollte ich nicht reisen, ich war ziemlich glücklich in meinem Zimmer in London. Aber ich willigte ein, dorthin zu kommen, und das war der Anfang der *Satsang*-Reisen.

Und was geschah dann?

Einmal fuhr ich für einen Urlaub nach Tiruvannamalai zurück, weil ich mich daran erinnerte, wie ruhig es dort war. Und ich hatte das Gefühl, dass ich gerne wegfahren und eine ruhige Zeit im Ramana Ashram verbringen wollte. Zu diesem Zeitpunkt hatte ich bereits mit regelmäßigen *Satsangs* begonnen und wollte eine Pause einlegen. Ich war sehr glücklich und sehr ruhig, aber nach einer Woche wurde mir ein bisschen langweilig. (John David lacht)

Jeden Morgen ging ich zu einem kleinen Chai-Stand gegenüber vom Ramana Ashram. Eines Morgens saß ich dort und hatte das Gefühl, dass mich ein paar Leute anstarrten. Ich schaute auf und erwischte sie, wie sie mich direkt ansahen. Einer von ihnen sagte: „Kann ich mit dir sprechen? Sag mal, wir kommen seit drei Tagen hierher. Wir haben dich hier gesehen, und jedes Mal, wenn wir hierherkommen, spüren wir diesen tiefen Frieden und diese Liebe. Kommt das durch dich?"

Ich sagte: „Ich tue nichts. Ich sitze nur still hier, und ich habe euch bis heute nicht bemerkt." Der Typ sagte: „Wow, das ist unglaublich. Gibst du *Satsang*?" (John David lacht) Ich war ein wenig zurückhaltend, weil ich mir nicht sicher war, ob ich es zugeben wollte. Also sagte ich: „Ich rede manchmal ein bisschen mit Leuten."

Dann sagten sie: „Wir kennen einige Leute, die gerne mit dir sprechen würden." Mir war sowieso etwas langweilig, und so stimmte ich zu. Ich nahm sie mit auf mein Zimmer und sagte: „Okay, vielleicht hier?" Sie sagten: „Nein, das ist ein bisschen zu klein." Ich sagte: „Was? Von wie vielen Leuten sprecht ihr denn?"

Zwei Tage später luden sie mich in ein schönes Lokal namens Ragini's ein, und als ich dort ankam, waren etwa siebzig oder achtzig Leute dort. Damit hatte ich nicht gerechnet. Wir trafen uns dort zwei oder drei Wochen lang. Und dann sagten sie, dass ein anderer Lehrer kommen würde. Ich dachte: „Oh gut, meine Zeit ist vorbei, das ist gut." Aber dann erzählten sie mir, dass es in der Nähe des Ashrams von Sri Yogi Ramsuratkumar ein Haus gab, in dem eine Dame uns das Dach ihres Hauses anbot, während sie weg war. Dort hatten wir viele *Satsangs* und es wurde eine sehr intensive Zeit des Lehrens. Ich hatte das Gefühl, wenn ich das so sagen kann, dass all dies durch Gottes Gnade geschah.

Du hast gerade Sri Yogi Ramsuratkumar erwähnt. Hast du ihn persönlich getroffen?

Einmal war ich mit Ram Charan in Lucknow bei Papaji. Ram wusste, dass ich nach Tiruvannamalai gehen würde und sagte, ich solle einen berühmten Heiligen besuchen, der dort lebt: „Man nennt ihn den göttlichen Bettler. Geh ihn besuchen." Damals war ich an keinem anderen außer Papaji wirklich interessiert. Und als ich nach Tiruvannamalai kam, dachte ich nicht mehr darüber nach. Eines Morgens sagte mein Freund: „Weißt du, Sri Yogi Ramsuratkumar ist gleich um die Ecke von unserem Haus." Und ich sagte: „Du meinst den göttlichen Bettler? Lass uns hingehen." Wir gingen zu seinem kleinen Haus, und ich sah Leute, die ein- und ausgingen, ein- und ausgingen. Denn nach dem Segen schickte er die meisten Leute weg.

Ich ging hinein und machte *Pranama* (Verbeugung) vor ihm, und er sagte zu meiner Überraschung: „Setz dich." Ich saß mit ihm auf seiner Veranda und schaute ihn an, und sofort liebte ich ihn. Er war so natürlich, rauchte eine Zigarette und hielt sie zwischen seinen Fingern. Ich ging noch ein paar Mal zu ihm, und jedes Mal sagte er, ich solle mich zu ihm setzen. Und eines Tages fragte mein Freund Sri Yogi Ramsuratkumar: „Kann ich ein Foto mit dir machen?" Ma Devaki kam und wir machten dieses Bild zusammen mit Sri Yogi Ramsuratkumar. Ich hatte eine sehr herzliche Verbindung mit ihm, und mit Ma Devaki bin ich über die Jahre hinweg in engem Kontakt geblieben. Sie war eine seiner ersten engen Vertrauten, und sie ist diejenige – so empfinde ich das – die jetzt seine Präsenz im Ashram in Tiruvannamalai maßgeblich hält. Ja, sie ist ein wunderschönes Wesen.

Es ist sehr interessant, wie das Schicksal funktioniert, denn wie du weißt, reise ich seit dreißig Jahren in diese Stadt und habe sie nie kennengelernt. Und heute habe ich mir die Bilder angesehen, die du von ihr hast, und ich erinnerte mich, dass mir erst letztes Jahr Maitri, eine spirituelle Freundin aus Indien, sagte, ich solle sie kennenlernen. Als ich heute ihre Bilder sah, habe ich beschlossen sie zu treffen.

Ja, nimm Kontakt mit ihr auf. Ich habe auch Thuli Baba getroffen und hatte eine sehr schöne und sehr intensive Begegnung mit ihm.

Ich hatte mit Thuli Baba auch eine sehr innige Verbindung, und über viele Jahre habe ich ihn jedes Jahr besucht. Ich brachte immer einen Bus voller Leute aus meinem Retreat zu ihm. Wenn ich ankam, schlug er mich immer; ich verneigte mich und er schlug mich. Wir hatten eine sehr schöne Verbindung. (lacht)
Was ist mit Ramana Maharshi? Du sprichst nicht so viel über ihn. Du fühltest dich von seinem Ashram angezogen.

Ja. Zunächst sah ich sein Buch „Nan Yar"*, über die Selbstbefragung, und später, nachdem ich Papaji kennengelernt hatte, gab mir jemand das Buch von David Godman „Sei wie du bist". Als ich anfing zu lesen, nahm ich Ramanas Lehren auf eine Weise auf, die ich verstehen konnte. Vielleicht habe ich durch die Begegnung mit Papaji die Lehren Sri Ramanas aufgenommen – so geschehen diese Dinge.

---

* Nan Yar - Wer bin ich, Open Sky Press 2016

Papaji saß immer mit dem Bild von Ramana Maharshi hinter ihm.
Er sagte immer, er sei lediglich ein Kanal für Ramana.

Ja, und als ich Papaji traf, stellte ich fest, dass ich Ramanas Lehren viel leichter verstehen konnte, und als ich nach Tiruvannamalai ging, verbrachte ich natürlich viel Zeit im Ramana Ashram, ich saß dort einfach.

Es ist schon sehr interessant für mich, dass die meisten Menschen Ramana Maharshi durch seine Frage „Wer bin ich?" kennen. In seinem Ashram herrschte um ihn herum aber auch eine sehr hingebungsvolle Energie. Ich erlebe sie heute hier. Ich habe den ganzen Tag hier in deiner Gemeinschaft in Portugal verbracht, und es gibt hier eine sehr hingebungsvolle Energie. Als wir das letzte Mal in einem öffentlichen Satsang *zusammen geredet haben, hast du über Hingabe gesprochen. Möchtest du dazu etwas sagen?*

Ich habe das Gefühl, dass es in mir eine ganz natürliche hingebungsvolle Seite gibt. Ich habe diese unermessliche Liebe zu Gott, aber es ist keine klagende und weinende Art der Hingabe. Es kommt zwar vor, dass ich weine, aber es ist eigentlich sehr unpersönlich, sehr kraftvoll. Ich fühle eine Art tiefe unpersönliche Innigkeit mit Gott. Als ich anfing, *Satsang* zu geben, habe ich nie darüber gesprochen. Es ging einfach darum, wie sich die Atmosphäre anfühlte – die innere Atmosphäre meines Seins.

Ich wusste nicht, was ich über das Bewusstsein sagen sollte. Erst nachdem ich gebetet und Gott gefragt hatte, wie ich mit den Menschen über ihre spirituelle Suche sprechen sollte, begann ich, die Worte zu finden, die sie leiten sollten. Papaji sprach zu uns in einer Weise über die Selbsterforschung, die sehr seinem persönlichen Stil entsprach. Er lehrte die Selbsterforschung nicht so, wie Ramana es tat, und auch ich setzte Ramanas Lehren nicht so direkt ein. Ich begann, die Antworten auf die Fragen der Menschen in meinem Herzen zu sehen. Ich fühlte die Antwort, ich konnte die Antwort sehen, ich fing an, mit den Menschen darüber zu sprechen. So fing das an.

Die *Jnanis* (dem Pfad des Wissens folgen) und die *Bhaktas* (dem Pfad der Hingabe folgen) teilen sich normalerweise nicht das gleiche Zelt, aber ich fühle mich mit beiden wohl. Ich mache da keinen besonderen Unterschied, und als ich anfing, mich Menschen mitzuteilen, stellte ich fest, dass mein Mitteilen eher auf non-duale Weise stattfand. Und das war außergewöhnlich, weil ich nicht diesen Hintergrund habe, aber ich wuchs da sehr schnell hinein, und die Selbsterforschung wurde für mich zu einem sehr scharfen Schwert.

Du hast vorhin gesagt, dass, wenn eine Frage gestellt wurde, du im selben Moment die Antwort wusstest. Es liegt eine Art Magie in allem, worüber wir sprechen, denn wenn man offen ist, kommt diese Energie einfach durch. Du kennst die Antwort, aber es gibt kein persönliches Wissen um die Antwort. Ist das richtig?

Nun, als ich zu lehren begann, konnte ich sehen, dass es durch die Einsicht kam, die bei Papaji geschehen war. Etwas wurde sehr leer. Ich bin immer noch leer, und mein Leben drückt sich durch eben diese Leere aus. Ich plane meine Tage nicht. Wenn ich das täte, müsste ich mit Kreide schreiben, denn ich folge nicht den äußeren Erscheinungen. Meine Tage entfalten sich vollkommen spontan, durch Intuition oder innere Führung. Sie fließen einfach dahin.

Nun, das habe ich heute erlebt, denn wir hatten hier unseren ganz eigenen Tanz oder sagen wir, es hat einen Tanz gegeben.
Ich habe in den letzten zehn, fünfzehn Jahren erlebt, dass sich die Menschen immer mehr zu dir hingezogen fühlen. Du bekommst eine unglaubliche Resonanz auf deine Satsangs, deine Präsenz und so weiter. Mir scheint, dass deine hingebungsvolle Seite ein großer Teil davon ist.

Was die Menschen fühlen, ist die Liebe, die in meinem Herzen ist. Ich ermutige niemanden, sich äußerlich hinzugeben, wenn auch viele der Dinge, die hier geschehen, für diejenigen bestimmt sind, die eher hingebungsvoll sind. Heute Morgen konntest du zum Beispiel das Singen von *Bhajans* (Lieder zur Verehrung Gottes) hören. Das hat sich ergeben, weil ich früher in Rishikesh in einen einfachen Tempel ging und mit diesen alten *Sadhus* einfach *Bhajans* gesungen habe – auf diese traditionelle Art und Weise. Ich habe es geliebt. Ich kam immer sehr, sehr berührt zurück. Ich fühlte, dass es das Herz war, das sang. Ein Mann, der mir sehr nahestand, war etwas unruhig. Also bat ich ihn ausdrücklich, *Bhajans* zu singen, und das tat er. Ich selbst nehme nicht an hingebungsvollen Dingen wie *Pujas* (Gebete) und *Aartis* (Feuergebete) teil. Aber sie sind hier Teil der Lebenswelt, die erfüllt ist von der Hingabe an die Wahrheit.

Diese Liebe ist nicht persönlich, sie sprudelt einfach. In meinen Gesprächen ist die Anleitung sehr direkt, sehr geradlinig. Es scheint, dass man das, was ich teile, eine *Advaita* (non-duale) Perspektive nennen könnte. Ich bin in einem nicht sehr intellektuellen Umfeld aufgewachsen, daher muss es für mich ganz praktisch sein. Im Laufe der Jahre hat sich eine neue Form der Lehre manifestiert, und jetzt lehren wir etwas, das sich „Die Einladung" nennt. Im Laufe der Jahre, in denen ich Selbstbefragung gelehrt habe, fand ich viele Menschen, die zuhörten, aber es gab nicht oft jemanden, bei dem ich das Gefühl hatte, dass das Verständnis wirklich zur Blüte kommt. Es muss verbrennen und Geist werden – und ich sah nicht, dass das geschah. Aber mit „Die Einladung" sehen wir, dass das zunehmend geschieht.

Kannst du etwas über „Die Einladung" sagen? Enthält sie die Selbstbefragung?

„Die Einladung" – und auch jeder meiner *Satsangs* – ist dazu da, Menschen aus dem Dickicht der persönlichen Identität heraus in den Zustand der Präsenz und weiter zum Absoluten zu führen.

„Die Einladung" ist entstanden, weil ich im Laufe der Jahre gesehen habe, dass manche Menschen nicht über diese besondere

Art intellektueller Veranlagung oder Haltung verfügen, um vollen Gebrauch von der Selbsterforschung zu machen. Und außerdem lieben sie Gott. Ich war in den Vereinigten Staaten, und der Mann, der den Film „Beende die Suche" mit Papaji gemacht hatte, fragte, ob er mich interviewen könne. Kurz bevor wir anfangen wollten, sagte er: „Das Interview wird für Leute sein, die nicht unbedingt einen spirituellen Hintergrund haben. Kann ich ein Interview mit dir führen, ohne, dass du spirituelle Worte benutzt?"

„Okay", sagte ich, „das hättest du mir vorher sagen können, aber mir gefällt die Herausforderung." Und dann musste ich auf eine einfache Weise sprechen.

Von da an erkannte ich, dass es Menschen gibt, die die Dinge sehr schnell auf einer gewissen Ebene erfassen können, sie aber nicht so tief integrieren, dass sie zu einem selbstverständlichen Ausdruck ihres Lebens werden. Der unverkennbare Duft der Wahrheit war nicht vorhanden. Deshalb gab ich den Leuten manchmal eine Übung wie die „Ich bin"-Übung oder die „Ich beobachte"-Übung, die wirklich etwas bewirkten. Vor Kurzem wurde ich in Indien zu einem Yogafestival eingeladen, und als ich dort die Menschen anleitete, kristallisierte sich das in diesem Moment sehr stark heraus.

Wir sahen, dass sich die Qualität des spirituellen Lebens hier in Sahaja wirklich veränderte, als die Menschen anfingen, sich „Die Einladung" anzuhören. Wir lassen die Hörbuchversion jeden Tag laufen. Vor nicht allzu langer Zeit wurde ich nach Madrid in Spanien eingeladen. Wir waren in einer riesigen alten Stierkampfarena, ein gewaltiger Platz, und viele Tausend Menschen waren gekommen, um verschiedenen spirituellen Lehrern zuzuhören. Ich habe etwa fünfzehn Minuten lang die Anleitung gegeben, und die ganze Arena wurde still. Völlig still. Seitdem habe ich herausgefunden, dass „Die Einladung" ein einfaches Werkzeug ist, das den Menschen hilft, zu erkennen, dass sie selbst reines Bewusstsein sind – ohne allzu viel mentale Gymnastik. Es versetzt dich einfach in die Lage, zu erkennen, dass du vom Ort der lebendigen Leere aus schaust und dass du selbst diese Leere bist.

Wir haben daraus ein kleines gedrucktes Büchlein und ein Hörbuch gemacht, und man kann es sich online anhören. Aber ich mache trotzdem mit meinen *Satsangs* weiter, in denen ich die Menschen auf verschiedene Art anleite, sehr spontan. Die Lehre ist jetzt eine sehr einfache Erforschung geworden, und für mich ist sie lebendig, denn jetzt kann jeder Ergebnisse erzielen, jeder kann vom *Satsang* profitieren.

Gleichzeitig hat unser *Satsang* den Geschmack der Liebe, aber nicht der sentimentalen Liebe. Es ist nicht die sentimentale Liebe, die hier betont wird. Wir respektieren alle Meister und ihre unterschiedlichen Ausdrucksformen und Traditionen, aber ich habe das Gefühl, dass einige von denen, die *Advaita* praktizieren, ein wenig von dieser Wärme profitieren würden, die vom *Bhakti* Yoga herkommt. Aber eigentlich empfehle ich nicht einmal das, denn wenn die Menschen die Wahrheit in sich selbst entdecken, fließt die Liebe in ihnen ganz natürlich.

Als ich heute auf eurer Hauptstraße auf- und abging, hier und da Leute traf, fragte ich scherzhaft und mit englischem Humor: „Werdet ihr dafür bezahlt, so fröhlich zu sein?"

Sie sind glücklich. Wir predigen nicht das Glück. Wir sagen nicht: „Oh, du musst glücklich sein." So sind die Leute hier von Natur aus. Es entspringt ihrer tieferen Erkenntnis, die jenseits von Konzepten liegt.

Ja, für mich ist es ein Glücklichsein, das aus der Stille kommt.

Ja, wie ein nüchternes Glücklichsein. Unpersönlich und doch freudig.

Es ist sehr schön, weil es sehr natürlich ist. Die Menschen sind nicht dafür geschaffen, unglücklich zu sein. Sie wurden geschaffen, um ihre Natur zu leben, und ihre Natur ist es, glücklich zu sein.

Immer wenn ich mich mit dir unterhalte, habe ich das Gefühl, dass wir uns neu begegnen. Ich habe deine Arbeit gesehen, und ich habe

Respekt vor ihr. Deshalb habe ich vorhin zu dir gesagt: „Mach dir keine Sorgen, der Tag gehört Gott."

Ich bin von deiner Gemeinschaft sehr berührt. Ich bin total beeindruckt, denn du hast wunderbare Menschen hier und einen sehr ungewöhnlichen Ort geschaffen. Ich wünsche euch damit alles Gute. Es gibt bestimmt eine großartige Geschichte darüber, wie du Monte Sahaja gefunden hast.

Ja. Ich brauchte Urlaub, also habe ich einen Globus gedreht und mein Finger ist auf Portugal gelandet. Wir entspannten uns also am Strand in einem Ort namens Lagos, als ich die Nachricht erhielt, dass mich jemand in ihr Haus auf dem Land einladen wollte. Sie hatte viele meiner YouTube-Videos gesehen und wollte mich für ein paar Tage aufnehmen. Ich zögerte, weil ich die Küste genoss und wir nur noch ein paar Tage in Portugal hatten. Also sagte ich ihr, dass ich nicht kommen könnte.

Sie antwortete, dass sie sich sehr darüber freuen würde, mich dort zu treffen, wo ich war. Wir hatten eine so schöne Begegnung, dass wir schließlich doch zu ihrem Platz auf dem Land reisten. Ich fühlte mich dort sehr glücklich, und sie erzählte mir, dass es in der Nähe sehr günstige Grundstücke gäbe.

Und du bist ihrem Hinweis gefolgt?

Sie zeigte uns ein paar Orte, aber erst ganz kurz vor unserer Abreise war ich tief beeindruckt. Einer ihrer Nachbarn, ein alter Portugiese, nahm uns zu einem Ausflug aufs Land mit. Er lief mit solcher Leichtigkeit den Hügel hinauf – und rauchte eine Zigarette – während wir uns hinter ihm keuchend, überhitzt und schwitzend abkämpften und ihm zuwinkten, damit er langsamer ging. Ich war einfach nur erstaunt über die Schönheit dieses Ortes. Auf der Spitze eines der steilsten Hügel fragte ich schließlich den alten Mann: „Baba, wo genau ist das Land?"
Dann zeigte er auf die offene, wunderschöne Landschaft, die vor uns lag. Er sagte: „All das, bis hinauf auf die Spitze dieser

Hügel." Unglaublich! Als wir wieder herunterkamen, hatte ich im Herzen das Gefühl, dass hier wirklich etwas entstehen könnte. Ich habe es wirklich gespürt.

Wir trafen uns mit dem Besitzer. Er sagte, dass hier seit fünfundzwanzig Jahren niemand mehr gewohnt habe, und es deshalb sehr zugewachsen sei. Wir fingen an, zu verhandeln und Geld zu beschaffen, und innerhalb von ungefähr drei Monaten gehörte es uns. Es fühlte sich wie ein Geschenk Gottes an. Mehrere Monate später, ich war wieder in London, wachte ich eines Morgens mit einem sehr intensiven Gefühl auf: „Wir müssen den Umzug machen." Fünf Personen kamen mit Zelten und einer sehr albernen Ausrüstung hierher, um das Land zu roden. Wir hatten kleine Scheren, Messer, Kehrschaufeln und Besen mitgenommen, um das Zeug zu schneiden. (John David lacht) Wir brauchten weit über ein Jahr – mit erfahrenen Helfern und Landmaschinen. (Lachen) Wir mussten alles von Grund auf lernen.

Es scheint ein absolutes Mysterium zu sein, wie du Monte Sahaja gefunden hast.

Ein absolutes Mysterium. Ich war am Strand. Ich wollte nicht wirklich hier herkommen. Ich würde sagen, dass mich der göttliche Fahrplan oder das Schicksal hier hergebracht hat. Ich brauchte Urlaub und kam nach Portugal, weil ich den Globus gedreht hatte. Es ist wirklich der Ort, an dem ich am glücklichsten bin. Gott sei Dank.

Segen kommt immer auf das, was wir aus reiner Absicht, aus einem reinen Herzen heraus tun. Das Ergebnis davon wird immer gut sein.

Ja, ich bin sehr gerührt.

Ich danke dir.

Und ich danke dir.

Hommage
an
Neem Karoli Baba

Siddhi Ma

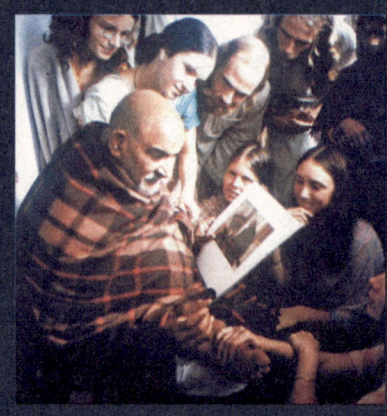

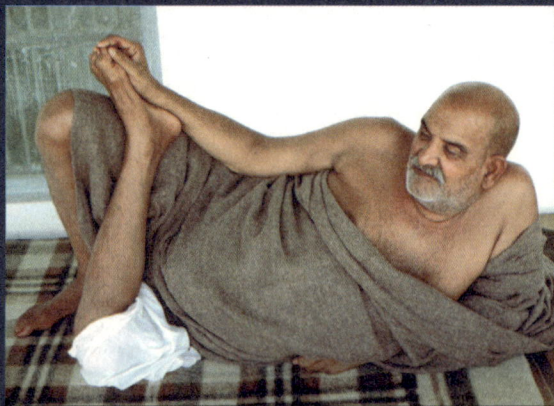

Liebe alle. Diene allen.
Erinnere dich an Gott.

Krishna Das

Ram Dass

Krishna Das

Wenn wir überhaupt etwas über einen Weg wissen, dann allein wegen der großartigen Wesen, die ihn vor uns gegangen sind.

Durch ihre Liebe, durch ihre Güte haben sie uns Spuren hinterlassen, denen wir folgen können.

Auf die gleiche Weise, wie SIE es UNS wünschen, so wünschen WIR, dass alle Wesen überall sicher, glücklich und bei guter Gesundheit sind und genug zu essen haben.

Und mögen wir alle in Frieden und leichten Herzens leben, mit allem, was im Leben auf uns zukommt.

Krishna Das

Es fühlt sich an, als sei alles schon passiert. Sehr schön. Ich sitze mit Krishna Das in einem kleinen Hotel außerhalb von Amsterdam. Wir haben uns vor zwanzig oder dreißig Minuten getroffen, und es fühlt sich an, als würden wir uns schon immer kennen. Es ist für mich ein sehr schöner Flow.

Krishna Das hat viele Jahre mit Neem Karoli Baba verbracht, und ich habe ihn vor vielen Jahren im Haus von Tiwari in Lucknow, in Indien, kennengelernt. In den letzten Jahren ist er durch das Singen von Mantren *(heilige Klänge) weltweit bekannt geworden, da seine Konzerte eine sehr hingebungsvolle Energie erzeugen.*

Ich weiß nicht, was du davon hältst, aber wollen wir vielleicht mit einem Mantra *beginnen?*

Nun, ich beginne mit einem Chant, oder wie auch immer du es nennen möchtest. Das mache ich gerne. (Fängt an zu singen und hört wieder auf.) Ich habe die Worte vergessen. Das ist echte Hingabe! Der Verstand bleibt stehen! (John David lacht)

Einmal war ich bei einem sehr großen Lama, der Nyoshul Khen Rinpoche heißt. Er war ein *Dzogchen*-Meister. Er war echt klasse, und er nannte mich Lama Hanuman. Also wollte ich gerne etwas für ihn singen. Als ich die erste Zeile gesungen hatte, wurde mein Verstand völlig leer. Er sah mich an, lächelte und fragte: „Ist das alles?" (John David lacht)

Offensichtlich ist dein Weg Bhakti*, der Weg der Hingabe, indem du* Kirtans *und* Mantren *singst. Könntest du uns bitte den Unterschied zwischen* Kirtan *und* Mantra *erklären – und was die Verbindung ist?*

Kirtan ist vor allem die Wiederholung der göttlichen Namen, das sind die *Mahamantren* (große *Mantren*): die wahren *Mantren*, die perfekten *Mantren*, die vollkommenen *Mantren*, die großartigen *Mantren*. Es gibt *Mantren* für alles, sogar *Mantren* für das Anhalten von Zügen, *Mantren*, um das Glück oder vergrabene Schätze zu finden, *Mantren*, um reich zu werden, *Mantren*, um Menschen arm zu machen. *Mantren* sind kraftvolle Formeln. Aber der göttliche Name allein hat nur den einen Zweck und zwar den, das Herz zu öffnen.

Es gibt keine Kehrseite, wenn man *Mantren* benutzt, nichts, was einen beunruhigen müsste. Wenn man ein *Mantra* für einen egoistischen Zweck benutzt, gibt es Regeln, wie es zu verwenden ist. Und es gibt einen Preis, den man dafür zahlen muss, denn im Grunde genommen nimmst du das Geld vom Konto eines anderen und tust es auf dein eigenes, oder du nimmst es von deinem eigenen Konto und tust es – wenn es von Vorteil ist – auf das eines anderen. Es gibt Möglichkeiten, das zu tun. Aber beim Singen des göttlichen Namens ist die einzige Regel, aus deinem Herzen heraus zu singen und dein Bestes zu geben.

Das ist die Wirkung eines* Kirtan. *Wenn wir zusammen singen, öffnen wir uns einfach und kommen gemeinsam an diesen Ort.

Ja. Wir entdecken, was bereits in uns ist. Ich mache das so häufig, dass ich nicht mehr darüber nachdenke, wie es funktioniert oder was es ist. Aber es heißt, dass durch die Wiederholung des Namens – allmählich, aber unvermeidlich – diese Präsenz enthüllt wird, die in uns lebt, unsere eigene wahre Natur. Und es ist so einfach, denn je mehr man singt, desto mehr pflanzt man die Saat, aus der dann weitere Möglichkeiten erwachsen, immer weiter zu enthüllen, was in uns ist.

Das ist eine sehr subtile Praxis. Es ist nicht einfach emotionaler Quatsch. Es ist eine sehr subtile Praxis! Und es ist eine Praxis, die kein Ende hat, denn, wie Ramana Maharshi sagte, ist unsere wahre Natur Gebet. Die Natur des Selbst, *Atma*, ist Gebet – in dem Sinne, dass sie sich immerzu vor dem großen Einssein verneigt, von dem sie ein Teil ist. Der natürliche Zustand ist Gebet. So versuchen wir, allmählich in diesen natürlichen Zustand zu kommen. Es ist allerdings schwierig, da die Gedanken immer wiederkommen. Die Wellen, die wir vor Millionen von Leben in Bewegung gesetzt haben, brechen immer noch über uns zusammen. Indem wir diese Praxis üben, begegnen wir diesen Wellen auf die uns bestmögliche Art. Und in diesem Moment erzeugen wir keine weiteren. Wir sind mit den Wellen noch nicht fertig – sie kommen immer noch, denn sie sind unser *Karma* (Ergebnis aller Handlungen)... aber wir tun das Beste, das wir in diesem Moment tun können: Auf andere Weise für den gegenwärtigen Moment da sein.

Nach all den Jahren des **Mantrasingens** *bist du ja irgendwie im Ozean aufgelöst. Aber für jemanden, der gerade beginnt?*

Ich fange auch gerade erst an. Ich habe das Gefühl, ich fange gerade erst an. (John David kichert) Wirklich! Ich erzähle dir keinen Quatsch. Ich weiß einen Scheißdreck! Ich habe keine Ahnung von gar nichts, und je mehr ich chante, desto weniger weiß ich.

Es gibt nur zwei Dinge, die sich meiner Meinung nach in all den Jahren, in denen ich gesungen habe, verändert haben. Das eine ist etwas ganz Praktisches. Sobald ich mich hinsetze und anfange zu singen, war's das! Nichts anderes passiert! Alles wird in diesem Moment zu einem Teil dieser Praxis. Alles! Ob die Musikanlage zusammenbricht oder jemand im Publikum anfängt zu weinen, oder ob ich mittendrin einen emotionalen Zusammenbruch erlebe, das gehört alles zur Praxis, mit allem wird auf die gleiche Weise umgegangen: Zurück zu *Ram*! (Hindu-Gottheit) Zurück zum Namen! Jedes Mal, wenn es mich wegzieht, komme ich einfach wieder zurück. Die allmähliche Entwicklung dieser Fähigkeit, es wirklich „zu tun" ist etwas, das bei mir im Laufe der Jahre immer intensiver geworden ist.

Das andere, das mir auffällt, ist, dass ich weniger Trübsal blase. Früher habe ich entsetzlich viel Trübsal geblasen, und jetzt tue ich es nicht mehr. Ich weiß nicht, was passiert ist, wirklich nicht. Ich kann auf keinen bestimmten Zeitpunkt verweisen, an dem ich aufgehört habe, so viel Trübsal zu blasen. Eigentlich vermisse ich es, um ehrlich zu sein. Mein ganzes Leben bestand aus Trübsal. Und was mache ich jetzt? (lacht)

Wir haben jetzt dreißig oder vierzig Minuten zusammen verbracht, und es ist so einfach dir zu begegnen. Es ist, als ob man jemanden und niemanden gleichzeitig trifft. Du erzählst uns ein paar Dinge, z.B. wo du lebst oder wo du gewesen bist, aber das, was man am stärksten wahrnimmt, ist dieser Flow. Vielleicht bemerkst du das selbst nicht mehr so sehr, weil du immer im Flow bist, aber für jemanden, der dir begegnet, ist es sehr intensiv.

Ich glaube, wenn man wirklich im Flow ist, merkt man es selbst nicht. Man klopft sich dafür nicht auf die Schulter. Der Arm muss aus dem Fluss herausgreifen, um sich selber auf den Rücken klopfen zu können. (John David lacht)

Das ist sehr schön! Traditionell hatten die Schüler eine enorme Hingabe an den Meister. Kannst du uns etwas über die Hingabe beim Streben nach Erwachen erzählen?

Der Meister ist Erwachen! Der wahre Guru, der *Satguru* (höchster Lehrer), das ist der erwachte Zustand. Es ist niemand mehr da. Es ist einfach so, dass jemand jedwede Begrenzung von Selbst-Zentriertheit, Ego-Zentriertheit vollkommen überwunden hat. Ein wahrer Guru ist der erwachte Zustand, und du trittst in diesen Zustand ein. Alles, was dich diesem Zustand näher bringt, ist positiv. Hingabe an den Meister oder Hingabe an den wahren Guru bringt dich also zu diesem oder in diesen erwachten Zustand, zu dem er oder sie vollständig geworden ist. Da ist niemand. Der wahre Meister, der wahre Guru, da ist niemand, der irgendetwas tut, denn sonst wäre er es nicht.

Ramana Maharshi sagte auch, dass, wenn du verwirklicht bist, du sofort von allen *Shaktis* (Schöpfungsenergien), allen Mächten des Universums umgeben bist. Du hast keinen individuellen Willen oder *Sankalpa* (Absicht) mehr, keine Wünsche oder ähnliches. So wird alles und jeder, der auf dich zukommt, von dem umsorgt, was dich umgibt.

Der Meister denkt nicht: „Okay, ich werde diese Person heilen." Ein echter Meister könnte diesen Gedanken gar nicht haben, weil in ihm niemand ist. Aber das, was den Meister umgibt, all diese göttlichen Kräfte, reagieren sofort auf die Hingabe – auf den Schüler oder auf den, der sich hingibt – und tun, was getan werden muss. Der Meister hat nichts, er hat keinerlei Vorstellung von sich selbst.

Es gibt eine interessante Geschichte über Maharajji (Neem Karoli Baba). Er hat über diese Dinge nicht auf diese Weise gesprochen. Über all das zu reden hat er den Idioten überlassen, so wie mir. Ram Dass war einmal in einem ziemlich verwirrten Geisteszustand, und er kam zu Maharajji, setzte sich ihm gegenüber und sagte: „Maharajji, ich möchte, dass du meine *Kundalini* aufsteigen lässt! Tu es! Lass es uns hinter uns bringen! Ich bin bereit! Tu es für mich! Hier bin ich! Komm schon! Los! Drück auf den Knopf! Ja?"

Maharajji ging einfach weg und sagte: „Oh, Mann! Damit kenne ich mich nicht aus. Was ist mit dem *Swami* da unten? Ja, geh zu diesem *Swami*! Er kennt das alles! Er macht das für dich."

Ram Dass wurde ärgerlicher. Er sagte: „Nein! Maharajji, bitte lass jetzt meine *Kundalini* aufsteigen!"

„Wirklich, da kenne ich mich nicht aus. Das macht dieser andere Typ! Kennst du den *Swami* dort drüben? Der kennt sich damit aus! Geh zu ihm! Ich bin mir sicher, er wird deine *Kundalini* aufsteigen lassen!"

Ram Dass wurde wütend. Er sagte: „Nein, Maharajji! Du sollst meine *Kundalini* aufsteigen lassen!"

Maharajji stand auf, um nach hinten zu gehen. Er warf sich seine Decke über die Schulter, schaute uns einfach nur an und sagte: „Ich weiß nur zwei Dinge: *Ra* und *Ma*." Die beiden Silben des Namens *Ram*. Das ist alles, was da drinnen vor sich geht. Da ist nichts anderes drin. Vollständig, vollkommen dem Universum hingegeben. Es gibt niemanden, der irgendetwas tut. Es gibt nur

Ram. Rund um die Uhr, 365 und ein viertel Tage im Jahr ist das alles, was da existiert! Es gibt niemanden, der Entscheidungen trifft. Alles geschieht vollkommen, denn er ist vollständig mit dem Universum verschmolzen und alles, was geschehen soll, geschieht. Jeder, der sich an ihn wendet, bekommt, was immer er braucht.

Es ist wie mit dem Dalai Lama. Jemand fragte ihn einmal: „Eure Heiligkeit, wie kommt es, dass alle Sie so sehr lieben?"

Er sagte: „Ich weiß es nicht! Vielleicht liegt es daran, dass ich mein ganzes Leben damit verbracht habe, mich um das Glück anderer Menschen zu kümmern und ihr Glück im Auge zu haben." Das war jetzt irgendwie etwas schnell. Lass es mich noch einmal sagen: „Mein ganzes Leben," verstehst du? „Mein ganzes Leben lang habe ich mich um andere Menschen gekümmert." Da drin gibt es nur Mitgefühl. Und Weisheit. Niemand tut das! Er schleicht sich nicht ins Badezimmer und sagt: „Ich bin der Dalai Lama, ich bin der Dalai Lama!" und dann kommt er wieder heraus und ist heilig! (lacht) So ist das nicht! Es gibt nur Mitgefühl! Er ist nicht mitfühlend, um sich dadurch hervorzutun.

Er persönlich zieht daraus keinen Nutzen – weil es keine Person mehr gibt! Da drin wirkt nur Mitgefühl. Weisheit und Mitgefühl. Leere und Mitgefühl: *Bodhicitta*, der Geist, der nach Erwachen, Einfühlungsvermögen und Mitgefühl zum Wohle aller fühlenden Wesen strebt. Und so ist es mit jedem großen Heiligen. Da kann es niemanden geben, der etwas tut, denn sonst wäre es nicht so.

Wenn wir, die wir immer noch in unseren Strukturen eingesperrt sind, versuchen darüber zu sprechen, ist es sehr schwierig, es zu beschreiben oder zu versuchen, das Gefühl zu vermitteln, wie es ist, mit einem solchen Wesen zusammen zu sein! Ich meine... (Stille)

Du erwähntest Maharaj. Er ist dein Meister, Neem Karoli Baba.

Neem Karoli Baba, ja.

Es war offensichtlich eine sehr tiefgreifende Erfahrung für dich, ihm vor fünfunddreißig Jahren zu begegnen.

Es war so tiefgreifend, dass nicht ein einziger Astrologe oder Hellseher, mit dem ich je gesprochen habe, das erwähnt hätte. (beide lachen) Es existiert nicht!

Es ist außerhalb des Radars!

Es ist außerhalb des Radars für jeden, mit dem ich gesprochen habe. Ich sagte: „Ist 1970 irgendetwas geschehen?" Das war das Jahr, als ich mit ihm zusammen war.

„Nein."

„Was ist mit...?" Das ist so lustig! Es ist so tiefgreifend, dass es einfach nicht geschehen ist! (Lachen)

Würdest du uns etwas von dieser ersten tiefen Begegnung erzählen?

Nun, die Wahrheit ist, dass ich Maharajji zum ersten Mal traf, als ich Ram Dass kennen lernte. Ram Dass war gerade von Maharajji zurückgekehrt. Es ist eine lange Geschichte, aber durch Freunde hörte ich von ihm und besuchte ihn dann in New Hampshire, auf dem Anwesen seines Vaters. Sein Vater war ein bekannter Anwalt und Philanthrop, und Ram Dass wohnte mitten im Winter in einem kleinen Raum über der Garage. Ich fuhr dorthin, und als ich den Raum betrat – noch ohne Augenkontakt aufzunehmen, ohne dass ein einziges Wort gesprochen worden war – wusste ich sofort, dass das, was auch immer ich suchte, wahrhaftig existierte!

Wie alt war ich? Zwanzig Jahre alt, vielleicht einundzwanzig. Wir schreiben das Jahr 1968. Es gab in Amerika, im Westen, nicht viele Bücher über Spiritualität. „Autobiographie eines Yogi", „The Gospel of Sri Ramakrishna", „Zen in Japanese Culture" und einige andere Bücher, aber nicht viele. Ich hatte sie alle gelesen! Aber es waren eben nur Bücher.

Jetzt trat ich in diesem Zimmer, wo ES war, und ich wusste direkt, dass ES wirklich existierte. Das war wirklich ein großer Moment. Es hat alles völlig verändert – und dann wurde ich depressiv, denn wenn es real war und ich nicht wusste, wie oder wo es zu finden war, war das schrecklich! Wäre es nur ein Traum gewesen, wäre es egal gewesen.

Von diesem Moment an wollte ich Zeit mit Ram Dass verbringen. Ich freundete mich mit ihm an, und wir reisten zusammen herum, denn erst dachte ich natürlich, dass er es sei! Wir neigen dazu, so zu denken. Dann wurde mir klar – und er erklärte es mir auch auf vielerlei Weise – dass es das war, was durch ihn wirkte, nämlich Maharajji. Und Maharajji würde natürlich sagen, dass es *Hanuman* war, der durch ihn hindurch wirkte. Wo also hört das auf? Aber das war ein großer Moment, als ich ihn zum ersten Mal traf. Alles, sogar als ich Maharajji das erste Mal körperlich begegnete, war genauso, wie ich es mir vorgestellt hatte. Es war nicht neu. Es war wie nach Hause kommen, an einen Ort, den ich definitiv kannte und spürte.

Als ich 1970 in Bombay aus dem Flugzeug stieg, musste man noch über das Rollfeld gehen. Als ich das erste Mal den Fuß auf den Boden setzte, überkam mich dieses Gefühl: Ich bin zu Hause! Und in diesem Moment wurde mir klar, dass ich mich noch nie irgendwo zu Hause gefühlt hatte. Dieses Gefühl wuchs und wuchs. Maharajji ließ uns einfach herumhängen. Die meisten Westler waren in den letzten drei Jahren dort, bevor er seinen Körper verließ. Wir verbrachten die letzten drei Jahre seines Lebens dort. Auf der äußerlichen Ebene sprach er nicht über spirituelle Dinge. Er warf einfach mit Früchten nach dir und lachte dich aus. Er klopfte dir auf den Kopf, spielte mit deinen Ohren und zog an deinem Bart, kicherte. Er wusste alles – Vergangenheit, Gegenwart und Zukunft – und zeigte dir das die ganze Zeit. Und er liebte dich trotzdem.

Es gibt eine erstaunliche Geschichte über das erste Treffen von Ram Dass bei Maharaj, wo er Ram Dass erzählt, was dieser in der Nacht zuvor getan hatte und wie seine Mutter gestorben war.

Ja, solche Dinge passierten jeden Tag. Verstehst du? Jeden Tag, mit allen! Man lebte in einem offenen Buch. Daran musste man sich gewöhnen. Man konnte nichts verbergen. Er hat dir das im Kleinen und im Großen gezeigt und zwar millionenfach. Jeder Einzelne hatte seine eigene Beziehung zu ihm. Er war der, den du gerade brauchtest; er war nicht nur einer. Er war für jeden Menschen anders; ich meine damit, er war einer, der sich auf diese Weise manifestierte. Es ist, wie wenn das Licht auf einen Edelstein scheint, die Farbe ändert sich je nach Einfallswinkel des Lichts. Ganz genau so war das. Er war alles, für jeden der kam. Anders – und gleichzeitig gleich; denn es war alles bedingungslose Liebe. Das ist ein Begriff, mit dem viel um sich geworfen wird: bedingungslose Liebe. Man wirft damit um sich, mit einer Vielzahl von Bedingungen.

In seinem letzten Sommer schickte er eine Gruppe von Westlern fort. Mich hatte er im März nach Hause geschickt, und im September hat er seinen Körper verlassen. Also sagten die Westler: „Baba, wir wollen nicht gehen! Wir wollen bei dir bleiben." Er sagte: „Nahi! Ihr könnt nicht bei mir bleiben. In Amerika wartet euer Leben auf euch. Eure Familien warten auf euch. Ihr müsst gehen!" Dann sagte er: „Ich habe euch mehr als den Indern gegeben. Ich habe euch erlaubt, mich bedingungslos zu lieben." (Stille)

Wer kann so etwas ehrlich sagen? Bedingungslos! Er hat nichts von uns genommen; wir konnten ihm nichts geben – außer Liebe. Er brauchte nichts. Er sagte: „Warum wollt ihr mir Geld geben? Alles Geld des Universums gehört mir. Sogar das Geld in Amerika!" Und er lachte.

Er war nicht käuflich, er war nicht verkäuflich. Man konnte seine Aufmerksamkeit nicht erkaufen. Du konntest ihn nicht dazu bringen, dich anzusehen, egal, was du unternommen hast. Bis er es dann tat und dann: Haahh! Das war eine der Arten, auf die er uns zermürbt hat. Tage vergingen und du hast kein Stück Obst bekommen. Du hast keinerlei *Prasad* (Essen vom Guru) bekommen, er hat dich vielleicht nicht einmal angesehen. Er redet mit allen Leuten, die direkt neben dir sind – und was ist mir dir? Im Laufe des Tages schrumpfst du zusammen. Du denkst: „Was läuft hier falsch. Was ist los? Warum habe ich kein *Prasad* bekommen?"

Und du brichst zusammen. Total! Du befindest dich in diesem Feld der Liebe. Du hast keinen Schutz! Du kannst es nicht ertragen und dich nicht beherrschen. Du willst diese Liebe! Und wenn es so aussieht, dass sie nicht zu dir kommt – „Aaaaah!" – fängst du an, zu verdursten! Dann ruft jemand deinen Namen und du drehst dich um... und: Bumm! trifft er dich mit einer Banane direkt an die Brust. Du drehst dich um, schaust, und er geht weg... „Aah!" (John David lacht) Er wusste genau, was vor sich ging, und er erwischte dich genau im richtigen Moment!

So warf er Licht auf uns und wir blühten auf. Dann kamen die Wolken mit unserem ganzen Zeug und wir fingen an, zu welken. Dann leuchtete er uns wieder und die Wolken verschwanden und wir waren zurück! Dann kam unser Zeug zurück. Dann leuchtete er! So war das. Er schickte uns weg, er tauchte woanders wieder auf, wir fanden ihn. Das war sein Spiel.

In dem Buch „Miracle of Love" gibt es ein unglaubliches Bild; da stehen alle Menschen aus dem Westen zusammen. Und sie strahlen alle wie Glühbirnen! Unglaublich!

Du weißt ja, in einem dunklen Raum gibt eine Kerze eine Menge Licht! (lacht) Aber die Sonne strahlt noch viel heller! Er hat uns auf jeden Fall erleuchtet. Aber wenn ich für mich spreche, kann ich das nicht behaupten. Ich konnte es einfach nicht aufrechterhalten, und natürlich wusste er das. Als er mich nach Amerika zurückschickte, sagte er: „Du hast dort Anhaftung. Du hast Anhaftung." Er wusste, was passieren würde. Ich musste meinen Kram durcharbeiten, unaufhörlich, immer weiter, jeden Tag.

Als er sagte: „Du musst zurückgehen, dein Leben wartet," meinte er, dass du zurückgehen solltest, weil du dort einen Prozess durchlaufen musstest? Meinte er, du kannst nicht einfach so ins Licht springen, nur, weil ich hier sitze? Das Licht muss aus deinem Inneren kommen. Wenn es noch irgendwelche Dinge gibt, muss man sie durcharbeiten. Ist es das, wozu er eingeladen hat?

Ja, ziemlich genau so, würde ich sagen. Ich sehe das so, dass er diejenigen, die es sonst nicht geschafft hätten, zu ihm kommen ließ. Wir hätten es sonst nicht geschafft. Ich hätte es nicht geschafft! So viel kann ich dir sagen: Ich wäre heute nicht mehr am Leben. Das steht für mich außer Frage. Ich hatte nicht die Werkzeuge, um am Leben zu bleiben. Nach dem Zusammensein mit ihm, war ich einige Male sehr nahe dran abzutreten. Im Rückblick kann ich sehen, dass er einige sehr besondere Dinge mit mir und für mich getan hat. Es fühlte sich so an, als hätte er einen Deckel über ein sehr dunkles Loch gelegt, so dass ich nie wieder darin versinken konnte. Es ging einfach nicht mehr. Er hatte es einfach verschlossen, und auch wenn ich ein paar Mal auf dem Deckel aufschlug, konnte ich dennoch nicht untergehen. Er hatte das wirklich blockiert. Er hat mich gerettet.

Hat er vorgeschlagen, dass du zurückgehst und Musik machst?

Nein, hat er nicht.

Hat er nichts gesagt?

Er hat überhaupt nichts gesagt! Das an sich ist voll und ganz *Leela*, ein vollkommenes göttliches Schauspiel. Da war ich nun, ich war zweieinhalb Jahre in Indien, und mein ursprünglicher Plan war natürlich gewesen, für immer dort zu bleiben. Ich wollte nie mehr zurückgehen! Ich hatte alles hinter mir gelassen, hatte alles verkauft, alles verschenkt und in meinen Gedanken – natürlich habe ich das nicht zu meinen Eltern gesagt – aber in meinen Gedanken hatte ich nicht die Absicht gehabt, jemals in den Westen zurückzukehren. Ich wollte ein *Sadhu*, ein Asket in Indien werden. Schließlich, als mein Visum abgelaufen war, sagte er zu mir, ich solle zurückgehen.

Am vorletzten Tag, wir waren in Brindavan, das ein paar Stunden von Delhi entfernt ist. Ich war kurz davor nach Delhi zu fahren, dann in das Flugzeug zu steigen und zurück zu fliegen. Aber was sollte ich in Amerika tun? Ich hatte diese Tür in meinem Kopf und meinem Herzen so vollständig geschlossen, dass es nichts mehr gab, was ich dort tun wollte. Es gab nichts, was ich mir vorstellen konnte, dort zu tun. Deshalb dachte ich: „Ich muss ihn fragen!" Dann war da der Teil, der sagte: „Nein! Du musst Vertrauen haben! Wage es ja nicht zu fragen! Hab Vertrauen, und alles wird gut!"

„Was meinst du mit Vertrauen? Ich weiß nicht, was zum Teufel ich in Amerika machen soll! Ich habe zweieinhalb Jahre lang nichts anderes als ein rotes Kleid getragen und bin barfuß herumgelaufen! Was also soll ich jetzt tun?"

„Nein! Hab Vertrauen!"

„Ich muss ihn fragen!"

Schließlich platzte es aus mir heraus: „Maharajji! Wie kann ich dir in Amerika dienen?" Weißt du, wie schleimig das ist? (beide lachen) Ich dachte nicht im Traum daran, ihm zu dienen! „Was soll ich tun? Sag mir, was ich tun soll!" Er sah mich nur an und lachte. Er sagte: „Mach, was du willst! Wenn du nach dem Dienen fragst, ist es kein Dienen. Mach, was du willst!"

Nun, zunächst einmal war ich fast drei Jahre lang zölibatär gewesen, im Alter zwischen dreiundzwanzig und sechsundzwanzig Jahren. Mitten in der Hauptsendezeit! Du kannst dir vorstellen, was ich tun wollte! Und er wusste auch, was ich tun wollte und sagte: „Mach, was du willst!" Mein Verstand war leer. Ich saß direkt vor ihm, und dann schaute er mich an und brach vor Lachen förmlich zusammen. „Wie willst du mir dienen? Ha ha ha!" Dann musste ich gehen. Ich ging über den Hof und verbeugte mich vor ihm – was sich als die letzte Begegnung mit ihm herausstellen sollte, zumindest bis heute. Und als ich mich verbeugte, hörte ich meine Stimme – ich habe es nicht laut gesprochen, aber ich hörte meine eigene innere Stimme: „Ich werde für dich in Amerika singen." Es hatte eine ganz andere Qualität, als wenn ich es ausgesprochen hätte. Aber ich hörte es: „Ich singe für dich in Amerika." Es hat einundzwanzig Jahre gebraucht, bis ich für ihn sang. Einundzwanzig Jahre!

Aber er war in diesen einundzwanzig Jahren immer da. Du hast wahrscheinlich einige Prozesse durchlaufen.

Ich erlebte unglaubliche Verzweiflung und Leid, Depressionen und selbstzerstörerisches Verhalten. Es war fast so, als ob ich mir alles, was ich mir bevor ich nach Indien ging nicht wirklich hatte antun können, jetzt antat! (beide lachen) Und ich tat es. Ich war ein paar Jahre auf Kokain – und es war Tiwari, der mich gerettet hat, Herr Tiwari.

Ja, ich habe irgendwo gelesen, dass er nach Amerika kam und zu dir sagte: „Hör auf damit!" und du hast es nie wieder getan.

Er war in Kanada, und ich fuhr zu ihm hoch. Ich war die ganze Nacht zuvor auf gewesen, um Kokain-Base zu rauchen. Als ich das Zimmer betrat, stand er mit dem Rücken zu mir. Er drehte sich um. Ich blieb an der Tür stehen und hatte dieses komische Gefühl. Eigentlich versuchte ich, rückwärts aus der Tür zu gehen. Er sagte sehr laut: „Versprich es mir jetzt! Du wirst nie mehr Kokain anrühren! Jetzt!" Ungefähr so. Du kanntest ihn. Ich habe ihn einfach angesehen.

Er war Schuldirektor!

Oh! Er war der Schuldirektor dieser Welt! (John David kichert) Ich sagte: „Gut", und von diesem Moment an... (Stille) So hat er mich gerettet.

Und die Musik? Du sagst, dass die Musik erst nach etwa einundzwanzig Jahren begonnen hat.

Mir ging es nicht gut. Wirklich nicht. Ich hatte einfach nicht die richtige Programmierung, um in dieser Welt glücklich zu leben, um friedlich zu leben, um auf eine gute Art und Weise zu leben. Ich war nicht so programmiert, um mit mir selbst zufrieden zu sein, mich selbst zu lieben. Diese Programme waren auf diesem Laufwerk nicht installiert. Also füllte ich das Laufwerk mit allem anderen was um mich herum war.

Und dann, im Jahr 1994, stand ich eines Tages in meiner Wohnung in New York City im Wohnzimmer und wurde plötzlich von der Erkenntnis getroffen, dass ich, wenn ich nicht mit Menschen singe... ich meine, es war wirklich so formuliert: Wenn ich nicht mit Menschen – mit Menschen – singe, werde ich nie in der Lage sein, die dunklen Ecken meines eigenen Herzens zu reinigen. Niemals! Es war das Einzige, was mir helfen würde.

Ich hatte alle möglichen Arten von Meditationskursen gemacht: *Vipassana, Dzogchen*, diese ganzen Sachen. Ich bin allen möglichen Lehrern begegnet, habe allen möglichen Kram gemacht, und trotzdem war mein inneres Haus, in dem ich lebte, ein Chaos. Ich hatte nicht die Werkzeuge, um es aufzuräumen, bis zu dem Tag, an dem ich erkannte, dass das einzige, was ich tun konnte – und das konnte ich – war, mit den Leuten zu chanten.

Ich musste also damit anfangen. Ich meine, sobald du etwas sicher weißt, was willst du machen? Du kannst so tun, als wüsstest du es nicht, aber du weißt es. Ich brauchte eine Weile, aber ich zwang mich, zum „Jivanmukti" in New York zu gehen. Ich kannte dort Leute und fragte sie, ob ich singen könnte. Sie antworteten: „Ja, sicher." Das war der Anfang. Es war und ist immer noch so, dass ich chante, um meinen eigenen Arsch zu retten! Ich bin so dankbar, dass andere Menschen Nahrung, Kraft und was auch immer sonst noch daraus ziehen, aber damit habe ich rein gar nichts zu tun. Ich chante, um meinen eigenen Arsch zu retten. Maharajji kümmert sich um alles andere. Er bringt mir die Leute, er macht die PR, er bucht die Tickets. Er macht alles. Ich singe einfach – zu ihm – und es geschieht einfach. Aber im Wesentlichen singe ich, weil ich es muss. Basta. So einfach ist das.

Die Art und Weise, wie ich die Dinge sehe, hat sich geändert. Mit anderen Worten, es geht nicht so sehr um „mich" und all die anderen Leute. Meine Vorstellung davon, wer ich im Verhältnis zum Rest des Universums bin, hat sich ebenfalls stark verändert. Mit anderen Worten, ich singe für das eine Herz. Es ist nicht komplett egoistisch im herkömmlichen Sinne des Wortes, aber im Wesentlichen singe ich, weil ich es tun muss. Er nimmt diese rostige alte Flöte und spielt wunderschöne Musik, und wenn er sie wieder hinlegt, dann gehe ich schlafen und essen und mache den Rest meines Lebens. Dann nimmt er die Flöte wieder und ich bin wieder da. So sehe ich das. Es ist schwer, das allen verständlich zu machen, aber in Wirklichkeit ist alles sein Segen und alles sein Wirken. Er macht die ganze Sache. Ich bin nur eine Marionette – und glücklich, eine Marionette zu sein. Sehr glücklich! Ich weiß nicht, wie ich zu diesem Job gekommen bin, aber ich bin glücklich.

Würdest du für uns singen?

Ja, natürlich. (lacht)

(Er singt ein *Ram Mantra*)

Ich habe eine Frage zum Thema Schicksal. Ich wollte dich eigentlich bitten, **Ram** *zu singen, aber dann habe ich sofort eine innere Botschaft erhalten: Ich brauchte dich gar nicht zu fragen, du singst es sowieso. Maharajji war nie mein Guru, er war nie mein Meister, und ich habe ihn nie kennengelernt, aber direkt zu Anfang brachte mich jemand nach Nainital, und ich kam zu Tiwaris Haus, das meinem Freund Gopal Ram gehörte. Es ist fast so, als müsste ich hier mit dir sitzen. Ich kann fast nicht sprechen. (John David zu Tränen gerührt) Was bedeutet Schicksal? Kannst du etwas über das Schicksal sagen?*

Wenn man das Schicksal auf die richtige Weise betrachtet, müsste man es wohl Gnade nennen. Es kommt nur darauf an, wie man es sieht. Wir laufen in der Dunkelheit mit geschlossenen Augen herum. Was wissen wir schon? Was können wir sehen? Der wahre Guru streckt seinen Fuß aus und lässt dich stolpern – und du fällst in die Gnade. Maharajji war kein Mann. (Stille) Er hat immer nur einen Finger gehoben.

Aber er war auch einmal ein Mann, denn ich glaube, er hatte Frau und Kinder.

Aber du gehst davon aus, dass sein Bewusstsein damit verwickelt war. Warum sollte man das glauben? Warum sollte man annehmen, dass er sich damit mehr als mit allem anderen identifizierte? Der Ansicht bin ich nicht. Wir können diese Dinge nicht aus der Sicht dieser Wesen betrachten; wir können sie nur aus unserer Sicht sehen. Er hat oft einen Finger ausgestreckt, manchmal auch mehrere Finger. Jemand fragte ihn: „Baba, was bedeutet das, wenn du das tust?"

Er sagte: „Viele Namen, viele Formen – alles eins." Das ist, was er ist: Mr. Alles-Eins. Alles eins. Das ist alles, worum es ihm ging: Alles eins. Nichts davor, nichts danach – alles eins. Jeder Weg führt zum gleichen Ziel – alles eins. Jeder ist Teil desselben Einen – alles eins. Alles, was man sagen kann, endet mit: Alles eins. Darum ging es ihm. Man kommt und geht, man denkt, man sei hier oder man denkt, man sei dort, aber man ist es nicht. Es ist alles eins. Man ist immer hier, in diesem Einssein. Und wenn in diesen Momenten etwas passiert, das uns dafür öffnet, dann ist das Gnade. Gnade.

Ramana Maharshi sagte, dass alles, was mit uns geschehen wird, bei unserer Geburt vorbestimmt ist. Die einzige Freiheit, die wir haben, ist die Art und Weise, wie wir jedem Moment begegnen. Er sagte nicht, dass es gut oder schlecht oder schwierig sein würde, oder dass man „aufpassen" müsste. Er sagte nur: „Es steht geschrieben." Wir wissen nicht, was geschrieben steht. Die Freiheit, die wir haben, liegt darin, wie wir jedem Augenblick begegnen. Wenn ich singe, singe ich zu dieser Präsenz, die Maharajji ist. Diese Präsenz ist überall, die ganze Zeit. Ich erinnere mich in diesen Momenten einfach stärker daran und tauche tiefer darin ein.

Er sagte immer und immer wieder: *Ram Nam.* Durch die Wiederholung der Namen Gottes oder von *Ram Nam* wird alles zur Erfüllung, zur Vollendung gebracht.

Ich fragte einmal Siddhi Ma, die seine beste, großartigste Schülerin ist: „Ma, sollte ich meditieren?" Sie antwortete: „In all den Jahren, in denen ich mit Maharaj zusammen war, hat er mich nicht ein einziges Mal aufgefordert, zu meditieren." Sie sagte, dass Meditation ein Zustand ist, der eintritt, wenn man reif dafür ist. Wenn du reif dafür bist, trittst du in diesen meditativen Zustand ein. Auf ihre oder auf Maharajjis Art – ich war mir nicht sicher, wer da zu mir sprach – aber wie Maharajji die Dinge sah, kann man diesen Zustand nicht willentlich hervorrufen, da dieser Raum jenseits von allem Persönlichen liegt. Man kann sich bis zu einem gewissen Grad dafür öffnen, aber man kann nichts dafür tun, dass es geschieht. Wenn man reif ist, ist das die Frucht. Wenn die Frucht reif ist, ist das der Zustand des reinen Gewahrseins, des reinen Seins. Er interessierte sich nicht für meditative Zustände und Konzentrationszustände und wie man im Buddhismus sagt, für die *Jhanas* (Bewusstseinszustände) oder im Hinduismus oder Yoga die verschiedenen *Samadhis* (meditative Zustände). Als wir ihn fragten: „Wie können wir Gott finden?" was – wenn du ihn alles fragen kannst – eine vernünftige Frage an deinen Guru zu sein scheint, sagte er: „Diene den Menschen!" Er hat uns nie gesagt, dass wir uns hinsetzen und meditieren sollten. Er hat uns nie gesagt, dass wir chanten sollten, um uns spirituell weiter zu entwickeln. Singe, weil du es liebst! Singe aus Liebe! Singe, um dich in diese Präsenz zu bringen, aber nicht, um etwas zu erreichen.

Er hat uns nie gesagt, dass wir meditieren sollen. Aber um ihn herum passierte so einiges. Einmal wurden die bengalischen *Kirtan-Wallahs* (Kirtansänger) rausgeschmissen, und die Westler wurden aufgefordert, mit dem *Kirtan* singen fortzufahren. Wir haben also den ganzen Tag gesungen: *Hare Krishna, Hare Rama.* Während wir sangen, konnten wir nicht bei Maharajji sein, weil alle anderen Westler bei ihm waren. Und so saßen ich und wer sonst noch eingeteilt war dort drüben fest, und wir sangen dieses elende Zeug. Dabei wollten wir bei ihm sein! Was zum Teufel machten wir hier? Es war ein schreckliches Gefühl. Aber wir mussten weiter singen.

Ab und zu tat ich so, als müsste ich zur Toilette gehen. Ich ging an seinem Sitzplatz vorbei, mit dem Gesicht zur Tür, bewegte mich aber irgendwie in seine Richtung, und er sagte, „Jao!" (Geh!)

Dann ging ich auf die Toilette, kam zurück und versuchte es von der anderen Seite noch einmal. (Laut:) „Jao!" Eines Tages ging ich auf die Toilette und versuchte nichts dergleichen, doch auf dem Rückweg setzte ich mich einfach vor ihn hin. Es war seltsam. Ohne einen Gedanken saß ich direkt vor ihm. Er sah mich an und ließ mich dort sitzen. Einer meiner Freunde sang hinter einer Ecke, aber es kam über Lautsprecher. Ich hörte einfach zu. Ich saß vor Maharajji und hörte nur dem Gesang zu. Das nächste, an das ich mich erinnere, ist, dass er mich schüttelte und mir auf den Kopf schlug. „Ich" war verschwunden! Er sagte: „Sehr gut! Sehr gut! Jao! Geh und singe!" Er hat mir keine Medaille verliehen. Er sagte auch nicht: „Oh! Du hast gerade die dritte *Jhana* (Vertiefungsstufe der Meditation) zur linken betreten oder die Spezialabteilung zur rechten." Nichts dergleichen. Er sagte nur: „Los! Geh jetzt!" Er hing an nichts. Darum ging es nicht. Es gab keine Stufen; es gab nichts zu erreichen. Diene den Menschen, versorge die Menschen und besinne dich auf Gott. Das hat er gesagt.

Das Wort „Schicksal" kam auf und du hast es in „Gnade" geändert. Als du über Gnade sprachst, erwähntest du Siddhi Ma. Ich hatte ein Erlebnis in Lucknow, Tiwari brachte mich und einige Freunde zum **Hanuman**-*Tempel, um sie zu treffen.*

Oh, wow!

Wir saßen alle dort, und sie saß dort, und sie trug einen Sari, der ihr Gesicht bedeckte, so dass man sie nicht sehr gut sehen konnte. Ich erinnere mich noch, dass ich dort saß und dachte: „Oh, sie ist eine komische alte Dame." So etwas Ähnliches, ich weiß es nicht mehr genau, aber in dem Moment erstrahlte sie plötzlich wie ein Diamant. Und da ertappte ich mich, wie ich sagte: „Oh! Sie ist die schönste Frau, die ich je gesehen habe!" Es hatte sich völlig geändert, einfach so!

Ja, das ist nicht übertrieben.

Es war total seltsam! Es war, als hätte sie gewusst, dass ich diesen Gedanken hatte, und sie zeigte mir einfach etwas anderes.

Das tat sie! Ja, genau das tat sie! Das ist es, was sie getan hat.

Es hat mich vollkommen umgehauen. Ist das also Gnade?

Ja, ja. Das ist die Gnade. Weißt du (seufzt), ach, ich weiß es nicht. In gewisser Weise muss Gnade der natürliche Zustand des Universums sein. Aber wir sind so abgeschnitten davon, dass es uns, wenn dieses Licht erstrahlt und uns dafür öffnet, wie eine große Sache vorkommt. Und das ist es auch. Aber aus dem Universum der Gnade heraus ist es nur vollkommen natürlich. Diese Wesen existieren hier nur unseretwillen. Es macht ihnen nicht gerade Spaß, hier zu sein. Sie gehen nicht ins Kino, um sich zu amüsieren. Sie haben nichts mehr zu erledigen. Sie versuchen nicht, etwas zu erreichen. Sie sind aus reinem Mitgefühl hier, um uns zu helfen, weil wir Hilfe brauchen. So ist es nur ganz natürlich, dass solche Dinge passieren, wenn man mit diesen Wesen zusammen ist. Wenn du versuchst, dich in deinem Leben dem zuzuwenden, dann ist es nur natürlich, dass du mehr von diesen Erfahrungen machen wirst, denn so funktioniert das. Und das ist der Grund, warum es funktioniert.

Siddhi Ma ist wirklich etwas ganz Besonderes. Jemand fragte Maharaj einmal, wer sie sei, und er sagte: „Wenn ich sie nicht einmal ergründen kann, wie sollte ich es dann dir erklären können?" Das hat er gesagt! Sie ist wirklich etwas Besonderes! Und sie ist genauso wie er – sie hält sich versteckt.

Du hast uns erzählt, dass es dein Bestreben ist, immer in der Gegenwart der Liebe zu sein. Wäre das deine Definition von Erleuchtung?

Ich weiß es nicht. Ich weiß nicht, was Erleuchtung ist. Aus intellektueller Sicht könnten wir ewig darüber reden. Ich habe mit einer Reihe von wirklich großen Lamas und Rinpoches darüber diskutiert und heraus kam, dass es viele Definitionen für Erleuchtung gibt. Aber mich interessiert das nicht wirklich. Theoretisch würde mir das gefallen. Aber hätte ich die Wahl zwischen DEM und einem Pastrami-Sandwich, würde ich DAS nehmen. (Lachen)

Ich schätze, das ist eine Antwort im „New York Style".

Ich esse kein Fleisch mehr, also wäre es eine sehr leichte Wahl. Aber ich weiß es nicht. Ich bin wirklich ein sehr einfacher Mensch, glaube ich, und ich möchte wirklich nur in diesem liebevollen Flow sein. Ich möchte in der Präsenz dieser Liebe sein, so wie ich sie erlebt habe, als ich bei Maharajji war, sowohl innen als auch im Außen. Das ist es, was mich bewegt.

Mein Freund, Daniel Goleman, der „Emotionale Intelligenz" geschrieben hat, ist schon lange praktizierender Buddhist. Wir sind zusammen nach Indien gereist und waren gemeinsam bei Maharajji. Er ist auch ein Studierter. Er steht dem Dalai Lama und dem neuen Karmapa sehr nahe – er ist wirklich voll da drin. Er sagt, die höchste Erfahrung des *Dzogchen* – die höchste Lehre im *Vajrayana-Buddhismus* – ist dieser reine natürliche Zustand, das reine Bewusstsein, das reine Sein, wie immer man es nennen will. All das hat Maharajji verkörpert. Bezeichnungen trennen die Dinge nur. Sie sind in Ordnung, aber letztendlich sind sie wirklich nutzlos. Mit Maharajji in dem zu sein, was ich die ultimative, liebevolle Präsenz nenne – ich weiß nicht, was das ist – aber das ist es, was ich will. Vielleicht ist es nicht die ultimative Erleuchtung, aber das kümmert mich nicht. Warum sollte mich das kümmern? Dort möchte ich sein!

Nachdem ich jetzt etwa eine Stunde mit dir verbracht habe, steht außer Frage, dass du die meiste Zeit dort bist, denn es berührt jeden hier in diesem Zimmer. Vielleicht kannst du das nicht wirklich spüren, weil es ganz natürlich geschieht. Aber offensichtlich ist es dein Bestreben, die ganze Zeit dort zu sein.

Ja. Es ist nicht so, dass ich sozusagen zu dumm bin, um zu wissen, was vor sich geht, aber wenn ich meine Aufmerksamkeit darauf richte, bringt mich das nur aus diesem Raum heraus. Warum also sollte ich das tun? Ich bin viel lieber in diesem Raum. Mir wird oft genug auf die Schulter geklopft, damit ich weiß, dass ich okay bin, auch wenn ich nicht glaube, dass ich okay bin, also scheiß drauf! Ich werde nicht darüber nachdenken. Ich bleibe lieber in diesem Raum. (John David lacht)

In deinem Leben wird dir offensichtlich eine Menge Gnade zuteil, seit Jahren, oder?

Ja. Nur dank der Gnade bin ich noch hier. Ich hätte schon so viele Male in meinem Leben tot sein können – das kannst du dir nicht vorstellen! Ich rannte an Klippen entlang, nur um zu stolpern und zu fallen und bemerkte, dass er die Klippe tatsächlich weggerückt hatte. Ich fuhr auf die Klippen zu, mit 160 Kilometern pro Stunde, und dann bemerkte ich, dass er sie bewegt hatte. Es wird ewig so weitergehen, die *Vasanas*, die psychologischen Tendenzen, die wir in unserem Leben angenommen haben und die natürlich Schicksal sind. Es ist unser *Karma*, das aufsteigt – unsere Eltern, unsere Kultur, wo wir geboren wurden, wie wir aufgewachsen sind, wen wir kennengelernt haben – all die Dinge, die passiert sind und dir einfach eine Geschichte geben; und manchmal kannst du sie nicht mehr verändern. Manchmal kannst du nichts dagegen tun. Du musst es einfach gut sein lassen.

Was ist mit diesen Vasanas, *diesen Tendenzen des Verstandes? Könntest du das noch etwas näher erläutern?*

Ja, die Tendenzen des Verstandes. Nun, vor allem, lass sie uns „die Tendenzen unserer Gedanken" nennen, denn wenn wir „Verstand" sagen, wird es kompliziert. Es ist üblich, so darüber zu sprechen, aber in Wirklichkeit sind es unsere Gedanken und Überzeugungen, unsere unbewussten Überzeugungen – die Programme, die unter der Oberfläche ablaufen – die uns sagen, dass wir nicht genug sind, dass wir niemals genug sein werden, dass wir der Liebe nicht würdig sind. Egal, wie viel Wasser man in einen Eimer voller Löcher gießt, es wird sofort wieder herauslaufen. Was kann man da machen? (Hat Tränen in den Augen.)

Es ist für mich unbegreiflich, dass eigentlich jeder diese Tendenzen hat.

Jeder hat sie. Deshalb sind wir alle hier.

Es ist ein sehr seltsames Spiel, das wir hier spielen! Jeder, den man ein bisschen näher kennenlernt, hat genau die gleichen Tendenzen, weil er glaubt, dass er niemals der Liebe würdig sein könnte.

Ganz genau. Und wir sind es auch nicht wirklich! Wer kann es denn wert sein? Die Person, für die wir uns halten, ist eine Kombination aus all den verkorksten Überzeugungen über uns selbst. Und diese verkorksten Überzeugungen sind der Liebe nicht würdig. (lacht) Wir können die Liebe einfach nicht annehmen, weil wir nicht an sie glauben. Wir glauben nicht, dass das möglich ist. Es ist keine Frage des Wert-Seins. Aber dann, wenn die Liebe sich zeigt, löscht sie all das Zeug einfach aus. Sie löscht diese Überzeugungen aus. Sie verschwinden wie Nebel im Sonnenlicht und wir sehen, dass sie bedeutungslos waren.

Und dennoch halten wir an ihnen fest. Selbst nachdem wir gesehen haben, dass sie bedeutungslos sind, greifen wir wieder nach ihnen.

Das ist eine Art, es auszudrücken. Aber noch einmal, wenn du sagst, dass wir an ihnen festhalten, bedeutet das, dass da jemand ist, der real ist, und an etwas festhält, das real ist.
Diese Gedanken kommen, so heißt es, von unserem eigenen *Karma*. Es sind Wellen, die wir vor Millionen von Leben im Ozean in Bewegung gesetzt haben, und diese Welle läuft einfach weiter,

bis sie auf etwas trifft, das sie anhält. Sie kommt also in diesem Moment aus der Vergangenheit. Aber wir glauben daran. Dieser Gedanke „Ich bin ein Stück Scheiße," den stellen wir nicht in Frage. Wir denken das, glauben es. Ist das nicht verrückt? Das ist völliger Wahnsinn – unseren Gedanken zu glauben. Aber wir tun es. Jeder tut es.

Wenn du eine regelmäßige Praxis verfolgst, über längere Zeit – fängst du an, eine größere Wahl zu haben, ob du diesen dummen, törichten Gedanken glauben willst oder nicht. Wir sprachen über das Singen und wie es anfing. Als diese *Kirtan-Wallahs* hinausgeworfen wurden und wir die ganze Zeit singen mussten, war ich da und sang: „*Hare Krishna, Hare Krishna*", immer und immer und immer wieder, total gelangweilt. Aber er zwang uns, lange genug zu singen, so dass tatsächlich etwas zu geschehen begann. Die Gedanken, die sonst aufkamen und mich für eine Weile mitnahmen, griffen nicht auf die gleiche Weise nach mir, denn ich war beim Singen. Im Laufe der Tage und Stunden – acht Stunden täglich – verloren die Gedanken die Kraft, mich für längere Zeit im Griff zu haben, und *Hare Krishna* ging weiter. Die Gedanken schwebten einfach hindurch, mühelos! Ich habe nicht „bezeugendes Bewusstsein" praktiziert. Ich habe nur gesungen. Aber das Chanten bewegte mich so tief im Inneren, dass ich die Gedanken nicht dachte, wenn sie kamen.

Ich denke, das ist die Richtung, über die wir sprechen. Du kannst dich nicht selbst aus dem Denken herausdenken. Das funktioniert nicht. Das kannst du nicht. Du hast keinen Einfluss darauf. Aber wenn du singst, bewegst du dich tiefer in dich selbst hinein, und dann kannst du diese Gedanken auf natürliche Weise loslassen. Ganz natürlich! Spontan! Nicht: „Gut, jetzt lasse ich die Gedanken los." Das geht nicht. Aber weil du deine Aufmerksamkeit mehr und mehr vollkommen dem Namen Gottes schenkst – der dein eigener wirklicher Name ist, der Name des Ortes in deinem eigenen Herzen, tiefer als alles, was du emotional oder physisch denken oder fühlen kannst – weil du diesen Namen immer und immer wieder wiederholst, bewegst du dich dorthin. Dann werden die Gedanken ganz natürlich losgelassen.

Wenn man über Programme spricht, in die wir hineingeboren wurden, und über die Dinge, die wir über uns selbst glauben, muss man einer Praxis folgen. Es ist scheiße, total beschissen, aber man muss praktizieren. Es gibt da keinen anderen Weg heraus! Und es ist eine Gnade, dass dir das möglich ist – jede Art von Praxis. Die Leute sprechen von spontaner Erleuchtung und sagen: „Ramana Maharshi hatte eine spontane Erleuchtung. Das kann jedem passieren. Er hatte keinen Guru." Er selbst hat gesagt: „Was meinst du damit, wenn du sagst, ich hatte keinen Guru? Singe ich nicht für den Arunachala? Preise und liebe ich nicht den Arunachala?" Vielleicht ist es sehr arrogant von mir, das zu sagen, aber die Leute haben es einfach nicht verstanden. Er hatte dort eine hundertprozentige Hindu-Szenerie um sich herum. Die alten Damen machten *Aarti* (Feuergebet) für ihn, und er selbst sagte: „Wenn du kein *Atma Vichara* (Selbstbefragung) machen kannst, dann wiederhole einfach meinen Namen." Aber wer weiß das schon? Das findet man nicht in den Büchern über ihn, denn die Typen, die die Bücher geschrieben haben, sind die Typen, die Bücher schreiben können. Sie können denken! Die alten Damen schreiben keine Bücher. Sie beten einfach nur. Die ganze Szene war viel komplexer als ein paar Aphorismen in einem Buch darüber „das Selbst anzuschauen".

Es scheint unerlässlich zu sein, einem Meister zu begegnen und sich ihm hinzugeben. Ich kann dir diese Frage eigentlich nicht stellen, denn deine Antwort ist absolut offensichtlich!

Richtig. (Beide lachen) Du sagst es!

Es ist offensichtlich, denn bei dir geschieht es die ganze Zeit einfach durch Gnade!

Ja, Hingabe ist nicht etwas, was wir tun. In der Sprache der Hingabe: Hingabe ist das Ziel. So wie ich es vorhin beschrieben habe, Maharajji sagte, es gibt nur *Ra* und *Ma*. In seinem ganzen

Universum gibt es nur *Ram*. Und *Ram* ist kein Typ mit Pfeil und Bogen, blauer oder grüner Haut – er ist das ganze Universum! Da drin ist niemand mehr übrig! Es gibt niemanden, der den Namen trägt; es gibt nur noch den Namen. Das ist die ultimative Hingabe. Man sagte, dass Maharajji kein Bewusstsein für seinen Körper hatte. Er stand auf und ging umher, aber er war immer in diesem *bhava* (leer) Zustand von Ram.

Man kann das leicht in eine Schublade stecken und sagen: „Na ja, das ist anders als der Zustand von Ramana Maharshi." Ich denke, Tiwari hat mir das erzählt, er war mit Maharajji irgendwo oben in den Bergen, und plötzlich begann Maharajji zu weinen. Ganz heftig! Er zog sich die Decke über den Kopf und weinte sehr lange. Dann kam er unter der Decke hervor und er fragte ihn: „Baba, was ist denn?" Und er sagte: „Oh! Er hat so große Schmerzen! Heute verliert Indien einen so großen Heiligen." Das war der Moment, als Ramana Maharshi seinen Körper verließ. Wenn du dir die Bilder von Ramana Maharshi ansiehst, sieht er nicht so aus, wie ich oder du aussehen, wenn wir leiden. Aus deren Sicht ist das anders.

Das ist eine sehr schöne Geschichte.

Es ist so, wie Jesus gesagt hat: „Es ist leichter für ein Kamel, durch ein Nadelöhr zu gehen, als für einen reichen Mann, in den Himmel zu kommen." Oder für jeden, der an sich selbst als ein eigenständiges Wesen gebunden ist. „Du" bist es, der nicht hineinkommt, „du" kommst nicht in den Himmel. Oder „du" wirst nicht erleuchtet. Wenn die Erleuchtung eintritt, bist „du" nicht da. Dieses „du", dieses „ich" ist nicht mehr da. Das klingt so, als ob ich etwas wüsste, aber lass dich davon nicht irreführen.

Eigentlich ist es das, was ich in letzter Zeit beobachte. Ich sehe, wie die Menschen sind. Ich schaue mir die Menschen an. Es ist eigentlich unmöglich, etwas zu lehren, weil die Menschen letztendlich so sehr in ihrem „Ich" verankert sind. Sie merken nicht, dass sie sich in diesem „Ich" ständig selbst sabotieren, jeden Augenblick, selbst wenn sie einen „Einblick" haben. Und solange sie das nicht selbst erkennen, kann man ihnen nicht wirklich helfen.

In meinem Fall half es mir, in der Präsenz dieser Liebe zu sein, und von Maharajji, der alles wusste, der alles tun konnte – er konnte Kranke heilen und Tote auferwecken. Verstehst du? Das steht außer Frage. Es geschah jeden Tag. Wenn er all das bewirken konnte, warum war ich dann so abgefuckt.

Nun, ich glaube, wir sitzen so sehr in der Scheiße, weil wir, um es mal so zu sagen, uns bis zu einem gewissen Punkt selbst aus der Scheiße ziehen müssen, und erst dann können wir gerettet werden.

Ganz genau. Das Sich-selbst-aus-der-Scheiße-ziehen ist der Reifungsprozess, um in diese Liebe einzutreten, um diese Liebe hineinzulassen und diese Liebe hinauszulassen. Man kann niemandem irgendetwas beibringen. Diese großartigen Wesen könnten es, wenn es möglich wäre. Doch sie tun es nicht! Das ist offensichtlich. Man kann mit anderen teilen; man kann versuchen, für die Menschen da zu sein; man kann Mitgefühl haben. Aber was kann man jemanden lehren, der im Sterben liegt und gerade erfahren hat, dass er noch zwei Wochen zu leben hat? (Schweigen) Was? Nichts! Man kann mit ihm sein, so gut man kann, aber man kann nichts lehren. Siddhi Ma lehrt nichts. Sie liebt dich zu Tode. Sie liebt dich auf eine Art und Weise, wie du dich selbst nie lieben wirst – nicht in diesem Leben, seien wir ehrlich. Vielleicht ein bisschen. Lass uns realistisch sein. Wie viel können wir wirklich erreichen? Wie offen können wir sein, wie viel Liebe können wir wirklich hereinlassen? Wie sehr können wir uns wirklich preisgeben, verletzlich sein – und es zeigen? Wie viel von dieser Schwäche und all dem Zeug können wir uns eingestehen? Sind wir überhaupt in der Lage, dies zuzugeben? Wir können es nicht, weil wir kein Mittel haben, es loszulassen. Wir müssen einer Praxis folgen.

Aber es ist ein wirklich merkwürdiger Scherz, der hier vor sich geht! Es ist ein seltsames Paradox, denn wir kommen auf diesem Planeten als kleines freudiges Bündel an, und um unseren Hals hängt so eine Art Einladung, auf der steht: „Herzlich Willkommen! Hab' viel Spaß." Das ist alles. Dann verlieren wir diese Einladung irgendwie, und dann sind wir verloren!

Nun, ich glaube nicht, dass wir als unbeschriebenes Blatt ankommen. Das würde bedeuten, dass wir von nirgendwoher kommen. (kichert) Kommen wir aber nicht.

Wir kommen nicht aus dem Nirgendwo?

Nun, nein. Wir kommen von einer anderen Ebene, die nicht physisch ist, das ist alles. Wir fallen durch einen Körper, durch eine Gebärmutter in diese Ebene hinein, aber es ist nicht so, dass wir vorher niemand waren. Wenn du nachts träumst, kannst du in fünf Minuten ein ganzes Leben durchleben. Dann wachst du auf. Aber als du in deinem Traum warst, schien er völlig real, nicht wahr? Erst wenn man aufwacht, merkt man, dass es nur ein Traum war. Die Realitätsebenen sind vergleichbar. Weil wir an unseren Sinnen und unseren Gedanken hängen, ist die Welt, in der wir leben, darauf beschränkt. Wenn wir andere Sinne hätten, könnten wir sehen, dass Buddha genau hier ist! Oder vielleicht ist er gerade eben gegangen, um eine Tasse Kaffee zu trinken, aber er war da. Wir könnten diese Dinge sehen. Es gibt Wesen, die diese Sinne entwickelt haben und diese Dinge sehen können, wir jedoch nicht. Also stecken wir in der Logik dieser Welt fest und müssen uns unseren Weg herausarbeiten.

Ich persönlich weiß nicht, ob es Reinkarnation gibt oder nicht, aber es scheint Sinn zu machen. Maharajji hat mir gegenüber einmal irgendwie zugegeben, dass das real ist und dass es Reinkarnation gibt. Eine Ex-Freundin von mir brachte sich um, und dann kam sie zu mir. Sie brachte sich in Amerika um, ich war in den Bergen in Indien. Eines Nachts kam sie zu mir und beklagte sich bei mir: „Warum hast du mir nicht geholfen?" Ich flippte aus und rannte am nächsten Tag zum Tempel. Ich ging hinein und begann, diese Geschichte dem Übersetzer zu erzählen: „Wir waren ein Paar, sie verließ mich, dann hatte ich einen Nervenzusammenbruch, ich war sehr unglücklich, bla bla bla bla..." Maharajji wartete nicht einmal, bis der Übersetzer fertig war. Er sagte nur: „Drei Tage vorher." Das wiederholte er immer wieder.

Sobald ich das Gespräch beendet hatte, sagte er: „Drei Tage vor ihrem Tod hat sie an dich gedacht. Deshalb ist das hier zu dir zurückgekommen." Und weißt du was? Genau so war es. Es ist kompliziert, aber ich habe einen Brief aus Amerika bekommen. Als er oben in den Bergen, in Nainital ankam, war sie bereits von uns gegangen, denn früher dauerte es zwei Wochen. Später schaute ich mir das Datum auf dem Brief an und sah, dass ein Freund von mir sie drei Tage vor ihrem Tod besucht hatte. Sie kam im Krankenhaus aus diesem katatonischen Zustand heraus und fragte nach mir. Wir hatten uns seit Jahren nicht gesehen. Und dann schrieb der Freund diesen Brief. Als ich den Brief erhielt, war sie bereits zehn Tage tot.

Jedenfalls wusste er genau, was vor sich ging, und er schlug mir auf den Kopf und sagte: „Keine Sorge! Sie wird dich nicht mehr belästigen."

Und ich sagte: „Gut, aber was ist mit ihr? Wie wäre es mit einem Segen für sie?"

„Ihr wird es jetzt gut gehen."

Ich sagte: „Wirklich? Wird sie das nächste Mal eine gute Geburt haben?"

„Sie wird eine gute Geburt haben." Allein mit diesen wenigen Worten hat er irgendwie das Kaninchen aus dem Hut gelassen: Sie wird eine gute Geburt haben. Das heißt, er weiß es. Er sagte mir, dass es so funktioniert.

Man sagt, dass wir nicht leer ankommen, sondern mit bestimmten, bereits festgelegten Tendenzen.

Das sollte man meinen. Warum sollten wir glauben, dass ein Baby, nur weil es in dieser Welt neugeboren ist, keine Neigungen hat? Aus weltlicher Sicht scheint das eher wahrscheinlich: „Na klar! Warum sollte diese Person irgendwelche Neigungen haben?" Aber so, wie wir es vom Osten verstehen, könnten wir annehmen, dass es nicht so ist. Warum sollte jemand überhaupt erst geboren werden, wenn er nicht das Bedürfnis hat, hier zu sein? Wenn er kein *Karma* hat, das es abzuarbeiten gibt?

Im Buddhismus spricht man viel über Ursache und Wirkung, und dass es einen Grund gibt, wenn hier etwas geschieht.

Alles hat eine Ursache; es kann nicht keine Ursache haben. Die Geburt hat eine Ursache. Physisch gesehen haben es deine Eltern miteinander getrieben. Das ist eine Ursache. Aber warum bist du da? Es gibt einen Grund, warum du in diesem Moment dazukamst; du musstest bei diesen Menschen sein und den Mist, den sie dir aufgetischt haben, aufsaugen und das dann abarbeiten.

Wenn man spirituell unterwegs ist, muss man meiner Meinung nach wirklich sorgfältig Ursache und Wirkung betrachten, denn es kann hier drinnen keinen Raum geben, der dem Zufall überlassen bleibt. Es gibt Dinge, die man nicht verstehen kann. Aber Ursache und Wirkung sind wirklich etwas sehr Schönes. Es ist der Schlüssel zur Freiheit, weil wir in diesem Moment die Chance haben, eine Wahl zu treffen – so erscheint es uns in diesem Moment – und so können wir einen anderen Weg wählen, diesem Moment zu begegnen, einen anderen Weg, um in diesem Moment zu reagieren oder zu agieren. Und das wiederum ist die Ursache für etwas in der Zukunft.

Wenn jemand mit einem Messer auf dich zukommt und du ihn schon erschießt, bevor er dich erreicht, hast du gerade ein ziemlich intensives *Karma* erschaffen. Aber wenn jemand mit einem Messer auf dich zukommt und du einen Weg findest, das abzuwenden, oder sogar, die Person anzuschauen und sie anzulächeln, und sich alles auflöst, dann ist das eine ganz andere Zukunft. Solange man nicht praktiziert – und ich meine nicht das Singen, ich meine keine spezielle Praxis, sondern was immer man als Praxis empfindet – ist man nicht präsent genug, um in diesen Momenten der Wahl da zu sein – und das ist wirklich jeder Moment.

Ramana Maharshi schlug eine Praxis vor, die er Selbsterforschung nannte, bei der man immer wieder zur Quelle zurückkehrt. Man bringt sich selbst zur Quelle und hängt sich nicht einfach an den nächsten Gedanken, der kommt. Immer wieder zurückkommen. Auf eine Weise, die mir als eine der Grundpraktiken aller Praktiken erscheint, weil das auch beim Chanten geschieht. Du bleibst in der Quelle, nicht wahr?

Ganz genau. Ganz genau.

Wenn wir in der Quelle bleiben und uns nicht an Strukturen und Ideen festhalten und einfach immer wieder zurückkommen, zurückkommen, zurückkommen, kommen wir am Ende vermutlich zu einem Augenblick, an dem wir einfach dort bleiben.

Theoretisch ja. So ist es vorgesehen, aber wie sich das in deinem Leben abspielen wird, dass wissen wir nicht. Wären wir dafür bestimmt, in einer Höhle zu leben, würden wir dort sein. Sind wir aber nicht. Wir sind im Bereich der Wünsche. Wir handeln nach unseren Wünschen. Einige von ihnen sind vorteilhaft, andere weniger vorteilhaft, einige sind egoistisch, andere sind bis zu einem gewissen Grad mitfühlend.

In meinem Leben gab es ein komisches Muster, das mir aufgefallen ist. Wenn ich eine wirklich tiefe Erfahrung mache, öffnet das irgendwie die Verbindungsleitung, und dann beginnt mehr *Karma* durchzufließen, und ich spule einen Mist ab, von dem ich noch nicht einmal eine Vorstellung hatte, dass ich jemals darüber nachdenken würde, so etwas zu tun. Ich lebe auf eine Weise und tue Dinge, die ich mir vorher nicht hätte vorstellen können. Das kommt daher, weil ich – aufgrund einiger Erfahrungen von

Gnade – an einen Ort gelangt bin, an dem ich mich viel weniger verurteile. Wenn ich mich weniger bewerte, erlaube ich mir einfach mehr und mehr, zu sein, was auch immer kommt, wer auch immer ich bin – und so lande ich in Situationen, die ich mir unmöglich hätte vorstellen können. Das Singen ist eine davon.

Wie es dazu kam? Okay, ich übernehme eine gewisse Verantwortung dafür, dass ich zum „Jivanmukti" gegangen bin und angefangen habe, dort zu singen; aber es waren sechs Leute dort. Wie kam es dazu, dass dann Tausende von Menschen kamen? Und was habe ich damit zu tun, wenn ich genau dasselbe mache wie damals, als es nur sechs Leute waren?

Ja, es ist unglaublich.

Ja, es ist überwältigend, und je weniger man darüber nachdenkt, desto besser ist es. Je mehr wir zulassen, dass das geschieht, desto mehr lassen wir zu, dass das, was in uns ist, zum Vorschein kommt; und es kommt und geht. Wir tun, was wir tun müssen – und dann passiert das Nächste.

Alles, was du gesagt hast, mündet in diesem Wort, das du benutzt hast: Das Herz. Könntest du etwas darüber sagen? Du benutzt es nicht als emotionale Antwort auf den Verstand; du gibst ihm eine andere Bedeutung.

Wenn ich das Wort Herz benutze, meine ich wirklich den Kern der Sache, das wahre Wesen unseres Seins. Und das ist natürlich jenseits jeder Art von Gefühlen oder Gedanken. Ich weiß nicht, wie man es in der indischen Terminologie nennen würde. Da werden Geist und Herz sehr synonym verwendet. *Chit daskarsha*, das ist „der Himmel des Geistes" – jener gewaltige Raum, in dem einfach alles existiert. Das ist das Herz, das Herz aller Materie – alles ist in diesem gewaltigen Raum. Und für mich ist diese unermessliche Weite auch Präsenz. Es ist nicht die Präsenz von irgendjemandem oder irgendetwas, es ist Präsenz, es ist das Sein. Das ist das Herz.

Vielleicht könnte ich dich noch bitten, dies in einem letzten Kirtan *auszudrücken.*

(Krishna Das singt:)

Jaya Seeta Rama, Jai Jai Hanuman
Sieg für Sita und Ram, Sieg für Hanuman.
Sieg über die Dunkelheit des Leidens!
Jaya Bajrangbalee, Baba Hanuman
Sieg für den, mit dem Körper eines Blitzes,
meinen Vater Hanuman.
Sankata Mochan kripa nidhan
Du bist die Heimat aller Gnade.
Zerstöre all meine Probleme, Katastrophen und Leiden!
Jai Jai Jai Hanuman Gosaee
Heil meinem Herrn Hanuman!
Kripa karahu Gurudeva kee naee
Du bist mein Guru, schenk mir deine Gnade!
Sankata Mochan kripa nidhan
Du bist der Zerstörer des Leidens, die Wohnstatt aller Gnade.
Lala Langotta, Lala Nishan
Du trägst einen roten Lendenschurz und eine rote Fahne.
Hare Rama Rama Rama, Seeta Rama Rama Rama

Das war sehr, sehr schön.

Danke dir vielmals.

Sei jetzt hier!

Du bist nicht, wer du zu sein glaubst.

Ram Dass

Ich bin Ram Dass nie persönlich begegnet. Für dieses Buch hatte ich versucht, ein Treffen mit ihm zu organisieren und nach Maui zu fliegen, aber es hat nicht geklappt.

Dann schickte mir Krishna, ein lieber spiritueller Freund, Mark Epsteins brillant einfühlsamen Artikel, der sofort mein Herz berührte. Mark gab mir die Erlaubnis, ihn in dieses Buch mit aufzunehmen.

Ram Dass war für mich so etwas wie ein Mentor, denn seine Bücher haben mich sehr inspiriert, angefangen bei dem Klassiker „Be Here Now – Sei jetzt hier" bis zum aktuellen Buch „Be Love Now – Der Weg des Herzens".

Seine Erzählungen über sein berühmtes Treffen mit Neem Karoli Baba schafften es, meine englische Konditionierung zu durchbrechen und mich für mystische Möglichkeiten zu öffnen.

Später, als ich in Lucknow lebte, freundete ich mich mit K.C. Tiwari an, der mich dann Siddhi Ma vorstellte. Und Gopal Ram nahm mich auf eine einwöchige Pilgerreise nach Nainital und zum Kainchi Ashram mit.

Als ich Ram Dass das erste Mal sagen hörte: „Du bist nicht, wer du zu sein glaubst," spürte ich, wie sich etwas in mir regte. Es war im Sommer 1974 und ich war zwanzig Jahre alt; er war vierunddreißig. Es war mir bis dahin nie in den Sinn gekommen, dass ich nicht mein Ego sein könnte, aber sobald er es ausgesprochen hatte, schien es offensichtlich. Nach seinem Verständnis der Dinge verdunkelte mein zwanghaftes Denken meine Seele. Er hatte noch mehr zu diesem Thema zu sagen, aber je theoretischer er wurde, desto mehr schweifte meine Aufmerksamkeit ab. Nichts im Vergleich zu der heftigen Wirkung der ersten Aussage: Ich war nicht, wer ich zu sein glaubte. Das schien sehr wahr. Aber wer war ich dann?

Ich bin jetzt fünfundsechzig, und Ram Dass ist fast achtundachtzig. Die Bemerkung, die er machte, und die Fragen, die sie auslösten, haben mich innerhalb der letzten vierzig Jahre begleitet und mich bei der Arbeit mit meinen Patienten geführt. Das Ego sucht Zuflucht im Verstand, aber wie ein berühmter Psychoanalytiker einmal sagte: „Wenn wir nur vernünftig sind, sind wir tatsächlich arm." Unwissend zu sein, ist besser, als Wissen vorzutäuschen. Wie der alte buddhistische Text *Dhammapada* erklärt:

> *Der Narr, der weiß, dass er dumm ist, ist – sagen wir mal – weise.*
> *Der Narr, der denkt, er sei weise, ist ungeheuer dumm.*

1997 erlitt Ram Dass einen schweren Schlaganfall, der seine rechte Seite dauerhaft lähmte und dazu führte, dass es ihm schwer fiel, Worte zu finden, um sich auszudrücken. Auch war er nicht mehr länger der, der er zu sein geglaubt hatte. Ich besuchte ihn ein Jahr später, als ich in meiner beruflichen Karriere sehr gefestigt war. Er begrüßte mich mit einem Kichern.

Ram Dass bei einem Strandausflug an einem sonnigen Dezembertag auf Hawaii
(Foto von Benedicte LeChrist für Tricycle)

„Also du bist jetzt ein buddhistischer Psychiater?" neckte er mich.

Er brauchte sehr lange, um den ganzen Satz auszusprechen, aber er tat es mit einem verschmitzten Augenzwinkern. Als ich bejahte, stellte er mir eine weitere provokante Frage. Es fiel ihm schwer, die Worte herauszubekommen, aber schließlich verstand ich, was er sagen wollte.

„Siehst du sie als bereits frei an?" fragte er.

Seine Frage traf mitten in das hinein, was er mich all die Jahre zuvor gelehrt hatte. Ich versuchte in der Tat, meine Patienten als bereits frei anzusehen. Meine Aufgabe war es, den Egoschutt aus dem Weg zu räumen, damit sie es ebenfalls sehen konnten.

Im April 2017, zwanzig Jahre nach unserer letzten Begegnung, besuchte ich Ram Dass einige Tage in seinem Haus, auf dem Gelände eines alten Reiterhofes an der Nordküste der Insel Maui. Dieses Mal stellte mir Ram Dass keinerlei Fragen über irgendetwas. Gerade erst mit dem Flugzeug aus New York angekommen, wartete ich bei Sonnenuntergang auf der Veranda hinter seinem Haus auf ihn. Er schwebte auf einem kleinen Aufzug von seinem Schlafzimmer herab. Die Hintertür des Hauses öffnete sich, als er herunterkam, und er fuhr, rechtzeitig zum Abendessen, mit seinem Rollstuhl auf die Veranda. Als er meine Überraschung über seinen unerwarteten Auftritt bemerkte, war ein Lächeln auf seinen Lippen. Drei weiße Kraniche waren gerade im Garten gelandet. Sein Sprachvermögen hatte sich stark verbessert, seit ich ihn das letzte Mal gesehen hatte, und er begrüßte mich herzlich.

> *„Ich verbringe jetzt viel mehr Zeit hier drinnen",*
> *sagte er und zeigte auf seine Brust.*

Er beschwerte sich nicht. Er benötigte Hilfe von verschiedenen Begleitern, um von seinem Rollstuhl in den Gartenstuhl zu gelangen, aber seine Stimmung war heiter, und offensichtlich war er eine Inspiration für die Leute, die ihm halfen. In den darauffolgenden Tagen hatten wir einige gute Unterhaltungen über den Tod.

„Der Tod, das ist, als ob man einen zu engen Schuh auszieht," hatte ihm ein spiritueller Freund einmal gesagt.

„Bald werde ich aus dem Gefängnis entlassen!" das hatte sein eigener Guru nach einem Herzinfarkt ausgerufen, kurz bevor er starb.

Ich erzählte ihm, wie ich mit meinem Vater über die buddhistische Sicht auf den Tod gesprochen hatte, als er 84 Jahre alt war und gerade die Diagnose eines stillen, aber bösartigen Hirntumors erhalten hatte. Mein Vater, ein Physiker und Medizinprofessor ohne jegliches Interesse an meinem spirituellen Streben, war ein Wissenschaftler, der nicht an ein Leben nach dem Tod glaubte. Ich hatte bis dahin immer vermieden, mit ihm über Buddhismus zu sprechen, aber plötzlich wurde mir klar, dass ich Ratschläge habe, die ich noch nie gegeben hatte. Er war erstaunlich empfänglich.

„Kennst du tief in dir drin die Empfindung deiner selbst, die sich nicht wirklich verändert hat, seit du ein kleiner Junge warst?" fragte ich. „Das, was du dir gegenüber als junger Mann gefühlt hast, im mittleren Alter und sogar jetzt? Es ist irgendwie durchsichtig. Du weißt, was es ist, aber es ist schwer, mit dem Finger darauf zu zeigen. Du kannst deinen Verstand einfach in dieses Gefühl hinein entspannen und da hindurch gehen. Der Körper zerfällt, aber du kannst in dem ruhen, was du immer warst."

Als wir nach diesem Austausch mit den Mitgliedern seines Haushaltes am Abendbrottisch saßen, zeigte Ram Dass auf mich und sagte zu den anderen: „Er... er... ist wirklich echt." Ich war vorher irgendwie nervös gewesen, bei dem Gedanken, ihn für einen längeren Zeitraum (ich war insgesamt drei Tage dort) zu besuchen, weil ich ihm nicht zur Last fallen wollte, aber seine Bemerkung entspannte mich. Ich war sehr froh, seine Zustimmung zu spüren.

Am nächsten Morgen machten wir einen Ausflug ans Meer zum Schwimmen. Es regnete, aber Montage waren Strandtage und die Wetter-App versprach, dass es auf der anderen Seite der Insel sonniger wäre. Das wöchentliche Schwimmen war eine Tradition, von der ich gehört hatte, bevor ich kam, aber ich konnte mir nicht wirklich vorstellen, wie das stattfinden sollte. Doch es stellte sich

als ganz einfach heraus. Sechs von uns teilten sich auf zwei Autos auf, Ram Dass saß auf dem Beifahrersitz eines SUV und ein Freund fuhr ihn. Ich saß hinten und hörte zu, denn der Fahrer ließ eine Aufnahme einer Rede von Ram Dass laufen, die er irgendwann in den 70ern gehalten hatte, als er noch seine goldene Zunge besaß. Ich erinnerte mich daran, wie gefesselt ich immer von seinen Geschichten gewesen war.

„Hast du all das Zeug vorher ausgearbeitet oder einfach improvisiert?" fragte ich ihn. „Der Vortrag ist so toll aufgebaut."

„Improvisiert", antwortete er, nicht ohne Stolz.

„Wie hast du das gelernt?" fragte ich.

„Ich habe früher meinem Vater zugehört, wenn er Reden für jüdische Wohltätigkeitsorganisationen gehalten hat," antwortete er, und wir lachten und lachten.

Als wir am Strand ankamen, ging alles ganz schnell. Die Sonne strahlte und das Meer winkte. Ram Dass wurde aus dem SUV in eine behelfsmäßige hölzerne Schubkarre gehoben, ihm wurde ein Neoprenanzug übergezogen und er wurde in eine Schwimmweste gewickelt. Grinsend lag er in der Schubkarre, während er ins Meer gerollt wurde. Ich war schon drin und schwamm den Wellen entgegen, mein erstes Mal im warmen Wasser Hawaiis. Ich drehte mich gerade noch rechtzeitig um, um zu sehen, wie er aus der Schubkarre gekippt wurde. Ich hatte angenommen, er würde einfach nur in der Karre bleiben und das Meer über sich strömen lassen, und so machte ich große Augen.

Im Wasser schwimmend, unterstützt von seiner Schwimmweste, konnte Ram Dass seinen gesunden Arm und sein gesundes Bein nach Belieben zum Paddeln benutzen. Auf dem Rücken liegend trieb er sich selbst voran, hin und her schaukelnd und fuchtelnd wie ein vergnügter alter Preisboxer. Ohne dass ich es bemerkt hatte, waren etwa fünfzehn Personen zu ihm ins Wasser gekommen. Ich schwamm auf sie zu. Es war eine Ansammlung alternder Maui-Typen, ihrem Aussehen und Tonfall nach meist Ex-Hippies vom Festland, mir vertraut in ihrer Art, aber niemand, den ich vorher schon einmal getroffen hätte. Mir wurde sehr schnell klar, dass sie das regelmäßig machten; sie kamen jede Woche um diese Zeit, um Ram Dass im Wasser zu treffen.

Wir waren wirklich ein „Schwarm von Seelen", für ein Intermezzo lang befreit aus den Begrenzungen unseres Egos. Ich war sprachlos angesichts ihrer strahlenden Mienen. Als ich zuvor mit Ram Dass über den Tod gesprochen hatte, hatte er den Ausdruck „ein Schwarm von Seelen" verwandt, um zu erklären, wie Freundschaft und Liebe Menschen Leben für Leben miteinander verbinden. Dieser Ausdruck fiel mir im Meer wieder ein, als ich von einer Person zur nächsten blickte. Wir waren in diesem Meer wie ein „Schwarm von Seelen", die einander anstießen, während die Wellen uns umspülten. Ram Dass war überglücklich, aus der Umhüllung seines angeschlagenen Körpers befreit zu sein. Die anderen Menschen strahlten auch, und ich wurde von der allgemeinen Begeisterung mitgerissen.

Ein Mann – „Er ist Zahnarzt im Ruhestand," flüsterte mir Ram Dass zu, als ich neben ihm schwamm – begann, einen hawaiianischen Gesang anzustimmen. Ich hatte keine Ahnung, wovon er sang, aber der Ton klang authentisch und jeder ließ eine begeisterte Antwort erklingen. Die Schönheit jedes einzelnen Schwimmers berührte mich tief. Damit meine ich nicht wirklich, dass sie körperlich schön waren – sie waren nicht besonders gutaussehend – aber jeder einzelne von ihnen war von atemberaubendem Liebreiz. Ich nehme an, dass es die allgemeine Glückseligkeit war, die mir diesen Eindruck vermittelte. Ich war ganz davon eingenommen: Die Auftriebskraft des Meeres, die Leichtigkeit unserer Körper, die Wärme der Sonne und die offensichtliche Freude von Ram Dass.

Das nächste, woran ich mich erinnere, ist, dass alle sangen:

Row, row, row your boat
Gently down the stream.
Merrily, merrily, merrily, merrily...

Rudere, rudere, rudere dein Boot
Sanft den Strom hinab.
Fröhlich, fröhlich, fröhlich, fröhlich...

(Text eines alten Kinderliedes)

Die Einfachheit des Liedes machte mich glücklich. Es war perfekt. Sanfte Wellen führten uns ans Ufer. Die Gruppe sang die Verse im Kanon. Ram Dass paddelte selbst, der Rest von uns ruderte neben ihm her. Die Wellen waren sanft wie ein Strömen, und die Worte „Fröhlich, fröhlich, fröhlich, fröhlich" trudelten aus allen Mündern heraus, wie bei einem dieser „Reifen-rollen-Spiele", die europäische Kinder nach dem Krieg spielten. Wir waren wirklich „ein Schwarm von Seelen", für ein Intermezzo lang befreit aus den Begrenzungen unseres Egos.

Zurück an Land wurde Ram Dass schnell aus seinem Neoprenanzug befreit. Er machte klar, dass er alle zum Essen einladen wollte. Ein leeres thailändisches Restaurant in einem nahe gelegenen Einkaufszentrum erwartete uns. Die Eigentümer hatten diese Gruppe – oder eine ähnliche – offenbar schon einmal gesehen; sie waren überglücklich und deckten einen langen Tisch für zwanzig Personen. Ich saß Ram Dass gegenüber, und unsere Gruppe erstreckte sich zu beiden Seiten. Jeder war zurück in seiner Persönlichkeit, und ich fing an, meine früheren Eindrücke ihrer Schönheit infrage zu stellen.

Es gab viel Aufregung, als eine Kellnerin begann, Bestellungen für thailändischen Eistee entgegen zu nehmen. Einige wollten kein Eis, andere konnten keine Kondensmilch trinken, viele wollten ihn ohne Zucker, während manche stattdessen um Süßstoff baten. Einige Leute wollten heißen Tee, wieder andere koffeinfreien.

Eine Frau bat die Gruppe, die Mobiltelefone auszuschalten, da die elektromagnetische Strahlung ihre Arthritis verschlimmerte. Meine urteilenden Gedanken, die während meines Aufenthalts im Wasser auf erfrischende Weise abwesend waren, begannen wieder frei zu fließen, und ich war erneut zurück als der, der ich zu sein glaubte.

Ich schüttelte den Kopf und fragte mich, wie lange dies wohl noch dauern würde. Wahrscheinlich mit Ausnahme von Ram Dass, der sich mehr für sein Mittagessen als für das Gemurre um ihn herum interessierte, schwammen wir – ich eingeschlossen – nun alle wieder in unseren Egos. Im Hinterkopf lief das Kinderlied weiter. Ich war so mitgerissen worden vom Rudern und vom Strömen und vom Wohlklang des Wortes „merrily" (aus dem Altenglischen „myriglice" – angenehm, melodiös), dass ich mir nicht die Mühe gemacht hatte, das Lied in meinem Kopf zu Ende zu bringen. Aber jetzt tat ich es:

Life is but a dream.

Das Leben ist nur ein Traum.

Das Bestellen des Eistees war für die Gruppe schon schwierig genug gewesen; man kann sich vorstellen, was passierte, als es zur Suppe kam. Ram Dass aß trotz allem genüsslich. Ich war voller missbilligender Gedanken, aber er schien unberührt von all dem, was um ihn herum geschah. Später am Abend, als wir uns eine Wiederholung von „Samstag Abend Live" anschauten, merkte er an, wie glücklich er im Ozean gewesen sei. „Ja" wiederholte er mehrmals, „Ja... ja, das war toll!" Und er nickte bekräftigend mit dem Kopf. Während meines gesamten Besuchs war er ununterbrochen optimistisch gestimmt. Trotz der Einschränkungen und der Beschwerden seines leidgeprüften Körpers, hatte ich den deutlichen Eindruck, dass er bereits frei war.

Mark Epstein

Erstmals veröffentlicht unter: www.tricycle.org/magazine/already-free

Die buddhistische Lehrerin Trudy Goodman über den letzten Tag ihres kürzlichen Besuchs bei Ram Dass

Ram Dass mit Trudy Goodman

Es ist mein letzter Tag im Haus von Ram Dass. Auf dem Balkon vor seinem Zimmer steht ein Spieltisch-Ensemble, und ein Stuhl steht für mich bereit. Als ich mich setze, lässt Ram Dass seinen Arm über die Landschaft schweifen, als Geste der Begrüßung und Wertschätzung.

Vom Balkon vor seinem Zimmer aus blickt man über eine weite hügelige Grasfläche, eng stehende, blühende Büsche und Papayabäume – ein wunderschöner, grüner Blick, der sich bis zum Meer mit seinen weißen Schaumkronen erstreckt. Wolken ziehen hoch über uns vorbei. Federwolken sind über den blauen Himmel verstreut. „Fünf-Sterne-Aussicht!" stelle ich fest, und Ram Dass nickt: „Fünf Sterne", lächelt er.

Wir sitzen schweigend zusammen. Sein Porridge ist unberührt, ebenso wie die Reihe hübscher Gläser mit Arzneitees und Kräuterheilmitteln auf dem Tablett vor ihm. Ich bewundere seine Fähigkeit, lange Zeit da zu sitzen, ohne einen Bissen von dem leckeren Essen anzurühren; offensichtlich ist es für ihn nahrhafter, einfach in der Stille zu sein, als gerade jetzt zu essen. Ram Dass isst langsam und kaut bedächtig. Ein kleines Frühstück kann weit über eine Stunde dauern. Ich richte mich fröhlich darauf ein und sitze manchmal fast bis zum Mittagessen bei ihm.

Wir reden nicht viel. Seine Aphasie (Wortfindungsstörung) kommt und geht. Dieses Jahr war hart für ihn. Wenn ich ihn in diesen Tagen nach Worten suchen sehe, ermahne ich mich, genauso geduldig zu sein wie er. Wir sitzen meist schweigend am Tisch. Außerhalb eines Meditationsretreats ist es selten, dass man mit jemandem zusammensitzt, ohne das Bedürfnis zu haben zu sprechen. Ram Dass geht es gut in der Stille; er braucht mich nicht, um zu reden. Obwohl er nun seit zwanzig Jahren in diesem Rollstuhl sitzt, ist er nicht auf seinen physischen Körper beschränkt; sein Geist ist grenzenlose, strahlende Liebe. Das ist das Herzstück seiner Lehre: Wir sind unbegrenzte Wesen, die er „Seelen" nennt. Wir sind fähig, jeden zu lieben.

Während wir dasitzen und still die Schönheit dieser alten hawaiianischen Landschaft genießen, geschieht, als die Gedanken nachlassen, eine subtile Veränderung. Die Sicht ist so klar, innen und außen. Ich weiß, wie oft der denkende Verstand vergisst, Notiz zu nehmen von unserer angeborenen, großartigen Fähigkeit, in tiefer Zufriedenheit und in Frieden zu verweilen. Allzu oft wird dieses strahlende Feld schweigenden Seins dadurch untergraben, dass wir uns mit unseren Gedanken identifizieren – anstatt mit liebevoller Achtsamkeit, die beobachtet und mitfühlt. An diesem Morgen, beim Frühstück mit Ram Dass, sind wir zusammen – in der Fülle dessen, genau hier miteinander präsent zu sein, in dem schlichten, persönlichen, gewöhnlichen, außergewöhnlichen Hiersein und Jetztsein.

† Ram Dass hat am 22. Dezember 2019, im Alter von 88 Jahren seinen Körper verlassen.

Kontakte der Lehrer

Glossar

Satsang u. Retreats mit John David

Open Sky House Gemeinschaft

Bücher u. Filme von Open Sky Press

Kontakte und Informationen

Kontakt des Autors

John David

Open Sky House
Rheinstr. 54, 51371 Hitdorf
(zwischen Köln und Düsseldorf)
Tel: +49 2173 4099204
office@johndavidsatsang.international

Besuche John Davids Webseite mit:
- Zoom Online Treffen
- Zahlreiche Satsangs aus dem Archiv seit 2010
- mehr spirituelle Bücher und Filme
www.johndavidsatsang.international

f Satsang John David ▶ openskypressde
Alle Bücher und Filme hinten im Buch

Kontakte und Informationen über die Lehrer

Andrew Cohen

www.andrewcohen.com
Bücher: Erleuchtet leben, Himmel & Erde umarmen,
Evolutionary Enlightenment, Freedom Has No History

Ganga

www.gangamirasatsang.com
Buch: Nichts ist jemals geschehen, Band 2, 3
▶ GangaSatsang

Gangaji

www.gangaji.org
Bücher: Freiheit und Entschlossenheit, Der verborgene Schatz,
Der Diamant in der Tasche, Ein Leben wie du

Isaac Shapiro

www.isaacshapiro.org
Bücher: Wellen des Friedens, Es geschieht ganz von selbst,
Burning Questions

Krishna Das

www.krishnadas.com
Buch: Mit den Augen der Liebe **DVD:** One Track Heart
CDs: Pilgrim Heart, Peace of My Heart, Trust In the Heart,
Kirtan Wallah, Door of Faith, Heart Full of Soul

Michael Barnett

www.michaelbarnett.net
Bücher: When The River Runs Through You, Göttlicher Sex,
Enlightenment In A Nutshell, Footsteps to Eternity,
Der Himmel ist um die Ecke

Mooji

www.mooji.org, www.mooji.tv
◼ mooji   ▶ moojiji
Bücher: Einladung in die Freiheit, Bevor Ich Bin,
Weiter als Himmel größer als Raum, Atem des Absouten,
Writing on Water, White Fire, The Mala of God

Mukti

◼ Mukti Decoux

Ram Dass

www.ramdass.org
Bücher: Sei jetzt hier, The Only Dance There Is, Paths to God,
Wie kann ich helfen? Be Love Now: Der Weg des Herzens,
Walking Each Other Home

Usha

email: doctor.usha@gmail.com

Glossar

Aarti	Ritual mit einer kleinen Flamme, um symbolisch die Dunkelheit zu erhellen.
Advaita	Eines der drei *Vedanta*-Systeme, eine philosophische Interpretation der *Veden* (vier Sammlungen alter hinduistischer Geschichte und Schriften). *Advaita Vedanta* betont die Non-Dualität von allem. Das heißt, alles – jegliches Subjekt und jegliches Objekt – ist nichts anderes als das Selbst.
Ananda	Glückseligkeit. Eine der drei Eigenschaften des Selbst: *Sat-Chit-Ananda*.
Atman/Atma	Der individuelle Aspekt des Selbst.
Bhagavad Gita	Teil der Mahabharata (bedeutendes Sanskrit-Epos), in dem Lord *Krishna*, eine Inkarnation von Lord *Vishnu* (eine der wichtigsten hinduistischen Gottheiten, verehrt als Beschützer und Bewahrer der Welt), Arjuna spirituelle Anweisungen gibt. Arjuna ist die männliche Hauptfigur aus der *Bhagavad Gita*. Er repräsentiert den Menschen, der in Unwissenheit gefangen ist.
Bhagavan oder Bhagwan	Gott. Respektvoller Titel für ein verwirklichtes Wesen.
Bhajan	(Lit: anbeten) Lied mit religiösem Inhalt, das oft einzelnen Göttern gewidmet ist.
Bhakta	Jemand, der den *Bhakti Marga*, den „Weg der Hingabe" geht.
Bhakti Marga	Der Weg der Hingabe.

Brahman	Das absolute Selbst.
Bodhicitta	Aus dem Buddhismus: Streben nach Erleuchtung. Ein Geist, der nach Erwachen, Empathie und Mitgefühl zum Wohle aller Lebewesen strebt.
Chakra	(Lit: Rad) Sieben feinstoffliche Energiezentren im Körper, die sich auf einer Linie vom Perineum bis zur Krone des Kopfes befinden.
Darshan	Streng genommen: der Anblick eines Heiligen. Oft ist auch das Zusammentreffen mit einem Heiligen gemeint.
Dzogchen	(Lit: Große Vollkommenheit) Eine Tradition der Lehren im tibetischen Buddhismus. Der höchste Weg der neun Fahrzeuge zur Befreiung.
Jivan Mukta	Jemand, der noch zu Lebzeiten Befreiung erfährt.
Jnana Marga	Der Weg des Wissens.
Jnani	Jemand, der den *Jnana Marga*, den „Weg des Wissens" geht.
Karma	(Lit: Handlung, Tat) Kosmisches Gesetz von Ursache und Wirkung; das Ergebnis vergangener Handlungen eines Individuums, von dem gesagt wird, dass es zu einem bestimmten Zeitpunkt immer zu ihm zurückkehrt. Außerdem: das kollektive Lager für Verdienste oder Fehler aller früheren Handlungen jedes Einzelnen.
Kirtan	Heiliger Gesang ähnlich einem *Mantra*. Ein Sänger singt eine Zeile, die dann von der Gruppe nachgesungen wird.

Krishna	Inkarnation von *Vishnu*, der als der höchste Gott gilt. Wird meist dargestellt als junger Flöte spielender Kuhhirte oder jugendlicher Prinz, der philosophische Unterweisungen erteilt. Repräsentiert Wissen und Glückseligkeit.
Kundalini	Die göttliche Schlangenenergie, die schlafend im Muladhara-*Chakra* ruht. Wird durch Übungen des *Tantra-Yoga* stimuliert und kann durch die Haupt-*Chakren* bis zum Kronen-*Chakra* am Kopf aufsteigen.
Leela	Das Spiel Gottes; göttliches Spiel
Mantra	(Lit: Werkzeug für den Verstand) Heiliger Klang. Klänge der *Veden*. Werden mündlich oder gedanklich wiederholt und dienen dazu, den Verstand zur Ruhe zu bringen. Das bekannteste *Mantra* ist der Urklang Om.
Maya	Weltliche Illusion, die das Vergängliche mit dem Wirklichen verwechselt; Nicht-Bewusstsein der Wirklichkeit; Erscheinungen, die sich als Realität tarnen.
Moksha	Befreiung von *Samsara*, dem Kreislauf von Tod und Wiedergeburt und damit von allen Leiden und Begrenzungen der weltlichen Existenz.
Nirvakalpa Samadhi	Der höchste Bewusstseinszustand, in dem die Seele jedes Gefühl von Getrenntsein vom universellen Selbst verliert. Nur ein vorübergehender Zustand, von dem es eine Rückkehr in das Ego-Bewusstsein gibt.
Nirvana	(Lit: Aushauchen einer Flamme) Das Erlöschen von Verlangen, Leidenschaft und Ego; Befreiung, geprägt von Freiheit und Glückseligkeit.

Prana	Atem, wird als lebensspendende Kraft betrachtet.
Prasad	Ein Geschenk des Gurus (meist etwas zum Essen), das normalerweise am Ende des *Satsangs* verteilt wird, aber oft auch zu religiösen Anlässen in Tempeln und Schreinen ausgegeben wird.
Puja	Anbetung. Ritual, bei dem Opfergaben dargebracht und Gebete gesprochen werden.
Ram	In der hinduistischen Mythologie und Tradition wird *Ram* als Inkarnation von *Vishnu* angesehen, der für Rechtschaffenheit und Tapferkeit verehrt wird. Wird häufig in Grüßen, Gebeten und *Mantren* als Begriff für Gott verwendet.
Ribhu Gita	Traditionelles spirituelles Werk, das von Bhagavan Ramana Maharshi sehr geschätzt wurde. Es bildet den sechsten Abschnitt des Sanskrit-Werks *Shiva Rahasya*. Es sind die Lehren von Lord *Shiva* auf dem Berg Kailash an seinen Schüler *Ribhu*, von dem die *Gita* ihren Namen hat.
Sadhana	Spirituelle Praxis.
Sadhu	Ein frommer oder rechtschaffener Mann. Traditionell jemand, der sich von der Welt zurückgezogen hat; ein Wanderer mit einem Minimum an Besitz, der für seine täglichen Bedürfnisse auf Almosen angewiesen ist.
Samadhi	Ein non-dualer Bewusstseinszustand. Auch der Name für die Grabstätte eines Heiligen oder Gurus.

Samsara	Kontinuierlicher Kreislauf von Geburt und Tod, verursacht durch Illusion und Verlangen.
Sangha	Gemeinschaft oder Versammlung von Schülern um einen Lehrer.
Sannyasin	Im traditionellen Sinne ein Entsagender, der die Verbindung zur Gesellschaft aufgegeben hat, ein asketisches Leben führt und sich von weltlichen Wünschen und dem, was aus dem Ego geboren wird, löst.
Sat-Chit-Ananda	Wahrheit-Bewusstsein-Glückseligkeit. Die drei Eigenschaften des Absoluten (*Brahman*).
Satguru	Der Guru, der den Schüler zur Freiheit, zur Selbstverwirklichung führt.
Satori	(Japanisch: Erleuchtung) Erwachen zum tiefen Verständnis der wahren Natur der Existenz.
Satsang	In der Wahrheit verweilen. Versammlung mit einem der die Wahrheit erkannt hat.
sattvisch	Rein. Eingedeutschtes Adjektiv von *Sattva* (jemand, der mit Güte ausgestattet ist; jemand, der rein und still ist).
Shakti	Die Kraft des Werdens, Schöpfungsenergie; als Göttin der weibliche Aspekt von *Shiva*.
Swami	Titel für religiöse Meisterschaft und Gelehrtheit.
Tantra	Asiatisches Glaubens- und Übungssystem, das davon ausgeht, dass das Universum, das wir wahrnehmen, nichts anderes ist als die konkrete Manifestation der göttlichen Energie.

Vasanas	Emotionale und mentale Neigungen; gewohnheitsmäßige Handlungen, Reaktionen und Begierden einer Person. Man sagt, diese Muster wären Konditionierungen sowohl aus diesem als auch aus vergangenen Leben.
Vedanta	Eine metaphysische Philosophie, die von den *Upanishaden* abgeleitet ist. Sammlung hinduistischer philosophischer Schriften und Teil der *Veden*.
Vichara	Suche, Erforschung.
Vipassana	(Lit: besonderes Sehen) Bezeichnet im Buddhismus „Einsicht" in die drei Daseinsmerkmale Unbeständigkeit, Nicht-genügen und Nicht-Selbst. Der Übungsweg zur Entfaltung dieser Einsicht ist die „*Vipassana*-Meditation".
Yoga	(Lit: Vereinigung) Aus Indien stammende Lehre und Praxis, die aus der alten *vedischen* Philosophie hervorging; bringt Körper und Geist zusammen, um in Einklang mit sich selbst zu leben.

Tauche ein in die
einzigartige Energie der
Open Sky House Community

Arunachala
Pilgerreise Retreat

Der Berg Arunachala ist seit zweitausend Jahren ein kraftvoller Pilgerort in Tiruvannamalai, Südindien. Dieses Satsang-Retreat im Januar ist eine Gelegenheit, am Fuße des Berges drei Wochen in Gemeinschaft zu leben. Wir sind in einem schönen, modernen Ashram untergebracht. Täglich finden Satsangs mit John David statt, auf dem Dach des Ashrams, mit direktem Blick auf den heiligen Berg. Jeden Morgen gibt es stille Meditation, Yoga und Mantra-Singen mit Live-Musik. Die Nachmittage verbringen wir allein oder gemeinsam in Ramana Maharshis Ashram, auf dem Berg oder an anderen charismatischen Orten.

www.johndavidsatsang.international/india/de

Sommer Urlaubs-Retreats

Denia, Spanien

Dieses Sommer Urlaubs-Retreat im August bietet eine wunderschöne Gelegenheit, ganz in das Energiefeld des Satsangs einzutauchen und in der atemberaubenden Schönheit des Open Sky House Denia zu entspannen. Nur drei Minuten Fußweg zum Mittelmeer, liegt die Villa direkt an der Costa Blanca, eine Stunde südlich von Valencia.

Täglich treffen wir uns zum Satsang mit John David, zum Mantrasingen mit Live-Musik, zu Meditation und Yoga. Es gibt auch Zeit, den Pool, den Palmengarten, das Mittelmeer oder das nahegelegene Naturschutzgebiet zu genießen.

www.johndavidsatsang.international/denia/de

Tripillya, Ukraine

Ein ganz besonderes Retreat, wo die Schönheit der Natur west- und osteuropäische Gäste willkommen heißt. Die weite Bucht, direkt am Ufer des großen Flusses Dnjepr, eine Stunde von Kiew entfernt, ist ein idealer Ort, um die Energie einer Gemeinschaft, tägliche Satsangs mit John David und die Sommernatur zu genießen. Nimm Abstand von deinem Alltag und verbinde dich mit deiner dir innewohnenden Ruhe, Liebe und Kreativität.

www.johndavidsatsang.international/tripillya/de

Open Sky House Hitdorf

Zusammenleben in Freude und Kreativität

Internationale
Satsang- und Kunstgemeinschaft

Im Jahr 2004 entstand die erste internationale Gemeinschaft um den spirituellen Lehrer John David. In der Nähe von Köln, direkt am Ufer des Rheins, entwickelte sich ein liebevolles, stilles Energiefeld, das viele Gäste und Helfer, die bereit sind, nach innen zu schauen und ihre wahre Natur zu erkennen, tief berührt. John David wirkt als Wegweiser durch Meditationen, Satsangs und Retreats. Durch gemeinsames Arbeiten in den Unternehmen, sowie Malen, Theater, Tanz und Musik wird das tägliche Leben zum Spiegel für Selbstgewahrsein. Wir sprechen englisch, deutsch, französisch, spanisch, niederländisch und russisch.

www.openskyhousehitdorf.de

Open Sky House Tripillya

Stille in der Schönheit der Natur

2013 hat sich eine zweite Gemeinschaft in der Ukraine entwickelt. Ein Gemeinschaftshaus, ein Hotel und ein Retreat-Zentrum in der ursprünglichen, friedlichen Natur Tripillyas am Fluss Dnjepr. Helfer und Gäste sind im täglichen Leben der Gemeinschaft, zur Meditation und zum Yoga gerne willkommen. John David bietet durch regelmäßige Satsangs und Retreats Begleitung auf dem spirituellen Weg. Schöne Natur und die osteuropäische Herzenswärme schaffen eine Atmosphäre der Stille und Schönheit. Wir sprechen englisch und russisch.

www.openskyhousetripillya.com.ua

Open Sky House Denia

Den Augenblick feiern

Im Juli 2015 entstand eine dritte Gemeinschaft in Denia, eine Stunde südlich von Valencia. Eine atemberaubende Villa inmitten eines tropischen Paradieses mit Palmen und großem Pool, nur drei Minuten Fußweg zum Mittelmeer. Tauche ein in die Stille und begegne John David in Satsangs und Retreats. Du kannst am täglichen Leben teilnehmen, begleitet von Meditation, Yoga und der Schönheit der Umgebung. Wir sprechen englisch, spanisch, französisch und deutsch.

www.openskyhousedenia.es

OPEN SKY PRESS
Zeitloses Wissen

Grundlos Glücklich ist ein wertvoller Wegbegleiter für die moderne Welt, mit dem man die gesamte Weisheit der Menschheit zur Hand hat. Faszinierende Zitate kraftvoller, spiritueller Persönlichkeiten aus allen Epochen haben John David zu erkenntnisreichen, tiefgreifenden und humorvollen Dialogen zu allen Bereichen des Lebens inspiriert.

Als Buch und eBook erhältlich.

Das große Missverständnis erschüttert unseren tief verwurzelten Glauben uns selbst als getrennt von der Welt und vom Leben wahrzunehmen. In Talks und Dialogen mit seinen Schülern über Situationen aus dem täglichen Leben, ist John Davids Botschaft: Wahres Glück, Frieden und Liebe können nur in uns selbst gefunden werden.

Als Buch und eBook erhältlich.

Arunachala Satsangs Spirituelle Weisheit, die dein Herz berührt, vermittelt auf einfache und direkte Weise. Acht Talks vom Arunachala, Südindien, in denen uns John David liebevoll und humorvoll dahin führt zu sehen, dass wir nicht die Erfahrung „mein Leben" sind, sondern das Gewahrsein, in dem diese Erfahrung stattfindet.

Als Buch und eBook erhältlich.

Grundlos Glücklich gibt einen Einblick in das Leben und die Arbeit des spirituellen Lehrers John David und zeigt seinen außergewöhnlichen und facettenreichen Zugang, Menschen auf dem Weg zur inneren Freiheit zu begleiten. Ein Film über die Neugier, sich selbst kennen zu lernen, bis hin zu der tiefen Erkenntnis, was wahre Freiheit ist und diese im Alltag zu leben. Der Weg des Wissens spielt dabei ebenso eine Rolle wie der Weg der Hingabe und Schönheit.

Als Filmdownload und DVD erhältlich.

Das große Missverständnis Ein intensives Experiment bewussten Lebens. Ein spiritueller Lehrer und zwanzig Menschen mit einer starken Sehnsucht nach Wahrheit, leben in einem Haus zusammen. Der Film zeigt Bewohner der Open Sky House Gemeinschaft auf ihrer Reise zum Erwachen und wie John David sie auf direkte und einfache Weise vom Missverständnis der Trennung zum Einssein leitet.

Als Filmdownload und DVD erhältlich.

Satori – Metamorphose eines Erwachens zeigt seltenes Filmmaterial von einem spontanen Erwachen, traditionell Satori genannt. Lakshmi, die mit John David in einer Gemeinschaft lebt, erfuhr dieses tiefgreifende Energiephänomen und spricht mit ihm in den folgenden Monaten über ihren Prozess.

Als Filmdownload und DVD erhältlich.

Satori Momente mit Vijaya enthüllt, was mit Vijaya während eines Satori in einem spirituellen Retreat geschah. In einem tief berührenden Dialog mit John David spricht sie über ihr Erleben, das tiefe Einsicht gewährt in die Natur eines Satori.

Als Filmdownload und DVD erhältlich.

Sri Ramana Maharshi
und seine Lehren

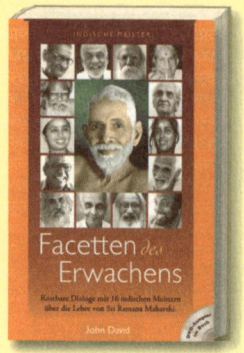

Facetten des Erwachens – Indische Meister

Faszinierende Interviews des Lehrers John David mit sechzehn indischen, spirituellen Meistern. Das Buch gibt einen unmittelbaren Einblick in das Herz des Advaita Vedanta und ermöglichen eine tiefe Begegnung mit jedem der Meister und Meisterinnen.

Als Buch und eBook erhältlich.

Facetten des Erwachens – Europäische Meister

Eine Reihe von Interviews mit spirituellen Lehrern aus Europa. Viele sind von traditionellen indischen Lehren beeinflusst und interpretieren diese durch ihr Wissen über westliche Psychologie. Ein außergewöhnlicher Zugang zum Geheimnis des Lebens und dazu, in der Tiefe zu verstehen, wer wir sind.

Als Buch und eBook erhältlich.

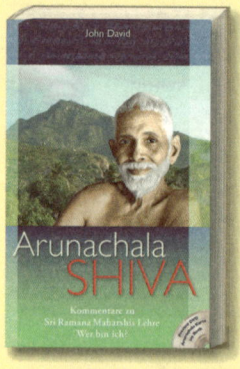

Arunachala Shiva ist ein facettenreichen Porträt von Sri Ramanas Leben und nimmt uns mit hinter die Kulissen zu Augenblicken mit seinen engsten Schülern. Drei Experten geben ausführliche Kommentare zu seinen Lehren und gewähren neue unerwartete Einblicke, die etablierte Vorstellungen in Frage stellen.

Als Buch und eBook erhältlich.

Nan Yar ist der klassische spirituelle Text des großen indischen Lehrers, Sri Ramana Maharshi. Es enthält die Essenz seiner Lehren, erläutert die Selbsterforschung, das Wesen des Selbst, des Verstandes und der Welt. Mit zahlreichen neu restaurierten Fotos.

Als Buch und eBook erhältlich.

Sri Ramana Maharshi
Filmdownloads und DVDs

Facetten des Erwachens – Indische Meister
Der Film zeigt berührende Dialoge mit sechzehn indischen Meistern über die zeitlose Wahrheit von Advaita. John Davids Vertrautheit mit diesem Thema und seine langjährige Erfahrung als spiritueller Lehrer, kreieren faszinierende und lebendige Interaktionen mit jedem der Meister und Meisterinnen.
Als Filmdownload und DVD erhältlich.

Facetten des Erwachens – Europäische Meister
Vierzehn europäische Meister geben Einblicke in die traditionellen indischen Lehren, insbesondere von Sri Ramana Maharshi. In Kombination mit ihrem Wissen über die westliche Psyche, bietet dieser Film einen einzigartigen Zugang für den westlichen Suchenden zur zeitlosen Wahrheit. Mit Filmmusik von Deva Premal und Miten.
Als Filmdownload und DVD erhältlich.

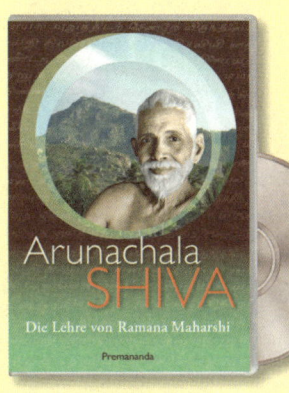

Arunachala Shiva zeigt wichtige und neue Aspekte von Sri Ramanas Leben und Lehren. Kommentare von David Godman, James Swartz und John David regen zum Nachdenken und tieferen Verstehen an. Mit zahlreichen Original-Filmaufnahmen von Sri Ramana, dem Ramana Ashram und vom Berg Arunachala.
Als Filmdownload und DVD erhältlich.

Papaji
Der Löwe von Lucknow

Papaji – Kraft der Gnade ist eine Sammlung kraftvoller Interviews mit Menschen, die ein Erwachen bei dem indischen Advaita Meister Papaji hatten. Es sind inspirierende Geschichten, zum Beispiel einer Hausfrau, eines Geschäftsmannes, sogar eines Armeeoffiziers, alle mit der gemeinsamen Sehnsucht, die ewige Wahrheit dessen zu entdecken, wer sie sind.

Als Buch und eBook erhältlich.

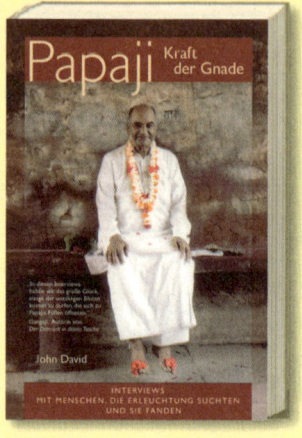

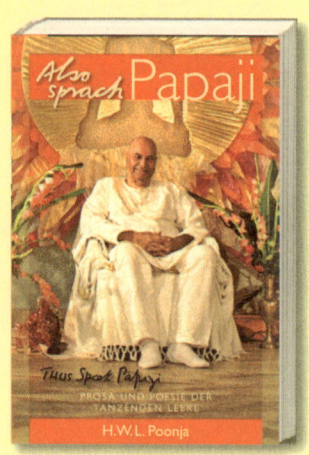

Also sprach Papaji, eine Auslese von Poesie und Prosa der von Sri H.W.L. Poonja vermittelten höchsten Wahrheit; die Essenz seiner reinen und tiefen Lehre.

Als Buch und eBook erhältlich.

Feuer der Freiheit, Aufzeichnungen von Satsangs mit Sri H.W.L. Poonja; ein bewegtes Zeugnis seiner klaren Art, unmittelbar und beharrlich auf die Erkenntnis der in uns allen innewohnenden Wahrheit und Freiheit zu bestehen.

Als Buch und eBook erhältlich.

Gesichter der Freiheit

Die kompletten Interviews als Film

KRISHNA DAS GANGAJI MOOJI

ANDREW COHEN JOHN DAVID MICHAEL BARNETT

Die Reihe „Gesichter der Freiheit" ist eine Sammlung faszinierender Lebenswege von zehn spirituellen Lehrern unserer Zeit. John Davids einfühlsame Fragen und die persönliche Atmosphäre der Interviews geben einen tiefen Einblick in das Mysterium des Lebens und wie es von diesen Lehrern weitergegeben wird.

Erhältlich in unserem Online-Shop

OPEN SKY PRESS

Tel +49 (0) 2173 1016070
office@openskypress.com

www.openskypress.com

ZOOM Meetings

Treffe John David online und erlebe Satsang bei dir Zuhause. In einer Gruppe mit Gleichgesinnten aus verschiedenen Ländern verbinden wir uns mit dem, was uns wirklich wichtig ist. Im liebevollen Energiefeld von Satsang können wir unsere individuellen Erfahrungen und Einblicke teilen und der tiefen Sehnsucht unseres Herzens Raum geben.

John David kreiert einen Raum, in dem wir uns anders begegnen können. Eine großartige Unterstützung, um mehr Bewusstsein und Stille in den Alltag zu bringen.

www.johndavidsatsang.com

SatTV

Zahlreiche Satsangs aus dem Archiv seit 2010

Du kannst John Davids Satsang Archiv über SatTV auf deinem Computer oder über die **SatTV App** anschauen, die kostenlos im **Apple App Store** und **Google Play Store** erhältlich ist.

Im **Archiv** findest du über 800 Satsang-Aufzeichnungen sowie Gespräche mit besonderen Gästen. Verwende die **Themensuche**, um zu finden, was dich besonders interessiert.

www.johndavidsatsang.tv